新时期改革逻辑论

高尚全　著

人民出版社

目 录

序　言

　　党的十八大以来，中国进入到了全面深化改革的新时期。首先是有了新的领导集体，以习近平同志为总书记的新的党中央领导集体执政，在经济、政治、文化、社会以及生态文明等领域的改革都取得了较大的成效，成绩令人鼓舞；其次是因为有新的方案和路径，党的十八届三中全会制定了《中共中央关于全面深化改革若干重大问题的决定》，党的十八届四中全会制定了《中共中央关于全面推进依法治国若干重大问题的决定》，这两份姊妹篇的《决定》凝聚了全党和全国人民的智慧和共识，对未来改革的方向作出了非常明确的指引。三中全会《决定》提出的改革目标不仅仅是要在经济发展上达到一定的水平，更重要的，其总目标是"完善和发展中国特色社会主义制度，推进国家治理体系和治理能力现代化"。关于如何实现这个目标，四中全会《中共中央关于全面推进依法治国若干重大问题的决定》明确指出了法治的路线，为十八届三中全会确定的改革新目标提供了强有力的法治保障，十八大以来的改革因此有了令人期待的新气象。

　　当然，改革有了新气象并不意味着改革就已经取得了成功，无论是三中全会《决定》目标的实现还是四中全会《决定》法治理念的贯彻，都贵在落实。习近平同志说过，一分部署，九分落实。改革蓝图有了，现在的关键是把蓝图一步步变为现实。制定出一个好文件，只是万里长征走完第一步，关键还在于落实，在于是否能用行动将两个《决定》精神转化成改造现实世界的强大力量。为了能够狠抓落实，中央专门成立了以习总书记为组长的中央全面深化改革领导小组，目前召开十五次会议，对多个事关全局的重大议题进行了审议。改革已经从宏观的蓝图转变为可以按图索骥的具体实施办法，下一步就是要用实践来检验包括蓝图在内的理论和方案是否能够发挥出预期的效果，并用实践的结果来进一步更新、矫正我们的思想和认识，再次落实到实践中去。

改革的宏伟目标已经显现，通向伟大目标的路径也已经明晰，但是改革仍面临旧的顽疾和新的挑战，改革蓝图和方案的落实不会一帆风顺，存量改革的阶段必然遭受来自各种既得利益格局的牵制和掣肘。习近平总书记在不同场合多次指出，改革已经到了深水区，必须突破既得利益的藩篱，要啃硬骨头。虽然既得利益格局掣肘改革的根本原因是利益的冲突，但它所设置的迟滞改革的最重要的藩篱却架设在思想层面上。既得利益群体为了维护源源不断地产生既得利益的政治、经济乃至社会文化的既有格局，必先为其正名，从理论上找到各种似是而非的依据来论证既得利益格局的必要性和正当性。不解放思想，不与时俱进，不讲求改革的规律性和逻辑性，不在根本的理论问题上摆脱陈旧观念的束缚，就难以突破思想的藩篱，改革就不能顺利进行，而且面临不进则退的危险。

许多人了解近代中国备受屈辱，对落后就要挨打的教训耳熟能详，但是对真正落后的是什么，为什么会落后，却缺乏深入并结合现状的思考。毫无疑问，晚清以来的衰落最根本的原因是封建王朝的思想禁锢和闭关锁国造成的思想落后，但当时的社会精英很少能意识到这点，大部分人仅仅将差距归之于在坚船利炮方面的落后，乃至于有洋务运动和甲午战争的失败。一百年后的人们明晰彼时封建思想的落后，但是我们有没有以历史发展的眼光，以百年之后可能的潮流来反躬自省我们当下的思想是否与时代发展的潮流合拍？是否也有妨碍发展的不敢逾越的禁区？"秦人不暇自哀，而后人哀之；后人哀之而不鉴之，亦使后人而复哀后人也。"杜牧在《阿房宫赋》中的感叹使我不敢停下思考的脚步，两年来对改革各个方面都有一些思考，这些思考除了形成一些文章以及各家媒体的访谈之外，还体现在十八大以及十八届三中全会召开前向中央提出的建议当中。这些建议都得到了中央领导同志的批示回应，有些还被中央文件吸收和采纳，推进了改革顶层架构的完善。我对于自己能够在耄耋之年还能够为党和国家作出一点贡献感到欣慰。

《新时期改革逻辑论》这本书是作者对十八大以来中国在经济、政治、文化、社会以及生态文明等方面进行的五位一体的改革所面临的新情况、新问题、新挑战的思考和总结。

《新时期改革逻辑论》一书从五个角度对十八大以来的改革进行了深入的分析和探讨：

一是改革的规律性。十八届三中全会作出的《中共中央关于全面深化改革若干重大问题的决定》指出："经济体制改革是全面深化改革的重点，核心问题是处理好政府和市场的关系，使市场在资源配置中起决定性作用和更好发挥政府作用。市场决定资源配置是市场经济的一般规律，健全社会主义市场经济体制必须遵循这条规律，着力解决市场体系不完善、政府干预过多和监管不到位问题。"改革要遵循什么规律，《决定》明确地指出是市场经济的规律，而不是有的人说的"有计划按比例的规律"。

二是改革的逻辑性。本书回答了新时期为什么要推进改革、为什么要推进五位一体的改革、五位一体的改革为什么要以三中全会精神和四中全会精神双轮驱动的方式推进的问题。

三是改革的针对性。它阐明为什么要以问题导向推动改革，哪些问题是新时期改革所面临的迫切需要解决、可以使改革纲举目张的重点问题。

四是改革的系统性。五位一体的改革是一个由多个板块组成的系统性的改革，一些长期难以推进的经济体制领域的改革的原因可能归属在政治体制领域，一些文化、生态领域的矛盾症结可能潜藏在经济体制领域，问题和矛盾错综复杂，必须以整体、系统的观念来审视新时期的改革工作，唯其如此才能使改革收到事半功倍的效果。

五是改革的协调性。正是由于改革的系统性原因，全面深化改革必须协调推进，各个领域的改革工作相互配合、相互促进，避免长期在某一个方面单边突进给改革工作带来更大的困难。

习近平总书记在作十八届三中全会《决定》的说明时指出："实践发展永无止境，解放思想永无止境，改革开放也永无止境"，在四中全会《决定》说明中谈及立法工作时再次提及"实践发展永无止境"。实践是认识发展的源泉和动力，改革者对改革的研究和探讨也永无止境，《新时期改革逻辑论》这本书所呈现给广大读者的内容也只是我改革研究历程中的一个逗号，在未来的改革岁月当中，我还会高兴地与朋友们一起共话改革、共筑中国梦。

绪论：从全面深改小组会议
看中国改革的动向

2013 年党的十八届三中全会召开前夕，我向中央提出了制定一个关于全面深化改革的决定和成立一个能够有效推进全面深化改革的中央领导小组的建议。中央领导同志非常重视这个建议，党的十八届三中全会最终出台了《中共中央关于全面深化改革若干重大问题的决定》，并成立了中央全面深化改革领导小组。这体现了中央新的领导集体在推进中国改革事业上的决心。中央全面深化改革领导小组成立近两年以来，到目前为止，共召开了十五次会议，在落实《中共中央关于全面深化改革若干重大问题的决定》的过程中发挥了不可替代的决策和推动作用。从公开信息中透露的这十五次会议所讨论的内容，可以了解到中国改革的动向。

一、十五次全面深改小组会议的内容和重心

自党的十八届三中全会成立中央全面深化改革领导小组以来，先后召开了十五次会议。

2014 年 1 月 22 日，深改小组第一次会议，就审议通过了《中央有关部门贯彻落实党的十八届三中全会〈决定〉重要举措分工方案》，将十八届三中全会规定的改革任务分解为 336 项重要举措，逐

一确定协调单位、牵头单位和参加单位，为落实十八届三中全会决定奠定了坚实的基础。

2014年2月28日，第二次会议又将当年要完成的80条重要改革予以重点督办并要求按时检验成果，习近平总书记在这次会议上还特别强调了凡属重大改革都要于法有据，对改革效果要全面评估。

2014年6月6日，第三次会议对财税体制、司法体制、户籍制度等在过去的改革过程中议论多年、改革阻力较大、多年都啃不动的硬骨头，连同涉及多部门、跨不同领域，牵一发而动全身的"牛鼻子"问题等深层次制度改革难题，都作了全面部署，充分体现了党中央新的领导集体敢于担当的精神。

2014年8月18日，小组第四次会议对央企负责人薪酬、户籍制度改革、传统媒体和新兴媒体融合发展等作出了改革的总体安排。

2014年9月29日，第五次会议审议了《关于引导农村土地承包经营权有序流转发展农业适度规模经营的意见》，通过促使土地承包、经营权分离，积极发展农村股份合作，保障农民获得更多财产性收益。

2014年10月27日，继中共十八届四中全会作出《中共中央关于全面推进依法治国若干重大问题的决定》后，习近平总书记在第六次全面深化改革领导小组会议上指出，要把全会提出的190项对依法治国具有重要意义的改革举措，纳入改革任务总台账，一体部署、一体落实、一体督办。第六次会议还对自贸区改革、新型智库建设等作出了部署。

2014年12月2日，小组第七次会议对农村改革，尤其是农村土地制度改革作出部署，同时还对纪律检查体制、巡回法庭等制度的改革方案进行了审议。

2014年12月30日，小组召开第八次会议，总结了2014年度全面深化改革工作，又部署了2015年落实两个《决定》的工作要点。

2015年1月30日，第九次会议审议通过了司法体制和社会体制改革的实施方案，并提出了推进纪律检查体制改革的具体举措。

2015年2月27日，第十次会议安排部署了足球体制改革，建立领导干部干预司法活动、插手具体案件处理的记录、通报和责任制度，规范领导干部配偶、子女及其配偶经商办企业管理工作等多项体制、机制的改革事宜。

2015年4月1日，第十一次会议，习近平总书记强调要从贯彻落实"四个全面"战略布局的高度，全面推动改革，切实做到人民有所呼、改革有所应。这次会议就支持乡村教师、公立医院改革、人民陪审员制度改革、立案登记制度改革等多项人民群众特别关心的改革议题作出了决定。

2015年5月5日，第十二次会议在继续要求各级领导干部自觉用"四个全面"战略布局统一思想，在正确把握改革大局的基础上就公益诉讼改革、完善法律援助制度、科技体制改革提出新的方略。

2015年6月5日，第十三次会议就国企改革、防止国有资产流失、规范司法人员的"朋友圈"作出了具体的改革部署。

2015年7月1日，第十四次会议就干部作风问题和生态环保问题作出重要的行动部署。

2015年8月18日，在第十五次会议上，习近平总书记强调，要增强改革定力、保持改革韧劲，加强思想引导，注重研究改革遇到的新情况新问题，锲而不舍、坚韧不拔，提高改革精确发力和精准落地能力，扎扎实实把改革举措落到实处。

二、十五次全面深改小组会议的整体特征

回顾自2014年1月以来的十五次会议的内容和重心，我们可以

清晰地感受到，这十五次会议每次都释放出明确的改革信号和丰富的改革内容。这十五次会议所涉及的多项改革是过去多年都啃不动的硬骨头，新的中央领导集体没有回避这些深层次的改革难题，而是迎难而上，有针对性地作出改革部署并一再督促落实，这彰显了新的领导层改革的决心和智慧。

1. 十五次全面深改小组会议所涉及的丰富内容体现了本轮改革的全面性。纵观历次深改组会议审议的改革文件和作出的改革部署，所涉及的方面包括经济、科技、教育、纪检、司法等各个领域，既有关系改革全局的措施分工方案，又有细节性的支持乡村教师的方案；既有宏观方面的总体筹划，如农村土地制度的改革方略，又有设立知识产权法院这样的具体布置。习近平总书记 2015 年以来在全面深化改革领导小组第十一次和第十二次两次会议上强调的协调推进全面建成小康社会、全面深化改革、全面依法治国、全面从严治党，推动改革开放和社会主义现代化建设迈上新台阶的要求，进一步体现了本轮改革的全面性。全面建成小康社会是改革的战略目标，全面深化改革是实现全面建成小康社会战略目标的必由之路，全面依法治国是实现全面建成小康社会的法治保障，全面从严治党、充分发挥党的领导核心作用是协调推进"四个全面"的关键所在。"四个全面"的内在逻辑说明当前的改革是经过深思熟虑的，是有通盘考量的，是值得期待的改革。

2. 十五次全面深改小组会议所涉议题具有极大的针对性。过去几十年来，中国的改革虽然在持续推进，但由于先易后难的策略性选择，前期比较容易改的内容都已经基本改革完毕，改革已经到了不得不啃硬骨头的阶段。同时，中国推进社会主义市场经济的改革又是一项前无古人的事业，过去没有认识到的和改革进程中产生的各种问题也逐渐积累，成为制约改革进一步向前推进的瓶颈。这其中包括户籍制度、财税体制、司法体制、土地制度等诸多牵一发而动全身的改革老大难问题。中央全面深化改革领导小组完全没有回避这些改革难点，而是迎难而上，针对性地作出了《深化财税体制改革总体方案》、《关于进一步推进户籍制度改革的意见》、《关于引导农村土地承包经营权有序流转发展农业适度规模经营的意见》等一系列极具针对性的改革方案。这些改革的具体方案、意见或者还有进一步提升的空间，但中央全面深化改革领导小组针对改革的顽疾毫不回避的态度，充分说明了中央新的领导集体敢于承担责任的改革魄力和勇气。

3. 狠抓落实是中央全面深化改革领导小组历次会议的前提和重心。中央全面深化改革领导小组自成立后的第一次会议，就审议通过了《中央有关部门贯彻落实党的十八届三中全会〈决定〉重要举措分工方案》。习近平总书记指出，中央全面深化改革领导小组的责任，就是要把党的十八届三中全会提出的各项改革举措落实到位。在第二次中央全面深化改革领导小组会议上，习近平总书记要求要把抓落实作为推进改革工作的重点，真抓实干，蹄疾步稳，务求实效。第六次全面深化改革领导小组会议上又要求建立改革任务总台账，将四中全会提出的190项对依法治国具有重要意义的改革举措一体部署、一体落实、一体督办。在第九次会议上，习近平总书记再次强调加大改革落实力度，要求深入开展改革督察，努力使各项改革举措落地生根，确保各项改革取得预期成效、真正解决问题。凡此种种，无不体现出以习近平总书记为组长的中央全面深化改革领导小组对抓各项改革任务落实工作的决心和毅力。

三、中央全面深化改革领导小组推进改革的动向

中央全面深化改革领导小组前后十五次会议的召开，为推动中国改革开放事业的向前发展增添了至关重要的力量。可以预见，中央全

面深化改革领导小组将继续在中国的改革进程当中发挥不可替代的作用。全面深化改革领导小组将引领中国的改革事业向什么方向前进，下一步还将有什么动向，我认为这些信息也可以从中国改革的规律和已经召开的十五次会议中找到痕迹。

第一，中国的改革开放将毫不动摇地沿着社会主义方向前进。中国改革开放的目的就是要完善和发展中国特色社会主义。而完善和发展中国特色社会主义的目的就是要在中国这样一个人均资源匮乏、情况复杂的国家让全体民众过上幸福的生活。以全心全意为人民服务为宗旨的中国共产党将通过全面从严治党来不断夯实中国改革开放事业的领导核心。此外，中国将不断通过体制机制的改革来完善国有经济财富和土地等重要经济要素资源作用的发挥，这些改革也都将以积极稳妥的方式不断向前推进。

第二，创新将是下一步改革的重要特征。"创新"已经成为当前时代发展的主题，习近平总书记在去年参加中国科学院第十七次院士大会、中国工程院第十二次院士大会时曾经讲道："实施创新驱动发展战略，最根本的是要增强自主创新能力，最紧迫的是要破除体制机制障碍，最大限度解放和激发科技作为第一生产力所蕴藏的巨大潜能。面向未来，增强自主创新能力，最重要的就是要坚定不移走中国特色自主创新道路，坚持自主创新、重点跨越、支撑发展、引领未来的方针，加快创新型国家建设步伐。"为从法律上保障"创新"，中央全面深化改革领导小组作出了建立知识产权法院的重要制度安排。即便是关于体制机制改革的本身，创新也是重要的一个方面，中央全面深化改革领导小组第十二次会议审议通过了《关于在部分区域系统推进全面创新改革试验的总体方案》，这充分说明，无论是在经济领域还是在其他领域，创新将是下一步改革的重头戏。

中国共产党的十八大报告提出"两个一百年"奋斗目标，一个是在中国共产党成立一百年时全面建成小康社会，一个是在新中国成立一百年时建成富强民主文明和谐的社会主义现代化国家。我相信，只要我们坚持改革、坚持创新，把针对沉疴顽疾的每一个改革措施都落实到位，"两个一百年"奋斗目标就一定能够实现。

一、中国改革的基本逻辑

论改革的逻辑

（2013 年 11 月 15 日）

当前，我国面临着前所未有的挑战，也面临着前所未有的机遇，改革仍处于攻坚阶段，我们必须坚定不移地推进改革的步伐，以改革的逻辑总结其中的经验，明确改革的方向和任务。

一、三十多年来改革回顾

改革 30 余年来，中国的面貌发生了翻天覆地的变化，取得了举世瞩目的成就。但前期单边突进的改革遗留的问题越来越成为拖累经济社会进一步向前发展的障碍。改革的基本经验主要是依靠改革开放和市场在资源配置中作用的不断扩大而取得的。

（一）改革使中国的面貌发生了变化

回顾过去的 30 余年，中国的面貌发生了翻天覆地的变化：截至 2011 年，我国的经济总量已经达到 401202 亿元人民币，比改革初始的 3645 亿元增长了 110 多倍；城镇居民人均可支配收入为 21810 元，增长了 185 倍；农村贫困人口由 2.5 亿减少到 2150 万人；外贸进出口总额达到 364206 亿美元，是世界第二大经济体；外汇储备超过 3 万亿美元，为世界第一位；外商直接投资居第二位。与此同时，我国在文化建设、社会发展和政治生活的各个方面也取得显著成就，城乡居民的消费能力大幅提高，2011 年全年社会消费品零售总额 183919 亿元，比改革之初增长 102 倍，消费结构逐步升级。谷物、肉类、棉花等主要农产品，钢、煤等主要工业品产量均已多年位居世界第一。代表国家总体发展水平的人类发展指数（Human Development Index, HDI）有了明显的提高。改革极大地促进了社会生产力的发展，人民群众的物质文化生活得到明显改善。

比直观的经济发展成果更为重要的是改革开放 30 年来，一系列符合国情、行之有效的经济制度和运行格局日趋完善：一是以公有制为主体、多种所有制经济共同发展的基本经济制度已经确立。二是现代市场体系初步建立，要素市场进一步发育。三是政府职能转变加快，以间接调控为主的经济调节体系逐步完善。四是就业、收入分配和社会保障领域的改革逐步深入。五是开放型经济进入新阶段，全方位、宽领域、多层次的对外开放格局基本形成。六是其他各项改革有序推进。这些制度层面的改革成果更加深刻地改变了中国的面貌，使中国实现了三个伟大转变，一是从计划经济转向社会主义市场经济，二是从封闭半封闭走向全面开放，三是从贫穷落后转向富裕小康的社会主义。

（二）存在的问题

中国的改革虽然取得了举世瞩目的成就，但是前期单边突进的改革遗留的问题越来越成为拖累经济社会进一步向前发展的障碍，而且经过 30 年的改革发展，随着生存型阶段向发展型阶段的转变，我国需求结构开始发生明显变化，新的需求和旧的体制的矛盾也日益凸显，新老问题同时并存，影响改革的深化。目前仍存在的矛盾有以下几个方面：

一是经济发展方式转型与市场化改革不到位的矛盾。我们喊了许多年的垄断行业改革，过去几年也有一定的进展，但一些行业在应对危机中出现明显的"国进民退"趋势，民营经济发展受到更大的冲击。以资源环境为例，高能耗经济和高碳经济赖以生存的最根本的体制基础，就是资源要素的行政控制和价格扭曲。在我们价格改革滞后的同时，现行资源税负过低，而且征税范围过小，也是低成本投资扩张的重要原因。

二是社会公共需求转型与公共产品供给短缺的矛盾。我国已开始从私人产品短缺时代进入公共产品短缺时代，但相应的社会体制改革还不适应这个时代变化的趋势。公共产品短缺成为阻碍扩大内需、制约发展方式转型的一个重要因素。1990—2008年的18年间，城市和农村居民人均医疗保健支出年均增幅分别为21%和15%，比同期城乡居民人均收入的增幅分别高7个和4个百分点。公共产品短缺使我国消费率不断下降，消费率水平不仅低于发达国家，而且也低于"金砖四国"中的其他三国。2007年，巴西、印度和俄罗斯消费率分别达到75.7%、64.9%和67.0%，而我国最终消费率为49.0%，2008年进一步下降到48.6%；居民消费率更是偏低，2007年仅为35.6%，2008年又降为35.3%。

三是政府作用的发挥与政府自身建设和改革滞后的矛盾。无论是经济增长方式转变还是适应社会需求变化的社会体制改革，最终都取决于政府自身建设与改革的进程。应当说，近几年政府改革有明显进展，但与经济社会发展需求相比仍有较大差距。例如，近年来政府在基本公共服务领域做了大量的工作，但从总体上来看，政府仍然是经济建设型的运作模式，中央和地方在公共服务上还没有严格的职责划分，财政在公共服务领域的投入比重还不高，地方政府的注意力仍然集中在追求经济总量的扩张上。

四是依法治国的理念尚未能完全落实。依法治国的治国方略虽然早已确立，但是一方面行政部门职能缺位、错位、越位并存，行政审批门槛多、公共服务不到位、权力行使不规范等问题严重阻滞了市场经济的健康发展；另一方面，《宪法》明确的法院、检察院独立司法没有被严格恪守，律师权利不被尊重，各类司法判决屡遭社会各界质疑，最高法、最高检两会报告多年来反对票保持高位，彰显法治状况与社会主义市场经济建设的脱节。市场经济当中利益主体各不相同，市场经济的运行实际也是各个市场主体之间利益交换、协调的过程，是不断产生矛盾又不断解决矛盾的过程，司法承载着保障这些矛盾有效、迅速解决，维护不同市场主体利益交换、协调通畅运行的重要功能。法治的溃败不仅导致社会的不稳定，更将使社会主义市场经济建设成为泡影。

除此之外，从这几年的改革实践看，由于对改革的整体设计不足，已经使当前改革面临越来越大的风险：一方面，不少地方和部门都强调改革创新，各种各样的改革尝试似乎从未停止过；另一方面，人们似乎对改革还有诸多不满意。一些部门打着改革、创新旗号扩张权力，既得利益膨胀，已经不是个别现象，改革存在被碎片化的可能。这种改革变形、改革碎片化现象，损害了改革的权威，使某些改革流于形式。

（三）基本经验

中国的改革开放已历经 30 余年的风雨历程，期间取得举世瞩目的成就，主要是依靠改革开放、依靠市场在资源配置中作用的不断扩大。正如胡锦涛总书记 2012 年 7 月在中央党校省部级主要领导干部专题研讨班所说，全党同志必须牢记，我国过去三十多年来的快速发展靠的是改革开放，我国未来发展也必须坚定不移依靠改革开放。只有改革开放才能发展中国、发展社会主义、发展马克思主义。我们一定要坚持党的十一届三中全会以来的路线方针政策，坚持把改革创新精神贯彻到治国理政各个环节，更加自觉、更加坚定地推进改革开放，不断在制度建设和创新方面迈出新步伐，奋力把改革开放推向前进。而现在我们的经济社会面临的诸多问题又与市场不能充分地在资源配置中发挥基础性作用密切相关。唯有以改革扫清前进中的问题才是正确的选择，坚持市场化的改革方向，是我们通过长期艰难探索得出的推动中国改革进步的基本经验，中国的未来发展也必须遵循以市场化为方向的改革路径。

二、坚持市场化改革的方向

市场化改革方向是经过长期艰难探索的正确选择，我们应力排对市场化改革的干扰，而坚持市场化改革方向的关键在于转变政府职能。

（一）市场化改革的改革方向是经过长期艰难探索的正确选择

计划与市场的争论长达一百年，长期以来，认为计划是社会主义，市场是资本主义。后来觉得不搞点市场也是不行的，所以提出"计划经济为主，市场调节为辅"的提法，想说明把计划经济作为社会经济制度，必须坚持"为主"，把市场作为调节手段，起辅助作用。1984年10月，《中共中央关于经济体制改革的决定》第一次提出"有计划的商品经济"，但有人仍强调有计划是重点。一直到邓小平同志南方谈话，强调社会主义有市场，资本主义有计划，计划和市场都是手段。根据邓小平南方谈话精神，党的十四大提出，我国经济体制改革的目标是建立社会主义市场经济体制。党的十四届三中全会通过的《中共中央关于建立社会主义市场经济体制若干问题的决定》和党的十六届三中全会通过的《中共中央关于完善社会主义市场经济体制若干问题的决定》，都强调了发挥市场在资源配置中的基础性作用。三十多年来，我国经济社会发展取得了举世瞩目的成就。这些变化，是改革开放带来的，是社会主义市场经济带来的，是市场在资源配置中发挥作用的结果。实践是检验真理的唯一标准，改革开放三十多年来的实践证明，市场化改革的改革方向是正确的选择。

（二）排除对市场化改革的干扰

中国的社会主义市场经济改革之路并非一帆风顺，各种对市场化改革的干扰层出不穷，即使社会主义市场经济已经取得了巨大成功，但计划经济思维仍然在无孔不入地干扰市场化改革，尤其是在既得利益格局的驱动下，计划思维以各种面貌出现以谋求行政权力寻租的固化和扩大化。因此，在改革过程中的任何妄自菲薄和过度自信都不利于改革的深化，甚至使市场化改革误入歧途。坚持市场化改革方向，排除对市场化改革的干扰，必须要正本清源，对社会主义市场经济本质和内涵保持清醒的认识，不被各种似是而非的概念和口号所迷惑。

什么是社会主义市场经济？就是在社会主义条件下实行市场经济。具体说，就是在坚持社会主义制度和党的领导下实行市场经济，也就是说要通过市场配置资源，发挥市场的基础性作用，要实现从计划经济向社会主义市场经济的转变。因此，市场经济的规律，如价值规律等必须遵循，不能因为中国特色就不遵循这些规律。

坚持遵循价值规律，以市场作为资源配置的基本手段的市场经济显然与强调政府主导、限制市场作用的"中国模式"有本质区别。为了应对国际金融危机，中国政府出台了扩大内需的十大措施，得到了国内外的好评，在全球率先使经济走出了困境，2009 年实现了9.2%的经济增长速度。在这种背景下，有人就认为，应该充分肯定"中国模式"，用应对国际金融危机取得巨大成就来佐证"中国模式"的伟大，中国之所以出现奇迹，就是因为形成了"中国模式"，并且把"中国模式"界定为：政府行政主导、受控市场。

所谓模式是定型的东西，如果把政府行政主导、受控市场作为"中国模式"，就会转移我国的社会主义市场经济的改革方向，就会影响深化改革。在国际金融危机中，各国政府纷纷出手对金融危机进行干预，这是现代市场经济国家应对严重经济衰退的通常做法，并非是对市场经济体制的否定。我国仍处于传统计划经济体制向社会主义市场经济体制转型阶段，消除走向市场经济体制障碍仍需要我们付出极大的努力，不能由于紧急或危机状态下必须采取一些特殊政策而否定市场经济体制改革的基本方向。政府的政策如何撬动市场力量应该成为考虑的重点，而短期不得不直接介入市场的行为应避免过度，同时要考虑经济运行恢复常态时的"淡出"安排。因此，不能把应对危机的政府行政主导的政策措施，用"中国模式"加以固定下来。政府政策的重点在于撬动市场，而不是代替市场。强调"中国模式"，容易理解为中国改革已经到位了，定型了，不要再深化改革了。既然确定了社会主义市场经济体制的目标，我们就必须排除类似"中国模式"的干扰，坚持市场化改革的方向不动摇。

排除对市场化改革的干扰，还需要正确理解宏观调控，避免宏观调控成为行政权力代替市场进行资源配置的借口。十四大提出，社会主义市场经济体制"就是要使市场在社会主义国家宏观调控下对资源配置起基础性作用"，这是十四大的表述。后来到了十四届三中全会，表述有所改动了，改成社会主义市场经济体制"就是要使市场在国家宏观调控下对资源配置起基础性作用"。十六届三中全会出台的《中共中央关于完善社会主义市场经济体制若干问题的决定》起草小组经过认真讨论研究并经中央同意，不再提"使市场在国家宏观调控下对资源配置起基础性作用"，只强调"更大程度地发挥市场在资源配置中的基础性作用"。这是十六届三中全会通过的《中共中央关于完善社会主义市场经济体制若干问题的决定》的表述。应该说这个表述是科学的，与时俱进的。但在实践中还是强调国家宏观调控下，过多地强调政府的作用。目前各级政府和部门中过分强调自己的宏观调控职能，很大程度上是计划经济时期行政性控制的翻版。必须明确，政府宏观调控不是资源配置的前提，配置资源的主体是市场，而不是政府。

宏观调控要更多地运用间接调控，尽可能少用行政手段。政府如何改革宏观调控方式、提高宏观调控的有效性，是当前和今后必须解决的重大问题。一是随着改革的深化，我国经济的市场化程度已经较高，传统的行政方式进行调控所起的作用不会很大。二是长期以来由于计划经济体制所产生的主要是总需求膨胀的倾向，现在已经让位给由于市场经济体制所产生的供给过剩倾向。这就是说宏观调控的背景和基础发生了变化。因此，调控方式必应发生变化。三是依靠行政审批制度和管制来加强宏观调控，容易造成权钱交易，容易抬高企业的准入门槛，造成某些行业的人为垄断，提高某些行业的利润。管制越严，利润越高，地方的积极性就越高。四是行政手段容易加大改革和发展成本。因此，要尽量少用行政手段。

（三）坚持市场化改革方向的关键在于转变政府职能

坚持市场化改革方向，根本在于要确保市场在资源配置中发挥基础性作用。这就必须严格约束行政权力对市场的过度干预。中国社会的经济运行模式虽然已经进行了很大程度的变革，但是计划经济体制下遗留下来的与计划经济相配套的行政运行模式并未得到根本的改变，强大的行政力量不受约束地介入到市场当中，极易扭曲以意思自治和平等交换为基础的市场环境，不仅导致权力寻租、腐败滋长，更使经济转型升级被行政主导而与市场需求脱节，导致创新能力低下、重复建设严重，最终导致转型升级长期拖沓不前。与此同时，市场也有失灵的时候，它需要政府能够提供有效又不过度的监管和必要的公共服务，失去这些保障，就难以使居民消费成为拉动经济增长的主要动力，市场经济就难以健康有序发展。因此，转变政府职能，建设服务型政府是当前改革和完善社会主义市场经济的关键所在。

三、加快政府改革，建设服务型政府

政府改革是关键，我们应厘清政府与市场的关系，建设服务型政府。

（一）政府改革是关键

经过三十多年改革开放，我国社会主义市场经济体制初步形成，政府职能发生重大变化，但由于政府和市场关系没有完全厘清，导致政府职能"越位"、"缺位"、"错位"的现象依然存在。从政府公共支出结构看，经济建设仍占有主导性地位，成为制约公共服务供给的重要因素；从经济运行状况看，行政性垄断广泛存在，既导致不公平竞争，也抑制市场活力，增加了社会公共服务成本；从体制方面看，政府在许多领域依然承担着决策者、生产者、监控者等多种角色，集裁判员与运动员于一身，制约了政府职能向公共服务转型的进程；从改革的实践来看，现在改革正处于全面深化的阶段，要解决诸如金融体制改革、财税管理体制改革、收入分配体制改革、国有垄断行业改革等难题，都离不开政府行政管理体制改革。行政管理体制改革既连接社会体制改革，又连接政治体制改革，处于中心环节。可以说，行政管理体制改革滞后已经成为制约经济发展方式转变的关键因素，具体表现在以下几个方面：

首先是从资源配置来看，生产要素市场还很不完善，市场机制还不能充分发挥作用。突出问题是，土地、能源、资本等要素市场发育滞后，价格形成机制过多地受到行政干预。土地作为最重要的生产要素之一，大部分掌握在政府手中。在当前的政绩考核制度和征地制度下，土地成为政府的主要财政收入来源和招商引资的手段，往往是一届政府就把几十年的土地都批出去了，结果就是鼓励企业扩张规模，

使得我国这么一个土地资源稀缺的大国，还有大量的土地利用效率很低，浪费严重。此外，水、煤、电、油等能源的价格形成机制不健全。在我国目前的矿产资源开采体制下，获取开采权的成本很低，也使得价格和成本严重脱离，这种扭曲的价格机制不能反映我国资源稀缺情况，造成了使用中的大量浪费。

其次从市场的主体看，政府过多地直接干预经济活动。由于历史原因，我国的企业投资自主权还没有真正落实，其主要问题是：政府投资决策的机制不规范，政府投资责任追究制度不健全，决策者不对决策后果负责。在当前的考核体制下，造成了政府追求政绩，政府官员忙于招商引资上项目的现象，并且由于官员任期较短，投资往往集中在短期见效的项目上，甚至不惜引入对当地环境造成严重污染的项目。而真正需要政府关注的教育、医疗、农业等领域，却投入不足。这使得我国投资率居高不下，并且投资结构扭曲，导致资源配置的低效率。

最后从财税体制看，目前的制度安排不利于经济发展方式转变。现行的分税制，出于对本地财政收入、就业的考虑，地方政府会容忍甚至鼓励一些高污染的项目。比如，我国钢铁生产能力严重过剩，但要淘汰落后生产能力难度和阻力很大，因为要触动地方利益，影响地方政府的政绩、税收和就业。再比如，我国的矿产资源属于国家所有，有偿使用。国家通过收取资源税和资源补偿费体现其矿产资源所有者权益，但是计税方式不合理。拿煤炭资源为例，资源税和资源补偿费是以煤炭产量和煤炭销售收入为基数计征的。由于煤炭资源税和资源补偿费未与矿井动用的资源储量挂钩，不利于激励生产企业珍惜和节约资源，甚至在一定程度上纵容了资源的浪费，另一方面，征收的资源税和补偿费标准过低，相对于资源的价格几乎微不足道。此外，相当一部分煤炭生产企业占有的资源储量，是在矿业权制度确立之前无偿获得的。按照矿业权管理的有关规定，只要不发生矿业权转让，就无须补交矿业权价款。这些因素使得矿产开采企业实际上对资源无偿或近乎无偿地占用，结果就是造成了开采中浪费严重，而且容易产生暴发户和腐败现象。

（二）厘清政府与市场的关系

政府转型要进一步调整政府与市场的关系，必须明确政府与市场的边界。政府在市场经济条件下要坚持科学发展观。按照科学发展观的要求，发展不限于经济范畴，提高人民物质文化生活水平、普遍实现社会公正、制度文明与社会进步相适应，都将成为发展的重要内涵。因此，政府转型不仅是贯彻科学发展观的制度前提，而且必然要求进一步调整政府与市场、政府与公民、政府与社会的关系。

必须认识到，经济发展的主体力量在市场，企业和老百姓才是创造财富的主体，政府应该是创造环境的主体。政府的职能要转到为市场主体服务、创造良好的环境上来，主要通过保护市场主体的合法权益和公平竞争，激发社会成员创造财富的积极性，增强经济发展的内在动力。加快政府职能转变，才能转变经济发展方式，才能真正贯彻科学发展观，促进经济、社会和人的全面发展。

政府转型还要求正确处理好集中与分散决策的关系。改革开放以来，传统体制高度集中的弊端虽然被认识，但集中体制"能办大事"的认识误区依然影响深远。而科学决策和执行存在多种约束条件，如信息对称与否、利益取向是否"一致"、决策目标是多重的还是单一的、长期决策还是短期决策等，不解决约束条件问题，很可能大事办不成，负面影响不小。市场经济客观上要求分散决策，政府存在很强的"集中偏好"，就难于根据走向市场经济的实际进程切实转变职能，反而会把不适当的决策"强加"给市场，甚至代替市场选择。这显然不利于社会主义市场经济的发展。

要充分认识转轨时期政府的特殊性。政府与市场必须分野，但与成熟市场经济国家的政府相比，转轨国家的政府依然具有一些特殊的发展职能，政府对经济的干预因此是不可避免的。对一个转型中的经济体来说，更需要论证的是：政府的哪些干预是现阶段必需但长远是要"退出"的，哪些干预无论现阶段还是长远都要"退出"的，哪些干预是现阶段和长远都必需的。只有回答了这些问题，才能真正解释和处理好转轨经济中政府和市场的关系。

转轨国家的政府与市场关系，远不像成熟市场经济国家那样基本"定型"，而是一个市场关系逐步发展与政府职能转变的互动过程。但只要坚持社会主义市场经济的改革方向，就必须确立市场机制在资源配置方面的基础地位，这是市场经济的基本特征。在从高度集中的计划经济体制向市场经济体制转轨的这个历史背景下，市场经济发育不成熟是必然的。现实中的诸多矛盾更主要地是由于市场经济不成熟、市场机制作用不充分所致，并非所谓的市场机制"缺陷"。"权钱交易"和公共领域的"缺失"恰恰是市场经济不成熟的表现，是市场边界不清的结果，不能作为指责市场经济或市场机制的依据。问题的症结在于，在处理政府与市场的关系方面，究竟是强化政府职能转变、让市场竞争和资源配置更充分地发挥基础作用，还是强化政府对经济的直接控制力，这是根本方向问题。这个问题搞不清或方向反了，直接后果是政府职能混乱，最终不仅无法完善市场经济新体制，而且会对中国经济增长的可持续和稳定形成重大障碍。

（三）如何建设服务型与法治型政府

加快推进政府职能转变，就是要把过去管制型的政府转变为服务型的政府，把过去无限的政府转变为有限的政府和法治型的政府。

1. 必须创新三个理念

第一个理念是，政府是创造环境的主体，企业和老百姓是创造财富的主体。过去这两个主体有点错位。笔者一直在关注浙江现象，也做了一些调查研究。浙江是一个人多地少、国家投入少、资源少的省份。那么现在为什么人均富裕程度在全国居首位？为什么社会很稳定？一个重要的原因是，让老百姓作为创造财富的主体，这样才有内在的动力，才有活力。如果大家都靠国家，都让国家来创造财富，然后由国家再分配给大家，这样的体制是缺乏活力的。

第二个理念叫"非禁即可"的理念，凡是法律不禁止的就是大家都可以干的，这个理念非常重要。过去的理念是什么呢？凡是企业要做什么事情，老百姓要做什么事情，都要经过政府审批才能干，不批准你就不能干。这种理念缺乏创新空间，例如你要搞技术创新，但如果审批的人不懂技术，那就不是鼓励创新而是抑制创新。

第三个理念是依法行政，就是政府只能做法律规定的事情，法律不规定的事情政府就不能做。这样，政府的行为受到法律的约束，建设有限政府就有可能，法律不规定的政府不能干，就是政府活动限制在法律范围内，政府不能有随意性。这样，一会儿叫老百姓种树，一会儿叫种草，一会儿拔掉又种粮的情况就不可能发生。

2. 加快以政府转型为主线的行政管理体制改革

从改革的历程看，我国发展方式转型的主要挑战不是经济社会本身，而是政府决策与政府转型。要推进投资体制改革和政府职能转变，消除政府扩张投资的冲动，增强其提供公共服务功能。在当前的干部考核体制和财税体制下，地方政府的行为更趋向于追逐任期内的政绩特别是经济增长指标，很少考虑下一届政府的事情，难以从根本上解决投资率过高问题。根本的办法要靠改革，加快政府职能转变，积极推进政府从全能政府、管制型政府向有限政府、服务型政府、法治政府转变。把政府职能转到以提供公共服务为主的道路上来，创造有利于经济发展方式转变的制度环境。转变经济发展方式，最后的落脚点还是在企业。原广东省委书记汪洋曾提出，要把转变经济增长方式作为经济工作的"头号工程"，要把自主创新作为转变经济发展方式的核心推动力。企业是自主创新的最佳主角，政府要当好自主创新的"导演"，尽心尽力地解决"主角"演出所需的"灯光"、"舞美"等条件。以技术创新为重点的发展模式转变，新技术的创新和应用，新产品，特别是战略性产品的研发，都需要有序的市场、对技术产权的有效保护、获得可行承诺的经济政策、更加透明开放的产业政策与信息等，这都是政府应提供的公共产品，如果政府不确立公共政府的职能，企业就缺乏转变经济发展方式的约束条件。

3. 加快以适应社会公共需求转型为主线的社会体制改革

保障和改善民生是我们发展经济的最终目的，也是推动经济发展方式转变的重大举措。我国已从私人产品短缺时代进入到公共产品短缺时代。未来几年社会体制改革要着眼于实现基本公共服务均等化、扩大国内消费需求，特别是增加居民消费需求为重点，增强消费对经济增长的拉动作用。要加大国民收入分配制度改革，增强居民特别是低收入群众的消费能力，要努力扩大就业，鼓励全民创业。要注重通过城乡基本公共服务均等化开启农村市场，依靠结构性改革，通过政策创新、体制改革、制度安排和机制建设，稳步推进城镇化，破解城乡二元结构，保证城乡一体化不断取得实质性进展。推进城乡一体化要以土地产权制度改革为重心，形成城乡经济社会一体化发展的新格局。要在确保农民土地权益不受侵犯的前提下，加快健全农村集体建设土地流转市场。同时建立城乡基本公共服务均等化的制度基础，尽快形成较为完善、城乡统一的国民教育服务制度、城乡统一的医疗卫生服务制度、城乡统一的养老保障制度、城乡统一的公共就业服务制度、城乡统一的最低生活保障制度、城乡统一的社会救助制度、城乡统一的住房保障制度、城乡统一的公共交通服务制度、城乡统一的文化体育制度等。

（四）加强基本公共服务均等化

建设服务型政府，加强基本公共服务均等化是当务之急。我国已经基本走过生存型社会的发展阶段，开始向发展型社会阶段跨越。站在中国改革发展新的历史起点上，人们可以清楚地观察到发展问题的阶段性变化。与改革之初相比，生存性问题的压力在减弱，发展性问题的压力在增强。前30年的改革已经比较成功地解决了基本生活资料短缺的问题，但是全社会全面快速增长的基本公共需求与基本公共产品短缺、公共服务不到位之间的矛盾逐渐凸显，成为新阶段建设服务型政府的主要短板。因此，提高政府的公共服务能力，为全体社会成员提供基本而有保障的公共产品和公共服务，已成为促进新阶段政府改革的主要内容之一。

从我国的国情出发，公共服务体制的建设主体是政府。在公共服务体制中，政府发挥着关键性的作用，这与其公共职能的定位高度相关。各级政府如果不能充分体现民意，顺利进行职能转变，则公共服务体制很难建立和完善，为公众服务的积极性很可能为机构的私利所左右。建设服务型政府，不仅包括政府自身机构和职能的演变，而且还涉及或包括政府的行政运行机制、政府功能与市场功能的界定、政府行为的规范乃至行政权力来源与约束等更为丰富、广泛的领域。政府转型客观上要求相关领域的经济、社会、政治和文化体制改革的协调配套推进。

推进基本公共服务均等化的当务之急是要进一步完善公共财政制度。我国正式提出建立公共财政基本框架的目标是在1998年年底的全国财政工作会议上，但从财政改革与政府改革以及市场化改革的关系来看，实际进程的展开应该可以追溯到市场经济体制确立之初，甚至更早。经过十几年的努力，我国已经初步形成了公共财政的基本框架，规范、公正、透明等市场经济的基本规则得到广泛认同，以人为本、基本公共服务均等化等理念已逐渐融入政府财政关系建设之中。然而，从当前社会普遍反映突出的问题看，特别是从公共服务体系建设方面看，如何进一步完善公共财政仍然是十分重要和紧迫的任务。

推进基本公共服务均等化，第一，应进一步调整公共支出结构，加大公共服务支出比重，压缩经营性投资，更多地增加包括教育、医疗、社会保障、城市低收入居民住房补贴等社会公共支出，通过基本公共服务缓解分配差距扩大的趋势，并使社会不同阶层或群体都能分享经济社会发展的成果。第二，完善和规范转移支付制度，逐步加大一般性转移支付的比重，减少专项拨款比重。第三，完善税制，促进社会公平。如完善个人所得税、资源税以及探索建立赠予税、财产税、遗产税以及社会保障税等税种。第四，加大财政运行的透明度和社会参与度，使财政运行置于广泛的社会监督之下，有效发挥公共职能。

加快推进五位一体的改革

（2012 年 11 月 20 日）

当前，全党全国人民正在学习贯彻十八大精神，怎样把十八大精神落到实处？我想还是靠十八大报告提出的十六个字："解放思想，改革开放，凝聚力量，攻坚克难。"

十八大提出，"确保到二〇二〇年实现全面建成小康社会宏伟目标"，并提出："建设中国特色社会主义，总依据是社会主义初级阶段，总布局是五位一体，总任务是实现社会主义现代化和中华民族伟大复兴。"

一、加快五位一体改革，促进五位一体总布局建设

要全面落实经济建设、政治建设、文化建设、社会建设、生态文明建设五位一体总布局，就必须深化五位一体的改革。

经济体制改革。要坚持社会主义市场经济的改革方向，加快完善社会主义市场经济体制。经济体制改革的核心问题是处理好政府和市场的关系。必须更加尊重市场，更好发挥政府作用，坚持企业和人民是创造财富的主体，政府是创造环境的主体。凡是市场和企业能解决的事，政府就要退出；凡是法律不禁止的事，企业可以自由进入。要加快建立富有活力的市场主导的经济运行机制，更大程度更广范围发

挥市场在资源配置中的基础性作用。

政治体制改革。要更加广泛、更加充分、更加健全地实现人民民主。坚持人民的主体地位，更好地保障人民权益，更好地保障人民当家作主。全面推进依法治国，确保审判机关、检察机关依法独立公正行使审判权、检察权。

深化行政体制改革，加快推进政府职能转变，推进政府从全能政府向创造良好环境、提供优质公共服务、维护社会公平正义的服务型政府转变。

健全权力运行制约和监督机制。保障人民的知情权、参与权、表达权、监督权。确保决策权、执行权、监督权既相互制约又相互协调。凡是涉及群众切身利益的决策都要听取群众意见；凡是损害群众利益的做法都要坚决制止和纠正。

文化体制改革。全面建成小康社会，必须深化文化体制改革，促进文化大发展大繁荣。要发扬学术民主、艺术民主，解放和发展文化生产力，为人民提供广阔的文化舞台。要加快完善文化管理体制和文化生产经营体制，基本建立现代文化市场体系，形成有利于创新创造的文化发展环境，让一切文化创造活力持续迸发出来。

社会体制改革。必须以保障和改善民生为重点，提高人民物质文化生活水平。要加快健全基本公共服务体系，加强和创新社会管理，推动社会主义和谐社会建设。

到 2020 年实现城乡居民收入倍增计划，必须加快收入分配制度改革，千方百计增加居民收入，实现发展成果由人民共享。增强居民特别是低收入群体的消费能力。努力扩大就业，鼓励全民创业。注重通过城乡基本公共服务均等化启动农村大市场。通过政策创新、体制改革、制度安排和机制建设稳步推进城镇化，破解城乡二元结构，加快形成城乡经济社会发展一体化新格局。深化农村土地制度改革，在确保农民土地权益不受侵犯的前提下，加快健全农村集体建设用地流转市场。建立健全城乡基本公共服务均等化的制度基础，尽快形成较为完善、城乡统一的国民教育服务制度、医疗卫生服务制度、养老保障制度、公共就业服务制度、最低生活保障制度、社会救助制度等。

生态文明体制改革。推进生态文明建设，必须要靠深化改革和制度建设来保证。十八大针对我国资源约束趋紧、环境污染严重、生态系统退化的严峻形势，提出了要大力推进生态文明建设的重大举措。

一是明确了生态文明建设的意义和理念。生态文明建设是关系人民福祉、关乎民族未来的长远大计，必须树立尊重自然、顺应自然、保护自然的生态文明理念，把生态文明建设放在突出地位，融入经济建设、文化建设、社会建设各方面和全过程，努力建设美丽中国，实现中华民族永续发展。

二是生态文明建设的美好前景。按照人口资源环境相均衡、经济社会生态效益相统一的原则，控制开发强度、调整空间结构，促进生产空间集约高效、生活空间宜居适度、生态空间山清水秀，给子孙后代留下天蓝、地绿、水净的美好家园。

三是保护生态环境必须依靠制度建设、深化改革。首先建立科学的评价体系，要把资源消耗、环境损害、生产效益纳入评价体系，建立体现生态文明要求的考核办法、奖惩机制。其次，建立国土空间开发保护制度、耕地保护制度、水资源管理制度、环境保护制度。再次，深化资源性产品价格和税费改革，建立反映市场供求和资源稀缺程度、体现生态价值和代际补偿的资源有偿使用制度和生态补偿制度。最后，积极开展节能量、碳排放权、排污权、水权交易试点。

二、重构改革的协调机制，加强改革的顶层设计

十八大强调："要始终把改革创新精神贯彻到治国理政各个环

节。""五位一体"改革，涉及方方面面，必须相互协调，相互促进，才能取得应有的进展和成果。

第一，必须重构改革的协调机制。加强改革顶层设计，需要专门的设计机构。从领导和谋划改革的要求看，成立由中央直接领导的重要改革领导协调机构，有利于从全局上把握改革的进程；强化改革的决策机制，对每一项重要的改革做好总体部署，使改革决策机制更加统一有力；坚持统筹兼顾、综合配套，对各方面的改革实施具体、统一协调；综合把握改革的总体情况，改善改革的推进方式，把自上而下的改革与地方性改革实验有机结合起来。

第二，要加强改革立法，把改革纳入制度化、法治化轨道。要用法律形式将改革目标上升为国家意志，明确界定改革主体、改革对象、改革责任，强化改革目标的约束性，使改革目标成为法定责任。重大的改革，应先立法后改革，以法律手段来使改革从经验型改革过渡到理性、规范有序的阶段。

第三，要建立改革进程的评估机制。一是建立完善的改革评估指标体系。改革评估指标应包括经济体制、社会体制、政治体制、文化体制和生态文明体制五位一体的改革进展。二是建立改革的反馈机制。对改革过程中暴露的矛盾和问题，充分听取各方面意见，组织专家评估。三是建立多元参与的评估体系，将社会评估组织和专家等纳入评估主体范围，充分发挥和整合不同评估主体的优势，形成相互联系又相互制约的多元参与的评价体系。

第四，要营造有利于改革的社会环境和舆论环境。加强改革的舆论宣传，及时向公众解答改革进程中的疑惑，加强对改革的正面引导；让各项改革涉及的利益相关者了解改革、理解改革，让多数人在不断分享改革成果的同时，参与改革，支持改革。

以更大的决心和勇气推进改革

（2012 年 12 月 13 日）

一、正确认识改革与发展的关系

十八大提出："以经济建设为中心是兴国之要，发展仍是解决我国所有问题的关键。"我国过去三十多年的快速发展靠的是改革开放，我国未来发展也必须坚定不移地依靠改革开放。这就把改革开放和经济发展的关系讲得很清楚了，人们期待十八大后中国的经济改革开放有一个新的起点。

习近平总书记最近在广东考察时指出："实践发展永无止境，解放思想永无止境，改革开放也永无止境，停顿和倒退没有出路。"李克强也在最近召开的全国综合配套改革试点工作座谈会上强调，改革是中国最大的红利。他提醒与会者，十八大报告首次将全面建成小康社会和全面深化改革开放两个目标并列相提。在加快转变发展方式前面，又增加了一个"加快完善社会主义市场经济体制"，这说明发展方式转变与改革开放密不可分。

由于历史和现实的原因，改革重心长期聚焦在经济发展领域，思想解放的深度还没有更有力地触及更深层次的经济体制内因和政治体制中去，毫无经验可循的社会主义市场经济体制改革也难免存在一些疏漏和问题。改革发展中碰到一些问题，不能认为是改革造成的，实际上是因为改革不到位，解决这些问题还得靠改革。现在有些声音把一些社会矛盾归咎于市场经济改革。在从高度集中的计划经济体制向市场经济体制转轨的这个历史背景下，市场经济发育不成熟是必然的。现实中的诸多矛盾更主要的是由于市场经济不成熟、市场机制作用不充分所致，并非所谓的市场机制"缺陷"。"权钱交易"和公共领域的"缺失"恰恰是市场经济不成熟的表现，是市场"边界"不清的结果，不能作为指责市场经济或市场机制的依据。

有人认为，之前我们的发展压倒了改革，这我不赞同。问题的实质是发展跟改革的关系要处理好，发展要通过改革来促进，但过去往往是重发展轻改革。今后要真正地通过改革来促进发展，通过改革来转变经济发展方式，通过改革来促进结构调整，把发展与改革互动和相互促进的关系进一步地处理好。走向公平可持续发展，就是当前中国社会最为集中的共同期待，也是最大的改革共识。

二、警惕思想因素与利益因素合流制约改革推进

中国的市场经济体制改革已经成功走过"目标探索"和"框架构建"阶段，目前正处于"体制完善"的阶段。社会主义市场经济随着我们对社会主义本质认识的不断深入、对市场经济认识的不断深入而不断完善。什么是社会主义市场经济？就是在社会主义条件下实行市场经济。具体说，就是在坚持社会主义制度和党的领导下实行市场经济，也就是说要通过市场配置资源，发挥市场的基础性作用，要实现从计划经济向社会主义市场经济的转变。因此，市场经济的规律，如价值规律等必须遵循，不能因为中国特色就不遵循这些规律。

现在改革进入深水区，容易改的改了，不容易改的还没改，所以改革的难度之大，任务之艰巨是空前的，不能以为有了"中国模式"

就行了，就不要改革了，那是不行的。30 年前我们提出"解放思想"，时至今日，已经像口号一样司空见惯，很多人可能会说，在"思想"已经如此"解放"的今天，"思想因素"还会制约改革的推进吗？我认为"思想因素"的问题还是存在的，到今天还没有彻底解决，有人还在用旧眼光看待改革、看待发展。经济上的具体政策可以调整，但思想上的认识错误则会带来更大危害。我们要取得共识，要排除各种干扰和体制性障碍，回归市场化改革的方向。

30 年的改革过程，推动了生产力的发展，从而产生新的利益，但是在这个过程中，由于经济领域的单兵突进，导致利益分配严重不均衡，从而形成了如今的既得利益格局。今天的改革，就是要打破这种垄断，打破这种不公平、不可持续的利益格局，所以被触动利益的既得利益者必然会阻碍改革前行。

推进改革出现困难，一个是思想因素，一个是利益因素。更值得警惕的，就是思想因素与利益因素的交错合流。就经济改革而言，还必须进一步解放思想，而解放思想，就要打破深层次的思想禁锢，消除既得利益者对改革的干扰。同时，更加重视改革顶层设计和总体规划，切断既得利益格局自我繁殖的链条。

三、毫不动摇地坚持社会主义市场化改革的方向

社会主义市场经济体制框架初步构建时，虽然建设社会主义市场经济的目标是明确的，但由于当时国内外的复杂状况，当时的经济政策和改革措施不可避免地采取了一些权宜之计。这些措施和政策确保了中国经济的持续发展并保障了社会的稳定，但也产生了新的矛盾和隐患。随着改革的发展，小问题逐渐尾大不掉，并且形成既得利益群体，影响到政策和制度的纠偏，妨碍了改革的深入和完善。

十六大以来的经济体制完善工作很大程度上是针对这些弊病进行改革，新老两个促进民营经济发展的"三十六条"彰显了执政者的努力。但是经济政策的强大惯性和 2008 年之前经济持续快速增长的表象，让本来就阻力较大的改革攻坚缺乏强大动力，贫富差距、收入分配、环境保护等问题仍相当突出，各条各块的各种改革措施缺乏统一协调。因此，社会主义市场经济体制完善仍是当前和今后一段时期的重大任务。

具体而言，社会主义市场经济体制自身的完善还需要在打破垄断和深化价格改革、深化金融体制改革、深化财税体制和收入分配体制改革、深化农村综合改革上取得新突破。与此同时，应加强改革的顶层设计，尽快完善改革的协调机制。推进这些改革，不能单兵突进，必须全面协调总体推进，但更需要取得重点突破。不能只选择相对容易的改革，把难度大的改革继续往后拖。需要有更大的决心和勇气，推进改革攻坚。

需要注意的是，坚持社会主义市场经济改革方向，不能单纯地就市场经济而论改革。从生产关系变革与生产力相适应来看，市场经济改革是以经济领域为基础、涵盖经济社会乃至行政领域的系统工程。市场本身的运行机制是第一块基石，基于市场之上的社会结构及其体制是第二块基石，然后是适应市场经济发育的政府体制，再然后是执政方式。社会体制、政府体制、执政方式的变革都要适应市场经济体制这一最基础制度设计的内在要求。

因此，社会主义市场经济体制的完善将不仅仅局限于市场经济体制本身的完善，还应该包括民主、法治这些上层建筑层面体制的完善，这些配套机制的完善也是广义的社会主义市场经济体制改革完善的内容。从目前的情况看，行政管理体制、司法运行机制等与政治体制改革相关的改革进程，与建设中国特色社会主义的目标还有差距，影响和制约了社会主义市场经济的发展。

中国的改革绝不可能走回头路，防止倒退最有效的办法，就是用社会主义市场经济体制的完善回应各种对市场经济体制改革的质疑。

改革是中国最大的红利

——《改革是中国最大的红利》一书序言

（2013 年 1 月 25 日）

2012 年 12 月 8 日，当新任总书记习近平在深圳莲花山公园向邓小平铜像献花篮那一刻，全世界都感知到了中国将继续改革开放的决心。

改革为中国带来了巨大的红利，它打破了计划经济的藩篱，使社会主义市场经济从无到有逐步发展，并结出了累累硕果。它使中国从一个贫困落后和封闭的国家成长为如今的世界第二大经济体，使人民的生活水平、社会保障水平迈上了一个大台阶，国际地位有了显著的提高，国家的面貌发生了新的历史性变化。改革开放是当代中国发展进步的活力之源，没有改革开放，就没有中国的今天。

在经历了 30 余年的经济高速增长之后，当前已经进入到中等收入的发展水平，进入到一个新的发展阶段。前一阶段高速发展依靠的一些发展动力比如廉价的劳动力、原材料、能源、土地供应等都已经或者正在逐步消减，曾经极大地带动经济增长的外贸出口则受到国际金融危机、欧债危机、贸易保护主义等一系列不利因素的影响而削弱，内需的提升又受制于各种现实的体制、机制障碍。这种情况好比火箭起飞过程：在起飞阶段，需要强有力的一级助推器；但到了平稳飞行阶段，起飞阶段的一级助推系统就要抛弃。如果转换不及时，火箭就要出问题。最近我国大面积出现的雾霾天气已经在警示，必须尽快改变过去那种不惜生态环境代价单纯谋求经济发展的发展模式。在新的发展阶段，改革发展的红利发生重大变化，经济起飞期传统的红利逐步衰减，亟须获得新的动力。中国经济能不能有效地通过改革转变发展方式，能不能形成新的红利，能不能在保持发展的同时保护好生态环境，是萦绕在所有关心中国改革事业的人们心头的疑问。《改革是中国最大的红利》一书即着力回答这个问题，希望指明中国未来发展的红利之所在。

"雄关漫道真如铁，而今迈步从头越。"党的十八大开启了中国改革事业的新征程，十八大鲜明提出："必须以更大的政治勇气和智慧，不失时机深化重要领域改革。"2012 年 12 月 31 日，十八届中共中央政治局又专门就坚定不移地推进改革开放进行第二次集体学习。习近平同志在会上强调，改革开放只有进行时，没有完成时，要协调推进各领域各环节的改革，努力把改革开放推向前进。李克强同志在国务院召开的全国综合配套改革试点工作座谈会上也强调指出：改革过去是中国最大的红利，未来也将是中国最大的红利。

改革是中国未来最大的红利，是因为只有改革开放才能破除制约经济进一步发展的瓶颈。过去改革秉承的先易后难的渐进改革思路虽然减少了阻力，使改革得以迅速推进，但是也导致许多重要领域的改革推进速度没有跟上经济发展的脚步。尤其是在更敏感的政治、文化等上层建筑领域，一些思想观念的障碍使得体制改革难以协同推进。马克思主义的基本原理告诉我们，生产关系跟上生产力发展的脚步、上层建筑适应经济基础的发展，经济社会就会获得快速发展，改革的红利即来源于此。30 多年来社会主义生产力的极大发展决定了在生产关系方面必须有更大的解放，经济基础的迈进也需要上层建筑进行与时俱进的改革。落实到实践当中，就是要实现经济发展方式的转型升级，以改革创新、科技创新替代资源消耗拉动经济增长，以制度创新挖掘稳定的内需替代投资和外贸成为拉动经济增长的主力。党的十八大报告指出："全面落实经济建设、政治建设、文化建设、社会建设、生态文明建设五位一体总体布局，促进现代化建设各方面相协调，促进生产关系与生产力、上层建筑与经济基础相协调。"通过改革创新实现可持续发展，这正是党的新的领导集体坚持正确的改革道路的鲜明体现。

改革是中国未来最大的红利，还因为只有改革才能激发最广大人民群众的积极性和创造性。当前，我国经济社会发展还存在不平衡、不协调、不可持续的问题，出现了收入差距扩大、司法不公、环境污染和贪污腐败等问题。只有深化改革、破除垄断、矫正收入分配机制，才能让更广大的人民群众享受到改革的成果；只有深化改革，制约权力，建立法治社会，才能促进社会公平正义；只有深化改革，回应期待，凝聚改革共识，才能把有中国特色的社会主义事业推向前进！

改革红利的取得并非轻而易举，红利的释放关键在于改革的突破。未来五至十年是我国改革的关键时期。加快经济发展方式转变，有效地释放出新的红利，是决定我国发展前景的重要因素。基于这一认知，人民出版社在十八大一结束即着手组织编写《改革是中国最大的红利》一书，不仅非常及时，更意义重大。本书以探讨、宣讲中国改革红利问题为主题，约请了多位顶级专家学者就如何通过重点领域的改革来释放改革红利这个主题谈设想、提建议，与读者一起共话改革。专家学者的探讨从十八大后改革整体走势开始入手，对经济体制、政治体制、社会体制、文化体制、生态文明体制的改革发展分别进行了深入的分析和总结，对国有企业、金融体制、财税体制、收入分配体制、城镇化与"三农"问题等对中国未来发展息息相关的重要领域的改革发展给出了中肯的建议和意见。《改革是中国最大的红利》集合专家学者深厚的智识为决策层提供改革建言，以深入浅出的叙述为广大干部群众凝聚改革共识提供一份生动的参考文本。一点浩然气，千里快哉风！希望本书的出版能够为直挂云帆济沧海的中国改革事业带来更多鼓帆破浪的助力。

经济体制改革的核心是处理好
政府与市场的关系

（2013 年 1 月 28 日）

十八大报告指出："经济体制改革的核心问题是处理好政府和市场的关系，必须更加尊重市场规律，更好发挥政府作用。"我国虽然初步建立了社会主义市场经济体制，经济运行市场化的基础已经确立，但计划经济的思维和管理方式仍然在现实中存在一定的"市场"。现代市场经济体制并不排斥政府必要的干预，这一点很容易成为复归或强化旧体制的根据。因此，改革的成功与否，关键在于处理好政府与市场的关系。

一、为什么说经济体制改革的核心是处理好政府与市场的关系

计划经济的特点是通过计划等行政手段来配置资源，因此效率低下。例如，20 世纪 50 年代，沈阳有两个相邻的工厂，一个叫沈阳变压器厂，一个叫沈阳冶炼厂，这两个都是政府行政主导，变压器厂需要大量的铜，由主管的一机部从云南等地调到沈阳。冶炼厂生产的铜由冶金部从沈阳调往全国各地。一墙之隔的两个厂由于行政主导，没有市场，造成资源的极大浪费。还有一个例子，上海的一家企业为了

在夏天给车间工作的工人降温，申请买鼓风机，要经过七个部门审批，待审批完毕，夏天都已经过去了。因此我写了《企业要有一定的自主权》这篇文章，发表在 1956 年 12 月 6 日《人民日报》上，编者还配发了《"必要"的手续》这样一幅漫画。当时说是一定的自主权，现在看来还是有点保守，企业应该拥有完全的自主权。如何调整好政府与市场的关系是过去几十年来经济体制改革最核心的内容。

众所周知，三十多年来的中国改革开放历程实际上就是社会主义市场经济从无到有、逐步发展的过程，同时也是经济发展逐渐摆脱行政计划控制的过程。在这个历史进程中，市场一步步扩大在资源配置中的基础性作用，而政府权力则逐渐淡化经济领域的资源配置作用。同时，现代市场经济显然已经不是政府只作为守夜人的原始商品经济，更加频现的市场风险和市场失灵都要求政府在保持市场经济与自然生态和社会和谐的平衡当中发挥积极的作用。新中国成立以来特别是改革开放三十多年来的经验表明，什么时候政府与市场的关系处理得好，经济就能够获得较快的发展，什么时候政府与市场的关系处理得不好，经济发展速度就会有所减慢，经济发展质量和经济结构就出现问题。社会主义市场经济三十多年来的建设和发展经验还表明，哪个行业的政府与市场的关系处理得妥当，哪个行业发展得就比较快，甚至在国际竞争中占据优势地位；而哪个行业行政与市场的关系处理不好，哪个行业就问题突出，乃至拖累整个经济体的转型升级。经济体制改革要实现十八大确立的改革发展目标就必须要以捋顺政府与市场的关系为核心。

从更深刻的理论角度讲，政府与市场的关系内涵是上层建筑与经济基础的关系，市场经济的逐步建立和成熟使得生产关系适应了生产力的发展需求，因此有了近三十年来经济的繁荣，作为生产关系之总和的经济基础出现的变革也同时要求上层建筑要进行相应的调整，这是马克思主义基本原理的体现，经济体制的改革必然是以此为核心。与现代市场经济的经济基础相对应的上层建筑层面有着诸多的特点，最鲜明的服务型政府和法治政府两项（这里的政府是指广义的公权力机关，并非指狭义的政府）。服务型政府要求政府能够提供良好的市场运行的基础环境，能够发挥宏观调控的作用解决微观市场的不足，能够调和市场在优胜劣汰的资源配置过程中产生的负面作用，等等，言而总之，服务型政府就是强调政府要在市场经济当中发挥积极能动的正面作用，防止市场失灵对整个经济社会造成损害并为市场触及不到的地方提供协调保障；而法治政府则更多地是给政府划定了运用权力的界限，避免权力介入到市场中去产生权力寻租，防止行政垄断，保障市场主体的机会均等、交易自由、信息对称和权利公平。如何处理好政府与市场的关系就是在新形势下如何坚持并发展好中国特色社会主义。

处理好政府与市场的关系是解决改革过程中产生的疑难问题的核心。在从计划经济向市场经济的转轨过程中，经济社会发展也积累了很多问题，比如片面追求经济增长导致的环境污染，社会分配缺乏有效调节导致的收入差距过大，公权力缺乏制约直接介入市场导致腐败现象严重、社会诚信缺失、阶层对立严重等等。因此党的十八大提出了"五位一体"的总体布局思路，就是要使经济体制、政治体制、社会体制、文化体制以及生态体制五个方面的改革协同推进，而"一体"不仅仅指的是这五个方面的改革是紧密联系在一起的，还包括了这五个方面的改革都要求解决好政府越位、缺位、错位的政府失灵和市场失灵的问题，也就是政府与市场的关系问题。把政府与市场的关系处理好了，经济体制就捋顺了，政治体制就清明了，其他社会、文化、生态问题也都将迎刃而解。

二、如何发挥好市场的基础性作用

1. 如何正确理解宏观调控

正确理解宏观调控是处理好政府与市场关系的关键。十四大提出，"社会主义市场经济体制，就是要使市场在社会主义国家宏观调控下对资源配置起基础性作用"，这是十四大的表述。后来到了十四届三中全会，表述有所改动了，改成"社会主义市场经济体制，就是要使市场在国家宏观调控下对资源配置起基础性作用"。到了十六届三中全会，我在参加起草《中共中央关于完善社会主义市场经济体制若干问题的决定》时，提出"要从源头上完善宏观调控体系"的建议。我提出，原来的表述并不科学，因为：一是宏观调控是资源配置的前提条件，还是市场经济的重要内容？十四届三中全会提出的社会主义市场经济体制的五大支柱之一，就是社会主义市场经济必须有健全的宏观调控体系。二是资源在市场配置的基础上发挥政府的作用，还是资源配置在政府的作用下发挥市场的作用？三是资源配置的主体是政府还是市场？是政府行政主导型还是市场主导型的市场经济？四是宏观调控的含义是什么？主要是运用货币政策和财政政策调节经济的运行。五是谁代表国家进行宏观调控？国务院当然代表国家，但省市也说自己代表国家，所以各地都争要宏观调控权。起草小组经过认真讨论研究并经中央同意，接受了我的建议，不再提"使市场在国家宏观调控下对资源配置起基础性作用"，只强调"更大程度地发挥市场在资源配置中的基础性作用"。这是十六届三中全会通过的《中共中央关于完善社会主义市场经济体制若干问题的决定》的正确表述。应该说这个表述是科学的，与时俱进的。但在实践中还是强调国家宏观调控下，过多地强调政府的作用。目前各级政府和部门中过分强调自己的宏观调控职能，很大程度上是计划经济时期行政性控制的翻版。必须明确，政府宏观调控不是资源配置的前提，配置资源的主体是市场，而不是政府。十八大进一步明确提出：要"更大程度更大范围发挥市场在资源配置中的基础性作用"。

如何理解宏观调控，我感觉到有三点值得我们研究：一种说法，"目前进行的宏观调控，是我国改革开放以来第×次调控"，把宏观调控作为一种运动，好像除了这几次以外其他时间就没有什么宏观调控了；另一种看法，认为宏观调控就是砍项目，就是刹车；还有一种，把宏观调控跟改革对立起来的，好像要宏观调控就不要搞改革。我觉得以上三种都是对宏观调控的误解。首先，宏观调控是市场经济的一个重要的内容，我们要完善社会主义市场经济体制，必须要完善宏观调控体系，经济运行中出现的深层次矛盾必须通过改革来解决，因此不应该把它和改革对立起来。应该通过宏观调控来深化改革，来完善社会主义市场经济体制，不是一调控就不要改革了。其次，宏观调控是一项经常性的任务，要不断进行的，不能把它作为一种突击运动，靠行政手段为主的运动是不能解决经济运行中的矛盾的。最后，宏观调控不能搞一刀切，经济运行中有投资过热的领域，也有不热的领域，因此要根据不同的情况，该抑制的就抑制，该发展的就发展，该紧的地方紧，该松的地方松，不搞急刹车，不搞一刀切，宏观调控的目的是促进经济持续、稳定、协调发展。

要从源头上来改善政府宏观调控的水平。源头上就是我们原来讲的对市场经济的含义，应当与时俱进，原来的提法就是市场"在国家宏观调控下对资源配置起基础性作用"。这样，把国家宏观调控作为一个前提条件，好像配置资源的主体是政府而不是市场；好像资源配置在政府作用下发挥市场的作用，而不是资源在市场配置的基础上发挥政府的作用。因此，必须从源头上完善宏观调控。

宏观调控要更多地运用间接调控，尽可能少用行政手段。政府如何完善宏观调控，如何提高宏观调控的有效性，是当前和今后必须解决的重大问题。一是随着改革的深化，我国经济的市场化程度已经较高，传统的行政方式进行调控所起的作用不会很大。二是长期以来由于计划经济体制所产生的主要是总需求膨胀的倾向，现在已经让位给由于市场经济体制所产生的供给过剩倾向。这就是说宏观调控的背景和基础发生了变化。因此，调控方式必应发生变化。三是依靠行政审批制度和管制来加强宏观调控，容易造成权钱交易，容易抬高企业的准入门槛，造成某些行业的人为垄断，提高某些行业的利润。管制越严，利润越高，地方的积极性就越高。四是行政手段容易加大改革和发展成本。因此，要尽量少用行政手段。

2. 打破行政垄断，保障市场发挥配置资源的基础性作用

以市场作为配置资源的基本手段，利用价值规律推动市场竞争，促进生产发展和经济繁荣是改革开放以来我们取得成功的一个基本经验。对垄断行业进行改革，保障市场主体的自由竞争是坚持社会主义市场经济方向改革过程中的重要环节，但是相对于其他领域的改革，垄断行业改革的推进较为缓慢。我国经济运行中存在的中小企业发展困难、价格关系扭曲、结构调整进展缓慢、资源消耗过高等问题，都与行政性垄断范围过广、程度过深导致市场机制作用发挥不充分有直接关系，垄断行业是深化改革的焦点和难点所在，改革攻坚必须打破垄断。

行政垄断已经严重阻碍市场经济的发展和完善，具体表现在以下几个方面：（1）垄断行业在能源、电信、交通、金融等的垄断恶化了市场环境，影响了中小企业的发展。而以民营企业为主体的中小企业贡献了60%以上的国内生产总值，50%以上的税收，并创造了80%的城镇就业。中小企业是缓解就业压力、解决民生问题的重要渠道，行政垄断对民生问题的解决造成不利影响。（2）行政性垄断对国民收入分配格局产生了负面影响，导致不同部门之间、不同社会群体之间收入差距过大。在过去几年中，不同部门之间的收入差距呈扩大趋势，其中垄断性部门与竞争性部门之间的收入差距扩大趋势尤为明显。国民收入分配过度向企业倾斜，还为企业盲目扩大投资提供了资金来源，成为导致社会投资与消费关系失衡的一个重要因素。（3）与行政性垄断相伴生的是行政权力过多介入微观经济活动，由此衍生了经济转型时期的秩序混乱和腐败现象。近年来，腐败问题主要集中在土地批租、国企改制、金融市场等领域，而这些领域正是行政权力掌控的重要方面。行政力量对土地、能源、资本等要素市场的垄断为政府过度干预市场提供了便利条件，在短期政绩绩效的驱使下，政府为驱动市场主体进行投资，给予大量廉价的土地、资源等要素，市场失去了配置资源的基本功能，而政府投资决策体系的不健全往往造成很大浪费。（4）企业进行科技创新、服务管理创新源自于市场竞争，行政垄断排斥了潜在的竞争者，使民营企业失去参与竞争的机会。而垄断国企安于垄断利润现状，创新动力不足，这就使得旧的低端扩张模式难以改变，造成资源的巨大浪费，在国际竞争中也主要依赖价格、数量竞争，屡屡产生海外投资的重大亏损。

更大程度更大范围发挥市场在资源配置中的基础性作用，必须深化垄断行业改革，营造公平竞争的市场环境。必须下决心在石油、电力、电信、金融、铁路等行业进一步深化改革，实行政企分开、政资分开、政事分开，完善机制，打破垄断，加快构造有效竞争格局，加快垄断行业建立现代企业制度的步伐。

推进垄断企业股权多元化改革，允许非公有制经济进入垄断行业参与竞争。2005年和2010年，国务院先后发布两个非公经济"36条"，鼓励支持和引导非公有制经济发展，对于深化垄断行业改革具有重要意义。两个非公经济"36条"都规定允许民营资本进入垄断行业和领域，允许进入公用事业和基础设施领域，允许进入社会事业领域，允许进入金融服务业，允许进入国防科技工业建设领域；鼓励非公有制经济参与国有经济结构调整和国有企业重组，为打破垄断、引入竞争创造条件，为推进国有垄断企业股权多元化提供契机。

坚持公开、公正原则，保证垄断行业改革规范有序进行。不可否认，在以往的国有企业改制重组中确实存在一些问题，特别是政企不分、监管不力为个别政府主管部门、企业经营者和出资人进行暗箱操作提供了可乘之机，导致国有资产流失，使国有产权制度改革受到质疑。国有垄断行业是特殊利益最为集中的领域之一，在股权多元化改革中势必会出现突出的利益博弈问题。对此，最有效的办法就是方案公开、程序公正、社会参与、媒体监督，"让权力在阳光下运行"。

发挥市场的作用与转变政府职能密切相关，必须弱化政府对微观经济活动的干预。近年来，政府职能转变取得了显著进展。但受长期计划经济体制和思维惯性的影响，在不少地方和部门，政府的直接干预依然渗透在微观经济活动的诸多方面，不仅包括垄断行业的生产经营过程，甚至涉及已经市场化的竞争性行业。这种行政权力的滥用，为腐败行为提供了制度土壤，加剧了收入分配不公，影响了政府的公信力。为了从根本上解决这一问题，必须加快行政管理体制改革，进一步转变政府职能。凡是市场主体有能力做好的事情都要交给市场主体去做，政府的主要职责是为市场主体创造公平竞争的环境。

加强立法，提高反垄断法可操作性和执行透明度。应根据改革市场化的进程，修改我国的反垄断法。通过修改反垄断法，并制定行政法规、实施细则，不断提高法律的可操作性，同时要强化反垄断执法，统一反垄断执法机构。通过积极开展反垄断法的实施，促进社会主义市场经济的不断完善。

三、如何更好发挥政府的作用

1. 政府职能的"缺位"、"错位"、"越位"

近些年来，尽管在走向市场经济的过程中，政府职能已经发生了重要转变，但这种转变还仅仅是初步的，甚至在有些方面是滞后的。政府在不同程度上充当了市场中一个重要的竞争主体的角色。目前经济生活中出现的无序竞争乃至恶性竞争现象，其背后或多或少有着政府竞争的影子。政府过多介入市场的微观层面，就难以站在全局的立场上实行全面统筹，就难免会削弱其宏观调控、市场监管、社会管理和公共服务等职能，甚至导致某些管理职能的扭曲。

在改革与发展中出现的一些深层次的矛盾和问题，是市场不足呢，还是市场失灵呢？我认为，主要还是市场不足，改革不到位。政府和市场的关系没有摆正。主要表现在：一是"越位"。政府管了不少本来应由市场或企业管的事情，本来应该当"裁判员"的，它去当了"运动员"。二是"缺位"。政府主要应发挥服务功能，搞好公共服务，提供公共产品。服务是没有什么权，也没有什么利的，所以往往不愿意干。它愿意干审批，因为有权也有利。三是"错位"。扩大就业渠道，创造就业机会，理应是政府的职责，但有的政府部门却分片包干企业，直接管理企业的下岗分流，至于投资主体错位的现象也不少。

出路是什么？出路就是"让位"。市场和企业能做而且政府不容易做好的事，政府应该让位于市场。总之，要牢固树立人民是创造财富的主体，政府是创造环境的主体的理念，坚持人民的主体地位，树立"非禁即入"的理念，即凡是法律不禁止，大家都可以干的理念。有了这样的理念，政府就容易转变职能，百姓就会有更大更多的创新空间。虽然部分审批还有必要，但大量的审批应取消，让市场去调整，让群众去创业。而政府必须依法行政，不能有随意性，要成为有限政府、服务型政府。

2. 政府职能转变

政府职能转变是经济发展方式转变的关键。应推进政府职能转变和投资体制改革，消除地方政府投资扩张的冲动，增强其社会管理和公共服务功能。加快政府职能转变，积极推进政府从全能政府、管制型政府向有限政府、服务型政府、法治政府的转变，强化政府的社会管理和公共服务职能，创造有利于经济发展方式转变的制度环境。

转变政府职能需要进一步调整政府与市场的关系，就必须明确政府与市场的边界。必须认识到，经济发展的主体力量在市场，企业和老百姓才是创造财富的主体，政府应该是创造环境的主体。政府的职能要转到为市场主体服务、创造良好的环境上来，主要通过保护市场主体的合法权益和公平竞争，激发社会成员创造财富的积极性，增强经济发展的内在动力。加快政府职能转变，才能转变经济发展方式，才能真正贯彻科学发展观，促进经济、社会和人的全面发展。

转变政府职能还要求正确处理好集中与分散决策的关系。改革开放以来，传统体制高度集中的弊端虽然被认识，但集中体制"能办大事"的认识误区依然影响深远。而科学决策和执行存在多种约束条件，如信息对称与否、利益取向是否"一致"、决策目标是多重还是"单一"、长期决策还是短期决策，等等，不解决约束条件问题，很可能大事办不成，负面影响不小。市场经济客观上要求分散决策，但政府却存在很强的"集中偏好"，就难于根据走向市场经济的实际进程切实转变职能，反而会把不适当的决策"强加"给市场，甚至代替市场选择。这显然不利于社会主义市场经济的发展。

转变政府职能的同时要充分认识转轨时期政府的特殊性。政府与市场必须分野，但与成熟市场经济国家的政府相比，转轨国家的政府依然具有一些特殊的发展职能，政府对经济的干预因此是不可避免的。对一个转型中的经济体来说，更需要论证的是：政府的哪些干预是现阶段必须但长远要"退出"的，哪些干预无论现阶段还是长远都要"退出"，哪些干预是现阶段和长远都必需的。只有回答了这些问题，才能真正解释和处理好转轨经济中政府和市场的关系。

转轨国家的政府与市场关系，远不像成熟市场经济国家那样基本"定型"，而是一个市场关系逐步发展与政府职能转变的互动过程。但只要坚持社会主义市场经济的改革方向，就必须确立市场机制在资源配置方面的基础地位，这是市场经济的基本特征。在从高度集中的计划经济体制向市场经济体制转轨的这个历史背景下，市场经济发育不成熟是必然的。现实中的诸多矛盾更主要地是由于市场经济不成熟、市场机制作用不充分所致，并非所谓的市场机制"缺陷"。"权钱交易"和公共领域的"缺失"恰恰是市场经济不成熟的表现，是市场"边界"不清的结果，不能作为指责市场经济或市场机制的依据。问题的症结在于，在处理政府与市场的关系方面，究竟是强化政府职能转变，让市场在资源配置中更充分地发挥基础作用，还是强化政府对经济的直接控制力，这是根本方向问题。这个问题搞不清或方向反了，不仅无法最终完善市场经济新体制，而且会对中国经济增长的可持续和稳定形成重大障碍。近年来尤其是金融危机以后我国的经济发展状况表明，只有加快政府职能转变，让市场在资源配置中更充分地发挥基础作用，才能促使经济发展方式转变，才能使经济社会获得持续健康发展。

3. 保证各种所有制经济依法平等使用生产要素、公平参与市场竞争、同等受到法律保护

政府要在市场经济当中发挥良性作用，成为创造市场环境的主体，就需要保证市场成为资源配置的主体，即让资源通过价值规律的作用自由地在各个市场主体之间流动，而要达到这个目标，其前提是要保证各种所有制经济依法平等使用生产要素、公平参与市场竞争、同等受到法律保护。

政府保障各种所有制经济依法平等使用生产要素，必须深化对各类要素市场管理体制、税收体制的改革。从资源配置来看，我国生产要素市场还很不完善，市场机制还不能充分发挥作用。国有企业与民营企业在获取各类生产要素的难易程度和成本高低存在显著区别。这不仅造成了市场主体的不平等，还造成了巨大的资源浪费。土地、能源、资本等要素市场发育滞后，与政府职能改革不到位有很大关联。土地作为最重要的生产要素之一，大部分掌握在政府手中。在当前的政绩考核制度和征地制度下，土地成为政府的主要财政收入来源和招商引资的手段，往往是一届政府就把几十年的土地都批出去了，结果就是鼓励企业扩张规模，使得我国这么一个土地资源稀缺的大国，还有大量的土地利用效率很低，浪费严重。此外，水、煤、电、油等能源的价格形成机制不健全。在我国目前的矿产资源开采体制下，获取开采权的成本很低，也使得价格和成本严重脱离，这种扭曲的价格机制不能反映我国资源稀缺情况，造成了使用中的大量浪费。

政府保障各种所有制经济公平参与市场竞争，必须打破行政垄断。以金融市场为例，对金融市场的各种干预和门槛限制不仅仅使利率市场化改革滞后，而且使各种民间资本难以公平地参与到金融市场的竞争中去，最终使得急需资金的中小企业难以获得资金支持，只能求助于民间高利贷，而一些上市公司和国有企业通过金融市场获得资金后不是投资房地产就是放贷，以求高额利润，这样很不利于实体经济的发展。

市场经济作为法治经济，政府还应当保障各类所有制市场主体公平受到法律保护。从现实情况来看，我国民营企业尤其是民营非上市公司的合法权利的法律保障程度还难以达到最基本的要求。在市场经济环境下，各类交易主体之间难免发生各种纠纷，而依据法律可预见的、公正的司法处理结果能够消除矛盾，恢复正常的市场秩序。我国司法实践当中企业之间的纠纷处理的干扰因素过多，导致市场主体的合法权利往往难以受到保障，这种现象在民营企业当中尤其显著。更有甚者，民营非上市公司各种财产权利还受到各种腐败势力的压榨，并难以受到法律的公正保护，其结果是企业创新积极性不足，资本大量外逃。政府要创造良好的市场环境，就必须保障各类所有制市场主体的合法权利。

4. 逐步建立以权利公平、机会公平、规则公平为主要内容的社会公平保障体系

建立公平的社会保障体系是发挥政府积极职能，防范市场失灵的重要内容。市场经济优胜劣汰的规律决定了市场在优化资源配置的同时也会产生许多失败的被淘汰者。而即使是市场竞争的优胜者有时也难免因为天灾人祸的影响而遭遇难以为继的危机，公平的保障体系能够为市场主体参与市场竞争免除后顾之忧，促进市场经济的和谐健康发展。

建立以权利公平、机会公平、规则公平为主要内容的社会公平保障体系也是科学发展观的要求。科学发展观的核心是以人为本，基本要求是全面协调可持续，根本方法是统筹兼顾。贯彻落实科学发展观，重要的任务在于为广大社会成员提供有效的义务教育、基本医疗和公共卫生、公共就业、基本社会保障等基本公共服务，使经济发展的成果充分体现为人的全面发展；通过促进人的全面发展为中国经济发展方式转变和经济社会的可持续发展积累日益强大的人力资本。

从我国的国情出发，社会公平保障体系的建设主体是政府。在社会公平保障体系中，政府发挥着关键性的作用，这与其公共职能的定位高度相关。各级政府如果不能充分体现民意，顺利进行职能转变，则保障体系很难建立和完善，为公众服务的积极性很可能为机构的私利所左右。建设服务型政府，不仅包括政府自身机构和职能的演变，而且还涉及或包括政府的行政运行机制、政府功能与市场功能的界定、政府行为的规范乃至行政权力来源与约束等更为丰富、广泛的领域。政府转型客观上要求相关领域的经济、社会、政治、文化以及生态机制的协调配套推进。

营造各种所有制经济平等竞争的环境

（2013 年 2 月 26 日）

"两会"已经结束，新的国家领导集体已产生了，现在是扎扎实实地落实党的十八大精神的时候了。国务院新任总理李克强在与中外记者见面时指出："改革贵在行动，喊破嗓子不如甩开膀子"。党的十八大重申了"两个毫不动摇"，即"毫不动摇巩固和发展公有制经济"，"毫不动摇鼓励、支持、引导非公有制经济发展"。同时提出："保证各种所有制经济依法平等使用生产要素、公平参与市场竞争、同等受到法律保护。"

一、营造各种所有制经济公平竞争环境，必须处理好政府和市场的关系

谁来保证各种所有制经济依法平等使用市场要素、公平参与市场竞争、同等受到法律保护？理所当然要靠政府保证。十八大的一句名言："经济体制改革的核心问题是处理好政府和市场的关系。"政府职能转变是关键，政府职能转变的方向，是创造良好的市场环境，提供优质的公共服务，维护社会公平正义。政府要营造各种所有制经济公平参与市场竞争的环境，就必须首先保证各种所有制经济依法平等使用生产资料、同等受到法律保护，因为如果各种所有制经济不能平

等使用生产要素，就不能使其公平参与竞争，如果不能同等受到法律保护，也就不能参与公平竞争。

政府要在市场经济当中发挥良性作用，成为创造市场环境的主体，就需要保证市场成为资源配置的主体，即让资源通过价值规律的作用自由地在各个市场主体之间流动，而要达到这个目标，其前提是要保证各种所有制经济依法平等使用生产要素、公平参与市场竞争、同等受到法律保护。

二、营造各种所有制经济公平竞争环境必须深化对各类要素市场管理体制、税收体制的改革

从资源配置来看，我国生产要素市场还很不完善，市场机制还不能充分发挥作用。国有企业与民营企业在获取各类生产要素的难易程度和成本高低上存在显著区别。这不仅造成了市场主体的不平等，还造成了巨大的资源浪费。土地、能源、资本等要素市场发育滞后，与政府职能改革不到位有很大关联。土地作为最重要的生产要素之一，大部分掌握在政府手中。在当前的政绩考核制度和征地制度下，土地成为政府的主要财政收入来源和招商引资的手段，往往是一届政府就把几十年的土地都批出去了，结果就是鼓励企业扩张规模，使得我国这么一个土地资源稀缺的大国，还有大量的土地利用效率很低，浪费严重。此外，水、煤、电、油等能源的价格形成机制不健全。在我国目前的矿产资源开采体制下，获取开采权的成本很低，也使得价格和成本严重脱离，这种扭曲的价格机制不能反映我国资源稀缺情况，造成了使用中的大量浪费。

以金融市场为例，政府对金融市场的各种干预和门槛限制不仅使利率市场化改革滞后，而且使各种民间资本难以公平地参与到金融市场的竞争中去，最终使得急需资金的中小企业难以获得资金支持，只能求助于民间高利贷，而一些上市公司和国有企业通过金融市场获得资金后不是投资房地产就是放贷，以求高额利润，这样很不利于实体经济的发展。

市场经济作为法治经济，政府还应当保障各类所有制市场主体公平受到法律保护。从现实情况来看，我国民营企业尤其是民营非上市公司的合法权利的法律保障程度还难以达到最基本的要求。在市场经济环境下，各类交易主体之间难免发生各种纠纷，而依据法律可预见的、公正的司法处理结果能够消除矛盾，恢复正常的市场秩序。我国司法实践当中企业之间的纠纷处理的干扰因素过多，导致市场主体的合法权利往往难以受到保障，这种现象在民营企业当中尤其显著。更有甚者，民营非上市公司各种财产权利还受到各种腐败势力的压榨，并难以受到法律的公正保护，其结果是企业创新积极性不足，资本大量外逃。政府要创造良好的市场环境，就必须保障各类所有制市场主体的合法权利。

三、营造公平的市场环境，必须深化垄断行业改革，更大程度更大范围发挥市场在资源配置中的基础性作用

必须下决心在石油、电力、电信、金融、铁路等行业进一步深化改革，实行政企分开、政资分开、政事分开，完善机制，打破垄断，加快构造有效竞争格局，加快垄断行业建立现代企业制度的步伐。

推进垄断企业股权多元化改革，允许非公有制经济进入垄断行业参与竞争。2005 年和 2010 年，国务院先后发布两个非公经济"36 条"，鼓励支持和引导非公有制经济发展，对于深化垄断行业改革具有重要意义。两个非公经济"36 条"都规定允许民营资本进入垄断行业和领域，允许进入公用事业和基础设施领域，允许进入社会事业领域，允许进入金融服务业，允许进入国防科技工业建设领域；鼓励非公有制经济参与国有经济结构调整和国有企业重组，为打破垄断、引入竞争创造条件，为推进国有垄断企业股权多元化提供契机。

坚持公开、公正原则，保证垄断行业改革规范有序进行。不可否认，在以往的国有企业改制重组中确实存在一些问题，特别是政企不分、监管不力为个别政府主管部门、企业经营者和出资人进行暗箱操作提供了可乘之机，导致国有资产流失，使国有产权制度改革受到质疑。国有垄断行业是特殊利益最为集中的领域之一，在股权多元化改革中势必会出现突出的利益博弈问题。对此，最有效的办法就是方案公开、程序公正、社会参与、媒体监督，"让权力在阳光下运行"。

发挥市场的作用与转变政府职能密切相关，必须弱化政府对微观经济活动的干预。近年来，政府职能转变取得了显著进展。但受长期计划经济体制和思维惯性的影响，在不少地方和部门，政府的直接干预依然渗透在微观经济活动的诸多方面，不仅包括垄断行业的生产经营过程，甚至涉及已经市场化的竞争性行业。这种行政权力的滥用，为腐败行为提供了制度土壤，加剧了收入分配不公，影响了政府的公信力。为了从根本上解决这一问题，必须加快行政管理体制改革，进一步转变政府职能。凡是市场主体有能力做好的事情都要交给市场主体去做，政府的主要职责是为市场主体创造公平竞争的环境。

加强立法，提高反垄断法可操作性和执行透明度。应根据改革市场化的进程，修改我国的反垄断法。通过修改反垄断法，并制定行政法规、实施细则，不断提高法律的可操作性，同时要强化反垄断执法，统一反垄断执法机构。通过积极开展反垄断法的实施，促进社会主义市场经济的不断完善。

四、营造各种所有制经济平等竞争的环境必须逐步建立以权利公平、机会公平、规则公平为主要内容的社会公平保障体系

建立公平的社会保障体系是发挥政府积极职能，防范市场失灵的

重要内容。市场经济优胜劣汰的规律决定了市场在优化资源配置的同时也会产生许多失败的被淘汰者。而即使是市场竞争的优胜者有时也难免因为天灾人祸的影响而遭遇难以为继的危机，公平的保障体系能够为市场主体参与市场竞争免除后顾之忧，促进市场经济的和谐健康发展。

建立以权利公平、机会公平、规则公平为主要内容的社会公平保障体系也是科学发展观的要求。科学发展观的核心是以人为本，基本要求是全面协调可持续，根本方法是统筹兼顾。贯彻落实科学发展观，重要的任务在于为广大社会成员提供有效的义务教育、基本医疗和公共卫生、公共就业服务、基本社会保障等基本公共服务，使经济发展的成果充分体现为人的全面发展；通过促进人的全面发展为中国经济发展方式转变和经济社会的可持续发展积累日益强大的人力资本。

从我国的国情出发，社会公平保障体系的建设主体是政府。在社会公平保障体系中，政府发挥着关键性的作用，这与其公共职能的定位高度相关。各级政府如果不能充分体现民意，顺利进行职能转变，则保障体系很难建立和完善，为公众服务的积极性很可能为机构的私利所左右。建设服务型政府，不仅包括政府自身机构和职能的演变，而且还涉及或包括政府的行政运行机制、政府功能与市场功能的界定、政府行为的规范乃至行政权力来源与约束等更为丰富、广泛的领域。政府转型客观上要求相关领域的经济、社会、政治、文化以及生态机制的协调配套推进。

营造企业共生共长的健康环境

（2013 年 4 月 8 日）

去年五月，我应邀赴杭州参加了"首届中国企业健康论坛"，看到了由浙江大学管理学院和零点研究咨询集团共同完成的《2012 中国企业健康指数报告》。该研究成果第一次提出了中国企业健康的"三九理论"，即"三九企业健康生态系统理论"，从企业家精神、企业行为和商业环境三个纬度入手分析了中国企业的健康状况。浙江大学管理学院一直秉承培养引领中国未来发展的健康力量的信念，这个指数的发布是浙江大学管理学院实现实践这个信念迈出的又一可喜之步。

今年初春伊始，我又收到了《2013 中国企业健康指数报告》，看完之后脑海里首先想到了一个中国改革开放几十年来数代改革者和企业家追求的一个境界：共生共长的健康环境。去年的指数报告重点研究了中国民营企业家在九个健康元素方面的表现，包括创新力、创业力、领导力、竞争力、合规力、责任力、市场力、服务力和包容力。今年的指数报告增加了国有企业，在九个健康元素方面对民营企业和国有企业的健康状况进行了对比交叉分析，对中国企业健康状况诊断分析更具完整性。

共生共长的健康环境应该是不分企业的性质和企业的规模，大家共享一个公平、自由、开放的商业环境，并具有对来自市场化的力量和来自竞争的繁荣的共同信念。中国以市场经济为导向的改革开放已经历经三十余年，这样的环境和信念理应已经成为全社会的共识。然而，这次采用基于比较的评价分析策略的研究，凸显了国企和民企在企业健康方面的差异，特别是在商业环境方面，国企与民企的健康状况差异明显，原因之一是国企在政府政策、资金、资源等方面的环境优势明显，导致国企企业家对国企身份认同感强，而民企企业家对民企身份认同感低。国企和民企没有生长和生存在一个公平共享的商业环境之中。

共生共长的健康环境是全社会关注的未来中国企业健康发展的风向标，是在验证国企民企能否共生、共存、共进。健康的环境旨在为所有企业提供一个市场化优胜劣汰的公平环境，谁资源配置效率高，健康的环境就应该支持谁，不分国企民企还是跨国公司。健康的发展环境在未来的十年中与政府的改革成功与否关系密切。"改革疲劳症"是不健康的改革病症，改革倒退开放收缩都是没有出路的。李克强总理在最近强调指出"改革是中国的最大红利"。改革的红利必须让全社会都能受益。

共生共长的健康环境就是营造各种所有制平等竞争的环境。第一是所有制经济依法平等使用生产资料，第二是公平参与市场竞争，第三是同等受到法律保护。这三句话里面公有制经济和其他所有制经济如何缩小差距，如何营造平等的环境，值得全社会来共同探讨。

我曾经指出，不同发展阶段的发展红利不同。从发展的进程看，不同的阶段有不同的发展红利。把握好了特定阶段的特点，选择了相适应的发展方式，实施了与此相符的体制，营造了平等的商业环境，不同所有制的企业就都能享受到这个红利，就有很强的发展动力。打个比方，一个国家的发展就好比火箭起飞过程。在起飞阶段，需要强有力的一级助推器；但到了平稳飞行阶段，起飞阶段的一级助推系统就要抛弃。如果转换不及时，火箭就要出问题。

经过三十余年的发展，当前我国已经进入到中等收入的发展水平，进入到发展型新阶段。在这个新阶段，全社会都在关注改革红利是否能够在一个共生的健康环境中让企业公平、公开、公正地分享。红利的释放关键在于改革的突破。未来五到十年是我国改革的关键时期。我们欣慰地看到十八大以来，特别是本届新政府下定了继续坚持改革开放和转型升级的决心。适逢良机，浙江大学管理学院和零点研究咨询集团的《2013中国企业健康指数报告》让我们看到了共生的健康环境对中国企业未来健康发展的重要性和及时性。

这次的研究还有一个特点值得一提：理论联系实际，研究联系实用，在研究结果的基础上开发了用于企业自评的测评软件。在自评工具完成设计、测试、应用的试验阶段之后，每个企业都可以借助该工具了解自己企业的健康状况，并与中国企业整体的健康状况进行横纵向对比，从而确定自己的企业健康问题所在，开展针对性的改进提升。

本人曾经兼任过浙江大学管理学院院长多年，一直为浙江这片走在我国市场经济改革与发展前沿的热土所感动。亿万普通百姓通过自己的勤劳和智慧实现了脱贫致富，改变了自身的命运的同时，也改变了国家的命运！勤劳致富是中国人民的孜孜以求的中国梦，以民为本的经济发展才是真正可持续的富民之路！很高兴看到浙江大学管理学院坚定地站在我国经济改革的前列，有这样引领企业健康发展，乃至社会健康发展的"培养引领中国未来发展的健康力量"的情怀和理念，并付诸实践，体现了一所一流管理学院所应具有的精神和价值。

健康的企业家精神、健康的企业行为和健康的市场环境需要全社会的共同关注、支持和每一个人的身体力行。如果每一个中国人、每一个中国企业家、每一位政府官员都能以健康的理念去践行，中国的崛起就能真正引领世界发展的潮流。我们期待《2013 中国企业健康指数报告》能够唤起政府、社会和企业一起来为培养中国未来发展的健康力量做出更多、更大、更快的努力！

加快建设中国特色的新型智库[*]

（2013 年 6 月 27 日）

我国改革开放以来，智库发展很快，一些国际研究资料提出，在全世界智库分布中，中国排名第三，有 429 个智库。但从国际比较看，我国智库建设相对落后，从数量看，美国有 1823 个智库，中国的智库只有美国的 23.5%；从质量看，中国智库国际排名还很落后。因此，我们必须急起直追。当前的迫切任务是：加快建设有中国特色的新型智库。如何建设有中国特色的新型智库？我考虑有以下几个问题，希望同大家共同探讨：

1. 如何用改革的理念办好智库，以创新的精神做好研究

这是能否建设好新型智库的首要问题。过去，我国的一些研究机构，主要为政府主管部门服务，政府花钱建了办公大楼，招了很多人，实行"大锅饭"体制，主要职能是写讲话稿和各种文件，独立思考，独立研究较少。1990 年 10 月，我作为国家体改委副主任应海南省领导邀请作了两周的调研。海南省领导希望我对海南的改革发展讲点意见和建议。临别前，我讲了十条意见和建议，其中第七条建议是，由海南省和国家体改委共同筹建一个改革研究院，其任务一是加

　＊　这是高尚全同志在首届中国智库学术研讨会上的致辞。

强改革研究，二是培训改革干部。一定要用改革的办法建院，改变老体制的做法。为什么建议在海南办改革研究院，而不在其他省市？一是海南是我国最大的特区，思想解放，在北京开会，半天时间还可以，下午人就走得差不多了，而在海南开会大家坐下来讨论两天都可以，而且大家思想容易解放，畅所欲言；二是受到国外智库的启发，80年代我访问美国兰德公司时提出，你们公司为什么要远离首都华盛顿？他们回答是这样可以保持独立性，减少行政干预。建立研究院的建议得到海南省主要领导的赞同，1991年11月1日就正式成立了。当时确定了两条：一是"立足海南，面向全国，走向世界"的研究机构定位；二是实行"小机构、大网络"的运行机制。建院时人很少，到目前也只有50人。但全国许多顶级专家都被吸收到学术委员会和顾问委员会中，并发挥了很大作用。

在实践中，又建立了董事会领导下的院长负责新体制。重大问题董事会决策，日常工作放手由院领导班子大胆去干，充分发挥了院领导和研究人员的积极性和创造性。

解放思想，用创新的精神做好研究，是建设新型智库的重要条件。改革智库最基本的职能，是提出改革建议，影响改革决策，形成改革共识。例如：首次提出"赋予农民长期而有保障的土地使用权"的政策建议，引起有关领导的重视，被吸收到十五届三中全会《中共中央关于农业和农村工作若干重大问题的决定》之中。

新体制、新机制，造就了智库研究能力的独特优势。中改院建院22年来，向中央有关部门提交的改革建议报告140余份，发表论文1500余篇，出版的改革研究编著200余部，举办了140多起培训班，为改革研究和改革实践培养了数以万计的人才。

2. 如何探索有活力的智库建设的组织形式

目前，中国的许多智库隶属于政府机关、国有企业，主要为主管部门服务，缺乏外部市场竞争压力，经济上主要是吃"皇粮"。民间智库，是国家软实力的创新力量之一，对国家战略和政策的创新具有独特的作用。随着我国改革发展的不断深化，建立民间智库的意义越来越重要。中改院在建立之初，实现财政差额管理，80个编制中有30人可以吃"皇粮"。半年以后，中改院就向海南省政府提出"事业机构，企业化管理"的改革方案，主动退出财政事业编制，不要财政拨款。中改院从此走上了"不吃皇粮、自主经营、自担风险、自我积累、自求发展"之路。这不仅为国家节省了经费，而且激发智库的活力。正如全国政协副主席，中改院名誉主席陈锦华所说："我觉得中国需要这样的机构，中国要加强软实力的建设，需要越来越多这样有活力、与中国现代化事业紧密结合、能密切联系团结广大知识界的研究机构。"

3. 如何在参与国际合作中提高中国智库的学术水平

这是建设中国特色新型智库不可缺少的重要条件。在全球化的世界格局中，中国需要了解世界，世界也需要了解中国。中改院把国际化作为重要战略任务之一。二十多年来共举办了77次国际研讨会。参加人员有国际机构、外国官员和专家学者，中方的官员、专家学者和企业家。参加研讨会的国内外著名学者、政府官员近4万人次。通过国际研讨会，加强了学术交流，促进了相互了解，也加深了友谊。例如越南经济研究院院长丁文恩，多次来海南参加国际研讨会，他加深了对中国的了解，也介绍了越南改革发展情况，通过双方沟通，促进了越南的改革，他也因此得到了提升，现任越共总书记特别助理。

在国家新闻机构的重视下，二十多年来中改院的将近40本著作翻译成英文；有一本《中外专家眼中的中国改革》被译成英、俄、德、日等六种文字，向世界发行。这样可以使国外更多人了解中国改革和发展。

4. 政府如何引导、支持智库，是建设中国特色新型智库的重要保证

我国的智库建设还处在起步阶段，国家领导人已认识到智库建设的重要性，但如何引导、支持智库建设还要落到实处。特别是在党和国家的重大决策中如何发挥智库的作用。目前国内外都在期待着十八届三中全会的召开。过去三十多年来，党中央对改革作出过三次重要决定：第一次是 1984 年十二届三中全会作出了《中共中央关于经济体制改革的决定》；第二次是 1993 年，十四届三中全会作出了《中共中央关于建立社会主义市场经济体制若干问题的决定》；第三次是 2003 年，十六届三中全会作出了《中共中央关于完善社会主义市场经济体制若干问题的决定》。过去三十多年来，平均每十年中央作出一个改革的决定，从 2003 年到现在，又是十个年头，正是中央作出新的改革决定的时候了。

我先后六次参加过中央文件的起草工作，在参加起草十五大报告时，我曾提过中央文件起草方式的改革建议。时至今日，我仍认为有改革的必要，因为有两个问题值得重视：

一是，如何进一步发挥智库的作用。我国已建立了不少智库，它们将在改革发展中起到越来越重要的参谋作用。为此，建议中央选择四五个智库，限期交出全面深化改革的方案。可以用购买服务的方式。这样可以调动智库的积极性，各智库之间开展竞争，提高智库的学术水平；起草小组和智库两条腿走路，可以丰富中央文件的内容。

二是，如何进一步激发广大党员、干部参与改革的积极性。在互联网时代，利用好现代信息工具，又坚持保密的情况下，建议设立一个专门的电子邮箱或者网站，广大党员、干部可以通过这个电子邮箱或网站为改革献计献策，使中央文件起草的过程也是广大干部群众参与的过程，也是形成共识的过程。

习总书记最近强调："实现党的十八大确定的奋斗目标和中国梦，必须紧紧依靠人民，充分调动最广大人民的积极性、主动性、创造性。"这个理念应落实到改革发展的全过程。看看越南的改革，也许对我们有所启示。越南的改革起步晚，但步子大。80年代我任国家体改委副主任时曾多次向越南领导人介绍我国改革的情况。如今他们的做法值得我们注意。越共在召开第十次代表大会时，提前两个月就把十大报告发给全民讨论。今年越南要修改宪法，以民主的现代化的文明社会作为核心理念，开门征求全党、全国人民的意见。目前共收集2600万条意见和建议，大大激发了人们的改革激情。

以上是我对建设中国特色新型智库的初步思考，很不成熟，请大家提出意见。

全面深化改革是加快经济转型升级的关键

（2013 年 11 月 1 日）

今年 8 月中旬，美国《华尔街日报》载文称，包括日本、美国和欧洲在内的发达经济体，今年对全球经济增长的贡献自 2007 年以来将首次超过中国、印度和巴西等新兴经济体。此文一出，有专家经过进一步测算后指出，即便考虑欧洲经济二季度恢复增长，新兴经济体对全球经济增长中的贡献率不会低于 60%。但是，新兴经济体经济增速明显放缓已是不争事实，引起了国际社会的广泛关注。

作为最大的新兴经济体，中国经济增速从 2010 年的 10.3% 下滑到 2013 年上半年的 7.6%。虽然中国经济增速第三季度回升到 7.8%，但稳增长的压力仍然很大，面临产能过剩、地方债务、影子银行、房地产泡沫等诸多挑战，正处于必须依靠改革开放促进经济转型升级才能持续健康发展的阶段，必须通过深化改革破除体制机制障碍，为短期内稳增长、中长期转型升级注入新的动力。

中国改革正处于深水区和攻坚期，面临难啃的硬骨头。不久前，国家主席习近平在亚太经合组织工商领导人峰会上演讲时强调："中国要前进，就要全面深化改革开放。"国务院总理李克强也一直强调改革是最大红利。即将举行的中共十八届三中全会，将出台全面深化改革的总体方案。全面深化改革，总的是要统筹经济、政治、文化、

· 60 ·

社会、生态文明建设等领域的改革。在此背景下，我借此机会，以
"全面深化改革是加快经济转型升级的关键"为题，谈下一步改革的
几点思考。

一、改革是中国发展的最大红利

过去三十多年中国经济高速增长所依靠的一些动力，如劳动力、
原材料、能源、土地等资源廉价供应的成本发展优势，已经不复存
在。曾为中国经济增长重要动力的出口，对中国经济增长的贡献风光
不再。今年上半年，货物和服务净出口对 GDP 增长的贡献率只有
0.9%，仅拉动 GDP 上涨 0.1 个百分点。中国经济增长结构正在发生
重大变化。能否形成经济增长新的动力，关键靠全面深化改革。

第一，只有全面深化改革才能破除制约经济转型升级的体制瓶
颈，获得新的增长动力。中国先易后难的渐进式改革，虽为三十多年
的经济快速增长创造了体制制度条件，但一些重要领域改革的滞后，
使经济转型升级面临许多体制制度障碍。因此，必须全面深化改革，
将为短期内稳增长创造体制空间，为调结构、转方式、提高经济质量
和效益创造制度条件，由此形成加快转变经济发展方式，以改革创
新、科技创新替代资源消耗拉动经济增长，以制度创新增强经济增长
的内生动力，形成消费、投资、出口协同拉动经济增长的新格局。

第二，只有改革才能激发广大人民群众的积极性、主动性、创造
性。当前，中国经济社会发展仍然面临不平衡、不协调、不可持续、
收入差距扩大等挑战。只有全面深化改革，才能让广大人民群众共享
发展成果；只有深化改革，建设法治社会，才能促进社会公平正义；
只有深化改革，更好地回应人民期待，凝聚改革共识，才能把中国特
色社会主义事业不断推向前进。

二、政府改革是全面深化改革的突破口

政府改革"牵一发而动全身",是现阶段中国全面深化改革的突破口。

第一,政府职能转变是经济发展方式转变的前提。中共十八大强调,各种所有制经济依法平等使用生产资料、公平参与市场竞争、同等受到法律保护。谁来保证呢?企业无法保证,只有政府才能保证。中国为什么产能过剩,地方政府为什么出现债务危机呢?这都与政府理念、定位和目标导向分不开。例如,在政府直接或间接干预下,国有银行大概百分之六七十的贷款都给了国有企业,微小企业很难得到贷款。中小企业和微型企业是创新的原动力,世界上的大企业都是从微小企业发展起来的。所以,中国现阶段的改革一定要从政府改革入手,才能通过体制制度和技术创新为经济转型升级创造更加有利的条件。

第二,政府职能转变的三个方向。推进政府职能转变和投资体制改革,消除地方政府投资扩张的冲动,增强其社会管理和公共服务功能,推进政府从全能政府、管制型政府向有限政府、服务型政府、法治政府的转变,强化政府为经济转型升级创造制度环境的职能。一是要营造平等竞争的市场环境;二是要提供优质的公共产品,实现城乡间、区域间、不同社会群体间基本公共服务均等化;三是要维护公平正义。多年来,政府作为创造财富的主体,把老百姓纳税人的钱集中到政府手里,在各行各业投资,以为这就是搞社会主义。国际经验表明,靠计划经济、行政手段配置资源都是缺乏效率的,必须要通过市场来配置资源。政府必须转变成为市场服务的主体,营造公平竞争的环境。

三、加强改革的统筹性、整体性和协调性

全面深化改革必须以更大的政治勇气和智慧推进改革，必须更加注重改革的统筹性、整体性和协调性。

第一，加强改革的统筹协调是全面深化改革的关键。习近平指出："改革开放是一场深刻而全面的社会变革，每一项改革都会对其他改革产生重要影响，每一项改革又都需要其他改革协同配合。要更加注重各项改革的相互促进、良性互动，整体推进，重点突破，形成推进改革开放的强大合力。"因此，要深入研究全面深化改革的顶层设计和总体规划，明确提出改革总体方案、路线图和时间表。

第二，建立高层次、有权威的改革协调机制和工作机构。从全面深化改革的整体性、统筹性、复杂性和深刻性来看，需要尽快设立由中共中央或国务院主要领导担任组长的"全面深化改革领导小组"，下设办公室，负责全面深化改革的顶层设计、统筹协调和督查评估。这是在改革的关键时期能否攻坚克难的重要举措。考虑到新的中央财经领导小组刚刚成立，为了不增加新机构，可采取两块牌子、一套人马，充实人员的办法，但"全面深化改革领导小组"的名称不能没有，因为财经领导小组的名称难以包含全面深化改革需要统筹推进的政治、文化、社会和生态改革。

改革开放是当代中国发展进步的活力之源

（2013 年 11 月 11 日）

一年一度秋风劲，不似春光，胜似春光。35 年前的深秋之际，十一届三中全会吹响了改革开放的号角，让沉寂已久的中国大地焕发出春天的活力，广袤的农村首先出现了复苏和发展。1984 年的深秋，十二届三中全会提出了有计划的商品经济，城市经济紧跟着农村改革的脚步，焕发出巨大的活力。20 年前的深秋，十四届三中全会明确了社会主义市场经济的主要内容，全面确定了有中国特色社会主义的建设发展方向，奠定了此后 20 年持续繁荣进步的基础。10 年前的秋天，十六届三中全会总结建设社会主义市场经济过程中的经验，提出了完善社会主义市场经济的重大历史任务，促进了十年来经济社会的发展进步。实践证明，改革开放是当代中国不断发展进步的活力之源。

改革开放之所以成为当代中国发展进步的活力之源，成为党和人民事业大踏步赶上时代的重要法宝，是因为它能够持续不断地推动中国的社会主义建设实现五个方面的重要转变。

第一，改革开放推动了以阶级斗争为纲向以经济建设为中心的重大转变。

"文革"结束后，我国虽然进行了初步的拨乱反正，恢复并稳定了国家生活的正常秩序，但"左"的影响依旧强大。"两个凡是"和"以阶级斗争为纲"仍然占据政治和意识形态的主导地位，国家的发展进步仍然受制于思想意识形态的禁锢，物质匮乏和精神危机双重困扰着中华民族。1978年5月，在全党内外展开的真理标准大讨论，从根本理论上否定了"两个凡是"的错误思想，号召人民彻底打破思想枷锁，用实践作为检验真理的唯一标准。真理标准大讨论所得出的"解放思想、实事求是"的结论是改革开放的思想基础，它打破了教条式的理论禁锢，恢复了实事求是的马克思主义思想路线，成为开辟中国特色社会主义道路的奠基石。在这个思想基础上，十一届三中全会抛弃了"以阶级斗争为纲"，把党和国家的工作重心转移到经济建设上来，由于有了这种转移，才可能改变中央集权的计划经济体制，才能够改变闭关锁国的状况，才能迎来整个国家的发展进步。"解放思想、实事求是"作为改革开放的思想内核，迄今为止仍是我们建设中国特色社会主义的重要思想原则，它为中国的发展进步提供了取之不尽的思想理论活力之源。

第二，改革开放推动了从计划经济向市场经济的伟大转变。

改革开放三十多年之后，我们彻底告别了由国家计划统配一切社会资源的时代，市场繁荣、产品丰富。现在，绝大多数人都认为，遵循价值规律、由市场来配置资源是理所当然的事情，但很多年轻人不了解，从计划经济到市场经济的转变来之殊为不易，这是改革开放曾经走过的最艰难的历程，也是到目前为止改革开放所取得的最重要的成果。十一届三中全会之后，改革就在农村和局部地区铺开，农村生产力迅速得以释放，农产品日渐丰富，但是城市经济因延续计划管理体制未见大的起色，制约了整个经济社会的发展。为此，1984年10月，党的十二届三中全会通过了《中共中央关于经济体制改革的决定》，中央以坚定的改革决心和卓越的政治智慧，克服重重障碍，在

《决定》中提出了社会主义经济是"在公有制基础上的有计划的商品经济"。这是经济体制改革的重大突破，不仅从理论上开始奠定中国特色社会主义的基石，而且在实践层面使生产关系逐步适应生产力状况。此后，历经多年的不懈探索和曲折历程，从"公有制基础上的有计划的商品经济"到"国家调节市场，市场引导企业"再到"计划经济与市场调节相结合"，最终在党的十四大确立了"社会主义市场经济体制的改革目标"。社会主义市场经济的确立，为我国的经济社会发展构建了最为重要的制度基础，使价值规律深入到组成经济社会的每一个最基本的微观单元中发挥作用，极大地激发了人们的建设热情，为国家的发展进步提供了源源不断的动力源泉。

社会主义市场经济体制目标的确立，使我国的经济体制改革步入了新的阶段，十四届三中全会提出了构建社会主义市场经济必须建立的五个支柱：一要建立适应市场经济要求，产权清晰、权责明确、政企分开、管理科学的现代企业制度；二要建立统一开放的市场体系；三要建立以间接调控为主的宏观调控体系；四要建立按劳分配为主体，效率优先，兼顾公平的收入分配制度；五要建立多层次的社会保障制度，建立相应的法律法规体系。其后十年的改革开放，就是以此五项工作为中心，推动了中国的发展进步。经过十年的建设，社会主义市场经济初步确立后，2003年十六届三中全会总结社会主义市场经济建立过程中暴露出来的问题，提出了完善社会主义市场经济的战略任务。中央要求以完善社会主义市场经济为目标，通过进一步的改革开放克服城乡差距扩大、资源环境恶化等一系列问题，改革开放显然成为推动中国不断发展进步的动力所在。

第三，改革开放推动中国从闭关锁国转向全方位开放。

改革开放之前，各项工作当中都长期存在一种"左"的偏见，盲目自信，唯我独尊，把传统的那一套僵化的经济体制奉为"至宝",不允许进行任何的改进和改革;把其他许多国家经过长期实践积累下来的一些反映社会化大生产的经验,统统加以排斥,更遑论对外开放。外国的各种好的做法、经验乃至商品,有的被定性为资本主义的,有的被批判为修正主义的。这导致我国的经济体制,各方面都很死,缺乏应有的生机和活力,吃大锅饭、不讲效率的现象很普遍,严重挫伤了群众的积极性和创造性,妨碍了社会生产力的发展,使我国在经济管理、经济技术等很多方面都严重落后。经过真理标准大讨论和思想解放,十一届三中全会之后,这些教训逐步得到总结和改正。除了各项考察交流活动之外,1979 年初,国务院就决定设立蛇口工业区,同年 7 月批准广东、福建两省实行"特殊政策和灵活措施"。1980 年中央划定深圳、珠海等五个经济特区,按照市场化取向进行改革探索;1984 年,国务院决定将大连等 14 个沿海城市对外开放;1985 年,又决定将长江三角洲、珠江三角洲、闽南夏漳泉三角地区开辟为沿海经济开放区;1988 年海南成为经济特区;1990 年中央又安排了以上海浦东为龙头的长江流域开放带。这一阶段的对外开放,引进了大量外国先进生产经验、管理经验,极大地丰富了国内的商品市场,使市场因素在整体经济中的比重大幅上升,有力冲击了计划经济的藩篱,为社会主义市场经济的确立作出了重大贡献。

小平同志南方谈话之后,对外开放步伐进一步扩大,由沿海地区迅速向内陆腹地拓展,对外开放地域迅速扩大,各种经济技术开发区、出口加工区、保税区、边境经济合作区雨后春笋般纷纷建立。同时,利用外资的领域和规模也逐步扩大,到 2001 年底,已批准外商投资企业 39 万多个,其出口额和进口额占比超过 50%。2001 年底,我国加入世界贸易组织,对外开放进入一个新阶段,尤其是十六大以后,我国吸收利用外资已从弥补"双缺口"为主转向优化资本配置、促进技术进步和推动市场经济体制的完善,从规模速度型向质量效益型转变，利用外资实现新发展，规模和质量得以全面提升。2003—2011年，我国非金融领域实际使用外商直接投资累计达到7164亿美元，年均增长9.2%。2010年，外商直接投资突破1000亿美元，2011年，我国外商直接投资达1160亿美元，全球排名上升至第二位，并连续19年位居发展中国家首位。

改革推动了开放，开放也倒逼体制进一步改革，以加入世界贸易组织为例，为使国内制度与国际贸易规则接轨，中央政府部门清理各种法律法规和部门规章2300多件，地方政府共清理地方性政策和法规19万多件，使涉外经济法律法规与入世承诺相一致。一些长期难以突破的顽疾在这个过程当中被顺利克服，市场经济从而得到进一步的完善，经济社会也因此迸发出前所未有的活力。

第四，改革开放推动国家从人治社会走向法治社会。

我国是有着数千年漫长封建历史传统的国家，坚定走依法治国的道路，从人治走向法治，这是巨大的历史进步。十一届三中全会开启改革开放时，邓小平同志就在总结历史教训的基础上强调指出："为了保障人民民主，必须加强法制。必须使民主制度化、法律化，使这种制度和法律不因领导人的改变而改变，不因领导人的看法和注意力的改变而改变。"此后，社会各界的有识之士也一直主张，应当把依法治国作为党领导人民治理国家的基本方略。在十四大确立社会主义市场经济目标之后，这一呼声更加迫切，因为市场经济必须是法治经济。正是顺应这一历史发展潮流，十五大报告第一次把依法治国、建设社会主义法治国家，作为党领导人民治理国家的基本方略郑重地提了出来。把过去"建设社会主义法制国家"的提法改变为"建设社会主义法治国家"，极其鲜明地突出了法治的理念。1999年3月，全国人民代表大会对宪法进行了修改，明确规定："中华人民共和国实行依法治国，建设社会主义法治国家。"2012年党的十八大强调，依法治国是党领导人民治理国家的基本方略，法治是治国理政的基本方式，要更加注重发挥法治在国家治理和社会管理中的作用，全面推进依法治国，加快建设社会主义法治国家。

从人治走向法治，能够杜绝类似"文革"这样的政治混乱，使全国人民对国家政治生活的稳定有序充满预期，进而保障经济社会能够在稳定的环境下顺利发展。总结归纳近现代各国的情况，我们可以发现，但凡能够将政治问题法律化解决的，社会都能稳定和谐，比如美国的总统选举纠纷通过最高法院来判决确定；凡是法律问题政治化的，社会就会飘摇动荡，比如埃及最近的动荡。实际上，这就是法治和人治的不同结果，改革开放使我国从混乱动荡的人治走向安定祥和的法治。法治同时还是现代市场经济本身的一个重要组成部分。市场经济当中市场主体的微观交易行为，比如谈判、契约、纠纷解决等，无一不需要法治的规范。市场交易遵循成熟的法律制度，并能够在良善的司法体系中获得合理合法的裁决，就会对各自的行为产生稳定的预期，而不需要进行其他各种防范和试探，也不需要畏惧与陌生的客户进行交易，这样就大大减少交易成本，促进了市场交易，市场经济的活力就得到进一步的释放。改革开放推动我国从人治走向法治，也就必然促使市场经济的活力进一步增强。

第五，改革开放推动我国人民生活从贫穷落后转向小康。

改革开放改变了过去生产关系和生产力不相适应的状况，社会生产力得到极大解放，社会财富因此迅速增长，人民生活也因此得到了极大改善。三十多年来，改革开放彻底改变了我国城乡居民收入水平长期缓慢增长、甚至停滞不前的状态，呈现出大幅度增长的态势。从1978年到2011年，城镇居民家庭人均可支配收入由343.4元提高到21809.8元，农村居民家庭人均纯收入由133.6元提高到6977.3元，扣除物价因素均增长了10倍左右。居民消费结构从温饱型向小康型转变，城乡居民家庭的恩格尔系数分别从 1978 年的 57.5% 和 67.7%，下降到 2011 年的 36.3% 和 40.4%，人民生活从满足于"吃穿"转变到多层次消费。人口平均预期寿命从 1981 年的 67.77 岁提高到 2010 年的 74.83 岁；文盲率则从 1982 年的 22.81% 下降到 2010 年的 4.08%。改革开放给人民生活带来巨大改善，极大地调动了人民群众投身中国特色社会主义建设的积极性、创造性，为中国的发展进步带来了无穷的活力。

改革开放所推动的五个转变，使中国特色社会主义取得了举世瞩目的成就。但是改革无止境，完善无止境，因为经济基础是不断变化的，生产力是不断发展的，因而上层建筑与经济基础、生产关系与生产力必须不断相适应。从实践来看，完善也是动态的、阶段性的。这五个方面的转变是初步的，深化和完善还有很长的路子要走，还有很多艰巨的任务和险滩。

只有全面深化改革才能实现党的十八大确定的奋斗目标，实现中华民族伟大复兴的中国梦。

习近平主席在亚太经合组织工商领导人峰会上的演讲指出："中国正在制定全面深化改革的总体方案，总的是要统筹推进经济、政治、文化、社会、生态文明建设等领域的改革，努力破解发展过程中出现的难题，消除经济持续健康发展的体制机制障碍，通过改革为经济发展增添新动力。"全面深化改革涉及方方面面，都很重要，缺一不可。但如何增强社会活力，如何为经济发展增添动力，突破口在哪里？我认为关键是下决心深化行政体制改革。通过行政体制改革，进一步转变政府职能，简政放权，理顺政府与市场关系，更大程度更广范围发挥市场在资源配置中的基础性作用。行政体制改革，几年来有不少进步，但仍不到位，主要表现在：（1）政府职能转变滞后，政府主导型经济增长方式的特征仍十分突出。这是目前各地产能过剩的一个重要原因。（2）决策权、执行权、监督权不分，权力之间不能形成有效制约，结构不合理的矛盾突出。（3）中央与地方关系尚未理顺，以 GDP 总量为导向助推了政府投资主导，中央与地方财权与事权不匹配，地方政府缺乏公共服务的积极性，并热衷于通过信贷融资等追求短期政绩，加剧了地方债务问题。（4）政府自身受到部门利益、行业利益、地方利益的羁绊，使决策难以脱离利益倾向。

深化行政体制改革，既是政治体制改革的重要内容，也是经济体制改革的核心。应当从限权、放权、分权三个角度入手。

首先，限权应以推动法治建设为核心、以建立公开透明政府为目标，使权力在阳光下运行。

法治的要义在于限制公权、保障公民权利。这就必须要尊重宪法的权利本位，使政府公权行为法无授权即禁止，公民权利行为法不禁止即自由。进一步完善人民代表大会制度，使各级人民代表能够依法对行政权力进行制约，通过制度安排更好地保障人民群众各方面的权益。要在全体人民共同奋斗、经济社会不断发展的基础上，通过制度安排，依法保障人民权益，让全体人民依法平等享有权利和履行义务，进一步实现社会公平正义。要认真研究在法治社会条件下，党的领导和执政方式的改革创新。通过完善宪法、行政法的落实和司法适用，完善党内制度体系，将加强和改善党的领导与现代法治条件下对权力的制约有机结合起来，确保党在法治轨道上成为中国特色社会主义事业的核心。限制权力还需要司法体制的配套改革。公权力的有序运行，不能单纯依赖官员的自觉自醒，必须有相对独立的司法威慑。要保障法院、检察院能够根据《宪法》要求，依法独立行使审判职能、检察职能。要根据司法实践当中暴露出来的各种问题，尽快扭转权大于法，公权力任意削减律师、公民权利的行为。杜绝公权力越位、缺位、错位情况的发生，促进政府职能的有效转变，将权力关进笼子。

其次，以放权为重点转变政府职能，解决政府与市场的关系。

转变政府职能，解决政府与市场关系的关键是政府向市场和企业放权、从中央到地方都大幅度削减行政审批权，在更大程度和更广范围发挥市场在资源配置中的基础性作用，具体包括垄断行业经营权向社会开放、减少资源要素价格行政管制、减少过多产业政策干预企业的自主权力等；解决政府与社会关系，关键也在于政府向社会放权，在激发社会活力的基础上创新社会管理，推动传统的行政管理转向社会公共治理，具体包括向社会公益组织放权、推进官办社会组织转型、鼓励社会组织参与公共事务等。以放权推动行政体制改革，还需要中央向地方合理放权，中央对地方经济社会事务干预较多，中央与地方的事权财权不匹配，中央地方公共服务职能划分不清晰等，是当前较为突出的矛盾，这也是当前地方债务升级、地方依赖土地财政的重要诱因。要理顺中央与地方的关系，必须继续下放投资、生产经营活动审批权，下放中观管理的决策权，在一些事权下放的同时下放对应的财权。在中央向地方放权的过程当中，需要注意防范地方截留本应当向市场和社会释放的权力。市场和社会本身能够有效调节处理的，均应一步放权到位，避免在地方形成新的审批寻租和割裂市场的机会。此外须注意的是，放权的目的不仅仅在于减少政府对市场和企业的直接干预，还在于使政府的精力和资源能更有效地集中到创造良好的市场环境、创新环境上，提高和完善政府的基本职能。

最后，应以权力有效制约和协调为目标实现政府分权。

根据十八大提出"决策权、执行权、监督权"既相互制约又相互协调的要求，建立行政范围内的分权体制，促使国家机关按照法定权限和程序行使权力。

除了关键的行政体制改革之外，要增加国家发展进步的活力，还必须推动更广泛的人民群众共享改革发展的成果。这既是增强活力的手段，也是发展进步的目标。推动更广泛的人民群众共享改革发展的成果需要加快收入分配体制改革、财税体制改革步伐。使广大人民群众在初次分配和再分配中都获得公正的对待。要通过收入分配体制等改革扭转城乡收入差距过大、垄断行业和非垄断行业收入差距过大、劳动者报酬率持续走低等问题。要通过财税体制改革，有效调节贫富差距悬殊现象，维护社会的公平正义，促进社会的和谐稳定。通过深化改革，在人民群众共享改革发展成果的基础上，充分发挥人民群众的首创精神，使全社会的活力和创新能力充分释放、创业活动蓬勃开展。

习近平同志指出，改革开放是决定当代中国命运的关键一招，也是决定实现"两个一百年"奋斗目标、实现中华民族伟大复兴的关键一招。我们要坚持改革开放正确方向，敢于啃硬骨头，敢于涉险滩，既勇于冲破思想观念的障碍，又勇于突破利益固化的藩篱。改革更需要在坚持正确的方向同时，加强改革的体系性、整体性和协调性，为此，有必要建立一个统筹全面深化改革的高层次权威性改革协调机制和工作机构。在当前形势下，可以在中央财经领导小组的基础上，采取两块牌子、一套人马、充实人员的办法，成立中央全面深化改革领导小组，由总书记任组长、总理任副组长，中央和国务院负责人组成，负责全面深化改革的顶层设计和总体规划。下设办公室，负责全面深化改革的协调督查，评估落实。加强改革的统筹协调，是全面深化改革的关键，是改革的关键时期能否攻坚克难的重要举措。

二、新常态下的全面深化改革

新常态下的全面深化改革

(2014 年 10 月 8 日)

一、对新常态的理解

今年 5 月，习近平总书记在在河南考察时指出，我国发展仍处于重要战略机遇期，我们要增强信心，从当前我国经济发展的阶段性特征出发，适应新常态，保持战略上的平常心态。在战术上要高度重视和防范各种风险，早作谋划，未雨绸缪，及时采取应对措施，尽可能减少其负面影响。

7 月 29 日，习近平总书记在和党外人士的座谈会上又一次提及，要正确认识中国经济发展的阶段性特征，进一步增强信心，适应新常态。

习近平总书记的两次引用，使中国经济社会发展的"新常态"这个概念迅速成为社会关注的焦点，同时也表明中央对当前整体形势的判断和应对，"新常态"必然对未来可预见的时间内整个国家的经济社会乃至政治发展走向产生深远的影响。因此，必须对"中国经济新常态"要有准确的把握和理解。在我看来，"新常态"的主要含义，可以归纳为两点：

第一，经济发展态势进入新常态。从短期来看，按照较为正式的提法，我国正经历增长速度换挡期、结构调整阵痛期、前期刺激政策消化期"三期"叠加的阶段，各种矛盾和问题相互交织。从长远来看，虽然，经济增速换挡回落、从高速增长转为中高速增长，但仍处于战略机遇期，仍具备持续保持中高速发展的潜力，可以深入发掘。

第二，必须通过深化改革适应经济新常态，通过改革红利的释放，进一步调整经济结构、改变经济增长方式，才能实现向平稳的可持续发展的转型。

最近，习近平总书记在出席 APEC 工商领导人峰会开幕式并发表主旨演讲时，对新常态对中国经济的影响进行全面的论述，他指出：新常态将给中国带来新的发展机遇。第一，新常态下，中国经济增速虽然放缓，实际增量依然可观。第二，新常态下，中国经济增长更趋平稳，增长动力更为多元。中国经济的强韧性是防范风险的最有力支撑，中央以目前确定的战略和所拥有的政策储备，有信心、有能力应对各种可能出现的风险。正在协同推进新型工业化、城镇化、信息化、农业现代化，这有利于化解各种成长的烦恼。第三，新常态下，中国经济结构优化升级，发展前景更加稳定。今年前三个季度，中国最终消费对经济增长的贡献率为 48.5%，超过了投资。服务业增加值占比 46.7%，继续超过第二产业。中国经济结构正在发生深刻变化，质量更好、结构更优。第四，新常态下，中国政府大力简政放权，市场活力进一步释放。习近平总书记同时也指出，新常态也伴随着新问题、新矛盾，一些潜在风险渐渐浮出水面。能不能适应新常态，关键在于全面深化改革的力度。他再次强调，中国改革已经进入攻坚期和深水区。我们要敢于啃硬骨头，敢于涉险滩，敢于向积存多年的顽疾开刀。

二、中央的改革应对

习近平总书记对新常态的两次提及以及各项应对政策的出台，充分表明中央对中国经济的新常态有充分的认识和准备。这些认识和准备集中体现在十八届三中全会《决议》和十八届三中全会宣布成立的全面深化改革领导小组历次会议作出的决定当中。

党的十八届三中全会开启了全面深化改革的新阶段，它对于在新常态下推进改革的突出贡献在于，设立了强有力的改革领导"中枢"，中央全面深化改革领导小组。

1月22日，中央全面深化改革领导小组召开第一次会议，除了通过领导小组、专项小组的组成和内部工作规则、细则外，会议审议通过了《中央有关部门贯彻落实党的十八届三中全会〈决定〉重要举措分工方案》，将十八届三中全会规定的改革任务分解为336项重要举措，逐一确定协调单位、牵头单位和参加单位，为落实十八届三中全会《决定》奠定了坚实的基础。

2月28日，中央全面深化改革领导小组召开第二次会议，会议布置了领导小组2014年工作要点，对第一次会议的《分工方案》进一步进行了梳理，进一步强化责任、明确分工，排出今年要完成的80条重要改革予以重点督办并要求按时检验成果。会议审议通过《关于十八届三中全会〈决定〉提出的立法工作方面要求和任务的研究意见》、《关于经济体制和生态文明体制改革专项小组重大改革的汇报》、《深化文化体制改革实施方案》、《关于深化司法体制和社会体制改革的意见及贯彻实施分工方案》。习近平在这次会议中特别强调，凡属重大改革都要于法有据。这次会议要求，深化司法体制和社会体制改革，要注重改革举措的配套衔接，注重分类推进，强化任务落实。会议还要求加快建设公正高效权威的社会主义司法制度，加快形成科学有效的社会治理体制，促进社会公平正义。

6月6日，中央全面深化改革领导小组召开第三次会议，习近平总书记对改革的方略作了具体的说明，他特别指出，改革要坚持从具体问题抓起，着力提高改革的针对性和实效性，着眼于解决发展中存在的突出矛盾和问题，把有利于稳增长、调结构、防风险、惠民生的改革举措往前排，聚焦、聚神、聚力抓落实，做到紧之又紧、细之又细、实之又实。这次会议推动财税和户籍制度改革大步向前迈进，审议了《深化财税体制改革总体方案》和《关于进一步推进户籍制度改革的意见》，建议根据会议讨论情况进一步修改完善后按程序报批实施。会议审议通过了《关于司法体制改革试点若干问题的框架意见》、《上海市司法改革试点工作方案》和《关于设立知识产权法院的方案》。科学的财税体制是优化资源配置、维护市场统一、促进社会公平、实现国家长治久安的制度保障，在治国安邦中发挥着基础性、制度性、保障性作用。而且财税体制改革牵连着经济体制和行政体制改革，牵一发而动全身。司法体制改革启动了完善司法人员分类管理、完善司法责任制、健全司法人员职业保障、推动省以下地方法院检察院人财物统一管理、设立知识产权法院等一系列司法改革，为巩固社会主义市场经济的法治基础提供了契机。

8月18日，中央全面深化改革领导小组召开第四次会议，对国企改革进行了全面部署，审议了《中央管理企业主要负责人薪酬制度改革方案》、《关于合理确定并严格规范中央企业负责人履职待遇、业务支出的意见》，并要求根据会议讨论情况进一步修改完善后按程序报批实施。会议审议通过了《关于推动传统媒体和新兴媒体融合发展的指导意见》、《党的十八届三中全会重要改革举措实施规划（2014—2020年）》、《关于上半年全面深化改革工作进展情况的报告》，对运用互联网思维打造新型主流媒体寄予厚望，对未来七年的改革实施工作作出整体安排，突出了每项改革举措的改革路径、成果形式、时间进度，是指导今后一个时期改革的总施工图和总台账。习近平总书记最后再次强调改革一定要抓落实，抓到位。

9月29日，中央全面深化改革领导小组召开第五次会议，会议审议了《关于引导农村土地承包经营权有序流转发展农业适度规模经营的意见》、《积极发展农民股份合作赋予集体资产股份权能改革试点方案》、《关于深化中央财政科技计划（专项、基金等）管理改革的方案》，要求根据此次会议讨论情况进一步修改完善后按程序报批实施。习近平总书记在这次会议上强调，要高度重视改革方案的制定和落实工作，做实做细调查研究、征求意见、评估把关等关键环节，严把改革方案质量关，严把改革督察关，确保改革改有所进、改有所成。

10月27日，中央全面深化改革领导小组召开第六次会议，会议审议了《关于加强社会主义协商民主建设的意见》、《关于中国（上海）自由贸易试验区工作进展和可复制改革试点经验的推广意见》、《关于加强中国特色新型智库建设的意见》，审议通过了《关于国家重大科研基础设施和大型科研仪器向社会开放的意见》，建议根据会议讨论情况进一步修改完善后按程序报批实施。习近平总书记指出，党的十八届四中全会通过了全面推进依法治国的决定，与党的十八届三中全会通过的全面深化改革的决定形成了姊妹篇。全面深化改革需要法治保障，全面推进依法治国也需要深化改革。

除中央全面深化改革领导小组会议上审议的一系列改革方案之外，今年以来，中央政治局会议、中央政治局常委会会议还通过了《关于改进完善院士制度的方案》、《党的纪律检查体制改革实施方案》、《深化党的建设制度改革实施方案》、《关于全面推进公务用车制度改革的指导意见》、《中央和国家机关公务用车制度改革方案》、《关于深化考试招生制度改革的实施意见》等一系列改革方案，在文化体制、司法管理体制、信访制度、用人制度、医疗卫生制度、纪检监察制度等各个方面同时启动了重大的改革并务求落实。

与此同时，国务院在全面深化改革的过程中，以行政体制改革推进政府自我革命，以"简政放权"为要务，取消下放 7 批共 632 项行政审批等事项；修订政府核准的投资项目目录，将需报批国务院部门核准事项减少 60% 左右；减少整合了近三分之一的财政专项转移支付项目；减少行政事业性收费，每年减轻企业和个人负担约 100 亿元；此外，还启动或推进了营改增、注册资本登记制度、铁路投融资制度、利率市场化等一系列改革措施，提升了经济动力，激发了市场活力。

从党中央和国务院的一系列改革措施来看，改革决心之大、力度之强、涉及面之广是前所未有的，中央对中国经济新常态实际上已经作出了全方位的应对，正以一个改革的姿势进入新常态。

三、全面深化改革的几个重大问题

1. 深化财税体制改革，促进财政资源有效配置

今年 8 月 31 日，全国人大通过《关于修改〈中华人民共和国预算法〉的决定》，这是预算法实施 20 年来的首次大修。

李克强总理日前主持召开国务院常务会议强调要提高公共资金的效率，把那些躺在账上"打呼噜"的钱，真正用在有利于调结构、惠民生等重点领域。公共资金数量巨大，包括政府性基金、国有资本经营预算、社会保险基金预算等，就全国政府性基金预算收入 2013 年达 5.23 万亿元。所谓政府性基金指各级政府及其所属部门，为支持某项公共事业发展，向公民、法人和其他组织无偿征收的非税财政资金。这些巨额公共资金被各部门视为"私房钱"，有的长期"沉睡"，躺在账上"打呼噜"，有的被挪用、腐败或投到部门利益的项目上。如何根据修改后的预算法通过深化改革提高沉睡资金的使用效率？

首先，坚持预算公开，充分保证公众的知情权和监督权。新预算法强调，未按规定公开或作出说明，将被追究行政责任。

其次，修改旧有的行政法规，以适应新常态下的改革发展需要。

再次，对截留、挪用、滥用等行为要严肃处理。

最重要的是要通过市场化配置财政资源的办法，使资金使用的效益最优化。如设立股权投资基金，以达到"四两拨千斤"的作用。

2. 积极稳妥地发展混合所有制经济

关于混合所有制，现在是个热门话题。混合所有制经济在2003年十六届三中全会就提出来了，我也提出过建议，因为原来不同所有制在两股道上运行，应通过发展混合所有制，使两股道变成一股道。我理解十八届三中全会提出的混合所有制其主要实现形式是，通过资本市场，以发展公众公司为主。重点有二：一是要吸收更多的社会资本，打破垄断，促进经济持续发展；二是，通过发展混合所有制经济，改善公司治理结构，解决一股独大的问题。不同所有制的代表进入董事会，董事会就有不同的声音，可以解决一人说了算的问题。在发展混合所有制经济中，要避免一哄而上，避免国有资产流失。

3. 新型城镇化要推动城乡要素双向流动

用改革的办法、创新的精神推动新型城镇化，破解城乡二元结构，促进农业现代化，在新常态下，为中国经济平衡增长和持续发展增添动能。新型城镇化要避免三个问题，一是有城无市，城造起来，没有市场；二是进城无业，农民进了城，没有职业，所以农村的房子老鼠住了，到城里面买不起房子，只能住地下室；三是城镇化变成房地产化，搞造城运动，GDP上去了，政绩出来了，但是国家和农民没有受益。

新型城镇化要考虑要素（如人才、资本）双向流动，一方面农村劳动力怎么进城就业，另一方面怎么鼓励城市里的人去农村创业发展。因为现在看来，一来城市里空气不好，城镇有的居民愿意去农村，以改善环境；二来现在互联网技术的发展能够解决一些问题，我的秘书以前的同学，在北京郊区当村官，通过互联网制作销售婚庆产品，找了一些农民加工，促进了农村就地就业，农村也获得了发展。所以，应鼓励城市有资金、有技术的人去农村创业。但是政府要给他们创造环境，比如住的地方，能不能买或租宅基地，买了以后盖新房子，养殖也好、种地也好，这样城市里的人到农村创业，去的人多了，形成新的小城镇，这种国家不花钱的城镇化很有生命力。原来的概念是农民进城变为居民叫城镇化。双向流动，就要有新的思维，这样农村就经济发展了。2020 年要建成小康社会，关键在农村，农民有资产，有宅基地、有房子、有承包地，但是资产不能变为资本，不能增加财产性收入，如果农民富不起来，小康社会就很难实现。必须创造条件让农民富起来。有人担心农民土地流动了以后，把钱花光了又向政府要钱了怎么办？我说这个不对，你不相信农民，照你这个想法，城市里的职工只能搞供给制了，你发了工资职工吃光了怎么办？所以，担心农民把钱花光了向政府要钱的顾虑是没有必要的。

4. 重大改革都要于法有据

全面推进依法治国是十八届三中全会《决定》的重要内容，中央全面深化改革领导小组第二次、第三次会议也都将法治纳入重点改革的目标。第二次会议审议通过《关于十八届三中全会〈决定〉提出的立法工作方面要求和任务的研究意见》和第三次会议通过的司法体制改革方案体现了中央在法治框架内推进改革的决心。要落实习近平总书记所讲的"用法治思维和法治方式深化改革"的要求，使重大改革都于法有据，必须在三个方面有所加强：一是要尽量在现有法律框架内做出改革决策，当前我国社会主义法律体系已经初步建成，一些需要改革的地方许多都是没有认真落实现有法律制度的结果，只要充分尊重、落实现有法律资源，就能够满足改革的需求，不需要推翻已有的法律制度和框架。二是要加强中央改革决策转化为法律的效率，对必须要立法铺垫的改革事项能够迅速作出决策并推进立法，避免迁延，当然立法本身要科学不能只求速度，十八届三中全会成立的全面深化改革领导小组为此创造了有利的条件。三是在真正有必要突破、调整现有法律框架时，要充分发挥市场主体和司法机关在改革中的调试作用。哪些现有的法规、规章制度阻碍经济的发展、阻碍创新和进步，市场主体了解得最及时、体会得最深刻、掌握得最全面。通过市场主体主动提起行政诉讼的方式重新审视、废止现有不适应新常态的法规和规章，虽然突破了现有法律体系，仍可以是于法有据的改革，前提是《行政诉讼法》应扩大市场主体对抽象行政行为的诉权。将不合时宜的法规规章都集中到中央去清理是不现实的：首先，在部门利益的格局下，寄希望于各地方和部门的自我清理存在利益冲突；其次，中央难以面面俱到准确掌握某项法律文件到底合不合时宜；最后，中央集中清理在时效上难以满足改革的迫切需求。因此，只有赋予广大市场主体对行政法规等这些抽象行政行为完整的诉权，使市场主体可以通过司法途径以诉讼的方式废止各种制造玻璃门的抽象行政行为，才能确保改革在法治的轨道上迅速推进，使市场主体发挥出最大的活力，创造最大的红利。

充分发挥市场在资源配置中的决定性作用

（2013 年 11 月 15 日）

党的十八届三中全会决议公报中，有三次提到"使市场在资源配置中起决定性作用"。这是社会主义市场经济理论的重大创新和突破。这个突破对完善我国社会主义市场经济体制，对实现"两个一百年"的奋斗目标、实现中华民族的伟大复兴都具有极其重大的历史意义。

关于市场在资源配置中的作用的认识，我们党经历了三个发展阶段：

一、市场在国家宏观调控下对资源配置起基础性作用

十四大提出"市场在社会主义国家宏观调控下对资源配置起基础性作用"，十四届三中全会在此基础上去掉了"社会主义"四个字，在当时是一个了不起的进步。1984 年十二届三中全会提出社会主义市场经济体制是有计划的商品经济，1987 年十三大提出了社会主义商品经济，其内涵是计划调节与市场调节相结合，在描述运行机制时谈到国家调控市场、市场引导企业，虽然隐含了国家计划走向间接调控的意思，但计划仍占据着重要地位。80 年代末 90 年代初，由于改革陷入低潮，市场的资源配置功能一度被质疑，对经济体制改革

方向的认识也再次发生争论，有人简单认为计划经济就是社会主义，有人主张回到计划经济为主、市场调节为辅的提法。在这种不利情况下，小平同志的南方谈话使改革回到了正确的航向，小平同志明确提出："计划多一点还是市场多一点，不是社会主义与资本主义的本质区别。计划经济不等于社会主义，资本主义也有计划；市场经济不等于资本主义，社会主义也有市场。计划和市场都是经济手段。"此后，经过对过去社会主义经济建设经验得失的认真总结，我们认识到，发展经济必须遵循价值规律，必须通过价格杠杆和竞争机制的功能，把资源配置到效益较好的环节中去。因此十四大和十四届三中全会明确了要发挥市场的基础性作用，要建立社会主义市场经济体制，这是当时历史条件下的重大理论突破。同时，由于仍然存在着对市场的疑虑，十四大报告认为为了防范市场自身的弱点和消极方面，"必须加强和改善国家对经济的宏观调控"。因此，十四大提出"市场在社会主义国家宏观调控下对资源配置起基础性作用"。十四届三中全会将表述修正为"市场在国家宏观调控下对资源配置起基础性作用"，并在此基础上，构建了社会主义市场经济的五大支柱。这个解放思想的提法在当时具有重大的理论创新意义，也对社会主义市场经济的初步建立发挥了基础性作用。但是这个提法并不完全科学，在社会主义市场经济建立并进入新的发展时期后，关于市场经济的内涵，亟须进一步完善。

二、更大程度地发挥市场在资源配置中的基础性作用

社会主义市场经济初步建立并运行多年之后，一些深层次的矛盾逐渐暴露，对社会主义市场经济体制的进一步完善成为一项重大的理论和现实命题。在十六届三中全会《中共中央关于完善社会主义市场经济体制若干问题的决定》起草过程中，我在当年4月23日召开

的起草小组会议上作了主题为"改革无止境、完善无止境"的发言，我提出十六届三中全会必须在理论上、体制上取得创新和突破。首先是完善社会主义市场经济体制的内涵。什么是社会主义市场经济体制？原本的定义是"市场在国家宏观调控下对资源配置起基础性作用"。国家宏观调控作为对资源配置的前提条件，还是宏观调控是市场经济的重要内容？是资源在市场配置的基础上发挥政府的作用，还是资源在政府作用下发挥市场的作用？资源配置的主体是政府还是市场？是政府主导还是市场主导？宏观调控的含义是什么？是广义的还是狭义的？一种理解是国家运用货币政策和财政调节经济运行。另一种理解是广义的，包括行政手段来调控经济。在宏观调控过程当中，谁代表国家？国务院代表国家，省里、县里也说代表国家。社会主义市场经济就是在社会主义条件下的市场经济，要遵守 WTO 规则的市场经济，都要遵循市场经济的一般规律。完善市场经济，就是要建立现代市场经济体制。现代市场经济要做到：生产要素市场化，产权结构多元化，经济主体独立化、自由化、平等化，收入分配公平化，政府管理法治化。

十四大和十四届三中全会对社会主义市场经济定义是市场在国家宏观调控下对资源配置起基础性作用。国家宏观调控是作为对资源配置的前提条件，还是属于市场经济的重要内容？原来的这个表述字面理解应为前提，但从理论上讲，宏观调控本应是市场经济的一个内容。其他疑问还包括宏观调控是资源在市场配置的基础上发挥政府的作用，还是资源在政府作用下发挥市场的作用？资源配置的主体是政府还是市场？是政府主导还是市场主导？原有的定义均无法厘清这些问题，而这些问题一旦搞错，社会主义市场经济就有可能沦为计划经济的翻版。因此，我提出的这个建议受到温家宝同志的重视，十六届三中全会的《决定》最终采纳了我的建议，确立了"更大程度地发挥市场在资源配置中的基础性作用"这一表述。

十八大在此基础上将社会主义市场经济的内涵进一步拓展为"更大程度更广范围发挥市场在资源配置中的基础性作用"。这是对十六届三中全会表述的延续和发展。从十六届三中全会到十八大，这是社会主义市场经济内涵说经历的第二个阶段。

三、使市场在资源配置中起决定性作用

十八届三中全会会议公报指出："要紧紧围绕使市场在资源配置中起决定性作用深化经济体制改革，坚持和完善基本经济制度，加快完善现代市场体系、宏观调控体系、开放型经济体系，加快转变经济发展方式，加快建设创新型国家，推动经济更有效率、更加公平、更可持续发展。"

十六届三中全会以来，虽然已经明确了"市场在资源配置中的基础性作用"，但是市场的这个基础作用与国家宏观调控的关系在很多情况下还是容易被混淆，看得见的手经常取代看不见的手发挥作用，造成市场的紊乱。各级政府和部门总是过分强调自己的宏观调控职能，很大程度上是计划经济时期行政性控制的翻版。尤其是在遇到国际性的经济、金融危机时，政府的紧急干预措施被当做"中国模式"的圭臬，使市场在资源配置中的基础性作用被削弱，同时造成了产能的大量过剩。必须明确，政府宏观调控不是资源配置的前提，配置资源的主体是市场，而不是政府。

宏观调控要更多地运用间接调控，尽可能少用行政手段。政府如何改革宏观调控方式、提高宏观调控的有效性，是当前和今后必须解决的重大问题。一是随着改革的深化，我国经济的市场化程度已经较高，传统的行政方式进行调控所起的作用不会很大。二是长期以来由于计划经济体制所产生的主要是总需求膨胀的倾向，现在已经让位给

市场经济体制所产生的供给过剩倾向。这就是说宏观调控的背景和基础发生了变化。因此，调控方式必应发生变化。三是依靠行政审批制度和管制来加强宏观调控，容易造成权钱交易，容易抬高企业的准入门槛，造成某些行业的人为垄断，提高某些行业的利润。管制越严，利润越高，地方的积极性就越高。四是行政手段容易加大改革和发展成本，容易产生权钱交易和腐败。因此，要尽量少用行政手段。

十八届三中全会公报指出："经济体制改革是全面深化改革的重点，核心问题是处理好政府和市场的关系，使市场在资源配置中起决定性作用和更好发挥政府作用。"这意味着政府必须转变职能，意味着经济发展的主体力量在市场，企业和老百姓才是创造财富的主体，政府应该是创造公平竞争环境的主体。政府的职能要转到为市场主体服务、创造良好的环境上来，主要通过保护市场主体的合法权益和公平竞争，激发社会成员创造财富的积极性，增强经济发展的内在动力。

十八届三中全会提出要"使市场在资源配置中起决定性作用"，有利于划清市场与政府的界限，有利于明确宏观调控在市场经济环境当中的角色地位，有利于市场经济的长期健康发展。"市场在资源配置中起决定性作用"的提出是改革的重大理论突破，是社会主义市场经济理论的又一重大创新。

从"基础性"到"决定性"

——社会主义市场经济完善的新进程

(2013 年 11 月 25 日)

十八届三中全会《中共中央关于全面深化改革若干重大问题的决定》提出，使市场在资源配置中起决定性作用。从基础性作用到决定性作用，是三中全会最大的亮点，是解放思想带来的重大突破，是经济体制改革的重大创新，也是下一阶段全面深化改革尤其是深化经济体制和政治体制改革的工作重心。市场在资源配置中起决定性作用要求我们必须遵守市场经济的一般规律，国内外实践都早已证明，只有充分发挥市场的决定性作用，才能使经济社会获得持续健康发展。对实现"两个一百年"的目标、实现中华民族的伟大复兴都有重大的现实意义和历史意义。

一、国内外实践证明，行政性配置资源没有成功的先例

计划经济的特点是通过计划等行政手段来配置资源，因此效率低下。例如，50 年代，沈阳有两个相邻的工厂，一个叫沈阳变压器厂，一个叫沈阳冶炼厂，这两个都是政府行政主导，变压器厂需要大量的铜，由主管的一机部从云南等地调到沈阳。冶炼厂生产的铜由冶金部从沈阳调往全国各地。一墙之隔的两个厂由于行政主导，没有市场，

造成资源的极大浪费。还有一个例子，上海的一家企业为了在夏天给车间工作的工人降温，要申请买鼓风机，经过七个部门审批，待审批完毕，夏天都已经过去了。东欧国家也有类似的教训，1986年我率领国家体改委代表团考察了匈牙利和南斯拉夫的体制改革，我问匈牙利主管计划工作的副总理："你们为什么要取消指令性计划？"他回答说："我们国家计划局按照平衡表编制指令性计划，但执行的结果，有的完成了百分之五百，有的只完成了百分之十，但谁都没有责任，说明这种计划是主观主义的，脱离实际的。"捷克的"拔佳"皮鞋是名牌产品，但后来搞了计划经济，就没有名牌了。因为国家计划部门按照全国人口1600万人（当时捷克和斯洛伐克是一个国家）每人两双皮鞋做计划，计划执行结果是，老百姓需要的没有生产，而生产出来的往往没有人买，一方面满足不了需要，另一方面又造成了大量积压。道理很简单，皮鞋的需求多种多样，个性化很强，男人与女人不一样，大小和小孩不一样，城里和农村不一样，国家计划部门凭主观编制计划，生产部门按产值高的安排生产，产需严重脱节，其结果造成的资源浪费是可想而知的。国内外的经验教训告诉我们，全社会市场需求的千变万化不是机械的计划所能应对的，行政手段越俎代庖只会带来巨大的浪费和严重的低效率。

二、对市场配置资源的认识过程

计划经济暴露出巨大的问题之后，十一届三中全会开启了改革的历程，通过十多年的改革探索，逐渐明确了改革方向，十四大明确提出，改革的目标是建立社会主义市场经济体制，但是就社会主义市场经济的内涵，特别是市场在资源配置中处于一个什么样的地位、应当发挥什么样的作用，我们党对这一问题的认识，经历了三个阶段：

第一个阶段是十四大提出"市场在社会主义国家宏观调控下对

资源配置起基础性作用"。十四届三中全会确定"市场在国家宏观调控下对资源配置起基础性作用"。

1984年十二届三中全会提出，社会主义市场经济体制是有计划的商品经济，1987年十三大提出了社会主义商品经济，其内涵是计划调节与市场调节相结合，在描述运行机制时谈到国家调控市场、市场引导企业，虽然隐含了国家计划走向间接调控的意思，但计划仍占据着重要地位。80年代末90年代初，由于改革陷入低潮，市场的资源配置功能一度被质疑，对经济体制改革方向的认识也再次发生争论，有人简单认为计划经济就是社会主义，有人主张回到计划经济为主、市场调节为辅的提法。在这种不利情况下，小平同志的南方谈话使改革回到了正确的航向，小平同志明确提出，"计划多一点还是市场多一点，不是社会主义与资本主义的本质区别。计划经济不等于社会主义，资本主义也有计划；市场经济不等于资本主义，社会主义也有市场。计划和市场都是经济手段。"此后，经过对过去社会主义经济建设经验得失的认真总结，十四大提出"市场在社会主义国家宏观调控下对资源配置起基础性作用"。十四届三中全会将表述修正为"市场在国家宏观调控下对资源配置起基础性作用"，并在此基础上，构建了社会主义市场经济的五大支柱。这个解放思想的提法在当时具有重大的理论创新意义，也对社会主义市场经济的初步建立发挥了基础性作用。但是这个提法并不完全科学，在社会主义市场经济建立并进入新的发展时期后，关于市场经济的内涵，亟须进一步完善。

第二个阶段是十六届三中全会提出"更大程度地发挥市场在资源配置中的基础性作用"。

社会主义市场经济初步建立并运行多年之后，一些深层次的矛盾逐渐暴露，对社会主义市场经济的进一步完善成为一项重大的理论和现实命题。在十六届三中全会《中共中央关于完善社会主义市场经济体制若干问题的决定》起草过程中，我在当年4月23日召开的起草小组会议上作了主题为"改革无止境、完善无止境"的发言，其中包括了对完善社会主义市场经济体制的内涵的一些意见。

十四大和十四届三中全会对社会主义市场经济定义是市场在国家宏观调控下对资源配置起基础性作用。国家宏观调控是作为对资源配置的前提条件，还是属于市场经济的重要内容？原来的这个表述字面理解应为前提，但从理论上讲，宏观调控本应是市场经济的一个内容。其他疑问还包括宏观调控是资源在市场配置的基础上发挥政府的作用，还是资源在政府作用下发挥市场的作用？资源配置的主体是政府还是市场？是政府主导还是市场主导？原有的定义均无法厘清这些问题，而这些问题一旦搞错，社会主义市场经济就有可能沦为计划经济的翻版。因此，我提出的这个建议受到主持中央文件起草的温家宝同志的重视，十六届三中全会的《决定》最终采纳了我的建议，确立了"更大程度地发挥市场在资源配置中的基础性作用"这一表述。

十八大在此基础上将社会主义市场经济的内涵进一步拓展为"更大程度更广范围发挥市场在资源配置中的基础性作用"。这是对十六届三中全会表述的延续和发展。从十六届三中全会到十八大，这是社会主义市场经济内涵说经历的第二个阶段。

第三个阶段是十八届三中全会确定"要使市场在资源配置中起决定性作用"。

《中共中央关于全面深化改革若干重大问题的决定》指出："紧紧围绕使市场在资源配置中起决定性作用深化经济体制改革，坚持和完善基本经济制度，加快完善现代市场体系、宏观调控体系、开放型经济体系，加快转变经济发展方式，加快建设创新型国家，推动经济更有效率、更加公平、更可持续发展。"

十六届三中全会以来，虽然已经明确了"市场在资源配置中的基础性作用",但是市场的这个基础性作用与国家宏观调控的关系在很多情况下还是容易被混淆,看得见的手经常取代看不见的手发挥作用,造成市场的紊乱。各级政府和部门总是过分强调自己的宏观调控职能,很大程度上是计划经济时期行政性控制的翻版。尤其是在遇到国际性的经济、金融危机时,政府的紧急干预措施被当做"中国模式"的圭臬,使市场在资源配置中的基础性作用被削弱,同时造成了产能的大量过剩。必须明确,政府宏观调控不是资源配置的前提,配置资源的主体是市场,而不是政府。

三、紧紧围绕发挥市场在资源配置中的决定性作用来深化改革

《决定》指出:"建设统一开放、竞争有序的市场体系,是使市场在资源配置中起决定性作用的基础。必须加快形成企业自主经营、公平竞争,消费者自由选择、自主消费,商品和要素自由流动、平等交换的现代市场体系,着力清除市场壁垒,提高资源配置效率和公平性。"就当前阶段而言,"其他力量可以影响和引导资源配置,但决定者不是别的,只有市场"。必须紧紧围绕发挥市场在资源配置中的决定性作用来深化改革,核心是要厘清政府与市场的关系,重点在于进一步夯实市场基础,注重运用市场经济的普遍规律,强化社会主义市场经济的一般特征。具体包括如下几个方面:

第一,发挥市场在资源配置中的决定性作用要求市场资源要素的流转和聚集由市场的价值规律主导,并要剔除其中不良垄断和过度行政管制等人为设置的限制市场资源要素流动的各种障碍。为此,《决定》明确提出:"建立公平开放透明的市场规则。实行统一的市场准入制度,在制定负面清单基础上,各类市场主体可依法平等进入清单之外领域。"《决定》还旗帜鲜明地指出"反对地方保护,反对垄断

和不正当竞争"。这就对我国目前在电信、能源、金融等领域仍广泛存在的行政垄断提出了明确的改革要求。《决定》同时就这些方面关键环节的改革提供了明确的思路："凡是能由市场形成价格的都交给市场，政府不进行不当干预。推进水、石油、天然气、电力、交通、电信等领域价格改革，放开竞争性环节价格。政府定价范围主要限定在重要公用事业、公益性服务、网络型自然垄断环节，提高透明度，接受社会监督。完善农产品价格形成机制，注重发挥市场形成价格作用。"

《决定》还在保持稳健的基础上，逐渐放开对农村土地这一重要市场资源的束缚，对农村土地入市做出规划，提出建立城乡统一的建设用地市场。这有利于保护农民财产权，并能够推动农村土地按市场规律进行流转，为土地价格形成机制带来更多的市场化因素。这是紧紧围绕发挥市场在资源配置中的决定性作用深化改革的一项重大内容。

第二，发挥市场在资源配置中的决定性作用要求市场主体必须符合市场经济的要求。国有企业是我国社会主义市场经济当中制造商品和提供服务并参与市场竞争的重要市场主体。长期以来，我国国有企业虽然经过多轮市场化改造，但仍存在一些不符合市场经济要求的问题，比如国企政府背景浓厚，绝大多数国企领导都有从政履历并带有行政级别，国有企业所具备的这些"独特"资源影响了市场的平等性要求，影响了市场的公平竞争，等等。为此，《决定》指出："国有企业总体上已经同市场经济相融合，必须适应市场化、国际化新形势，以规范经营决策、资产保值增值、公平参与竞争、提高企业效率、增强企业活力、承担社会责任为重点，进一步深化国有企业改革。"为进一步去除国企的行政色彩，强化市场公平竞争，《决定》指出："国有资本继续控股经营的自然垄断行业，实行以政企分开、政资分开、特许经营、政府监管为主要内容的改革，根据不同行业特点实行网运分开、放开竞争性业务，推进公共资源配置市场化。进一步破除各种形式的行政垄断。"针对国企领导的行政背景等突出问题，《决定》也提出要"健全协调运转、有效制衡的公司法人治理结构。建立职业经理人制度，更好发挥企业家作用。……要合理增加市场化选聘比例，合理确定并严格规范国有企业管理人员薪酬水平、职务待遇、职务消费、业务消费"。目前已有媒体报道，国资委正制定关于央企一把手进行市场化选聘的政策，这是围绕市场起决定性作用作出的有益的改革探索。

第三，发挥市场在资源配置中的决定性作用必须准确定位宏观调控。《决定》指出："宏观调控的主要任务是保持经济总量平衡，促进重大经济结构协调和生产力布局优化，减缓经济周期波动影响，防范区域性、系统性风险，稳定市场预期，实现经济持续健康发展。健全以国家发展战略和规划为导向、以财政政策和货币政策为主要手段的宏观调控体系，推进宏观调控目标制定和政策手段运用机制化，加强财政政策、货币政策与产业、价格等政策手段协调配合，提高相机抉择水平，增强宏观调控前瞻性、针对性、协同性。"这表明，宏观调控是以财政政策和货币政策等间接调控手段为主，而非直接的行政手段；宏观调控的目的是在国家整体层面促进经济总量平衡和整体的经济结构协调，避免区域、系统性风险。结合《决定》对市场的决定性作用表述，可以明确宏观调控是在市场配置资源的基础上发挥政府的作用。

准确定位宏观调控，要避免陷入"中国模式"误区。在应对国际金融危机期间，中国政府曾出台了一些应急措施，并在当时起到了明显的救急作用。在这种背景下，一些人开始过度乐观地估计政府的作用，将政府的应急干预理解为超级"宏观调控"，并臆想将政府行政主导，受控市场归结为"中国模式"，用"中国模式"代替改革的进一步深化。这种所谓的"中国模式"显然违背了市场经济主要由市场来配置资源的一般规律，容易滑向行政主导的计划经济老路。由于我国仍处于传统计划经济体制向社会主义市场经济体制转型阶段，我国社会主义市场经济具有一定的特殊性，但是不能由于紧急或危机状态下必须采取一些特殊政策而否定市场经济体制改革的基本方向，放弃市场经济的一般规律。宏观调控应当将政府的政策如何撬动市场力量成为考虑的重点，而短期不得不直接介入市场的行为应避免过度，同时要考虑经济运行恢复常态时的"淡出"安排。

《决定》指出："必须积极稳妥从广度和深度上推进市场化改革，大幅度减少政府对资源的直接配置，推动资源配置依据市场规则、市场价格、市场竞争实现效益最大化和效率最优化。"这一论断，对近年来长期干扰市场经济发展的"中国模式"论调做出了明确的答复！

四、在市场对资源配置起决定性作用的基础上正确发挥政府的作用

《决定》指出"经济体制改革是全面深化改革的重点，核心是处理好政府和市场的关系，使市场在资源配置中起决定性作用和更好发挥政府作用"。市场决定资源配置，是被人类实践证明的市场经济的一般规律。完善社会主义市场经济，必须遵循这一规律，不遵循这样的规律，就会像本文开头所讲的那几个例子那样，轻的造成资源配置的低效率，重则使整体资源错配，导致一个行业乃至一个国家的经济混乱。因此，要正确发挥政府的作用，必须按《决定》要求，切实转变政府职能，减少政府对资源的直接配置，同时加强优化政府的公共服务职能，强化市场监管，维护市场秩序，保障公平竞争，打造服务型和法治型政府。

（一）转变政府职能，必须明晰政府与市场的不同职能

市场在资源配置中起决定性作用，表明经济发展的主体力量在市场，企业和老百姓才是创造财富的主体，政府应该是创造公平竞争环境的主体。政府的职能要转到为市场主体服务、创造良好的环境上来，主要通过保护市场主体的合法权益和公平竞争，激发社会成员创造财富的积极性，增强经济发展的内在动力。

转变政府职能还要求正确处理好集中与分散决策的关系。改革开放以来，传统体制高度集中的弊端虽然被认识到，但集中体制"能办大事"的认识误区依然影响深远。而科学决策和执行存在多种约束条件，如信息对称与否、利益取向是否"一致"、决策目标是多重还是"单一"的、长期决策还是短期决策等等，不解决约束条件问题，很可能大事办不成，负面影响不小。市场经济客观上要求分散决策，但政府却存在很强的"集中偏好"，就难以根据走向市场经济的实际进程切实转变职能，反而会把不适当的决策"强加"给市场，甚至代替市场选择。这显然不利于社会主义市场经济的发展。最明显的例证就是近年来，政府对战略新兴产业的过度干预。发展新兴产业方向是完全正确的，其中创新生态是战略性新兴产业的核心，发展新兴产业需要创新引领、市场导向，脱离产业的创新则是无源之水。但是一些地方政府罔顾这种市场经济一般规律，不顾产业基础和市场环境，只管通过给项目、定企业的行政方式，以土地和贷款的优惠吸引投资，造成无序的产业扩张，形成产能过剩，导致企业、产业和政府都陷入困境。这种教训已经在光伏产业上暴露，可一而不可再。

明确了政府与市场的不同职能，政府要引导产业的升级发展，就会避免直接干预，尽量通过市场的决定性作用来实现促进产业升级的目标。譬如广东为了支持新兴产业，要拿出 100 亿资金，这 100 亿如何分配？用老办法，通过财政厅分配，撒胡椒面，重点不突出，效果

不明显，而且容易造成分配不公和腐败。为此我向时任省委书记的汪洋同志提出建议，通过基金的办法以市场机制来配置财政资源，通过竞争和专业管理，提高了资金使用效率，并能够使政府扶持资金不断发展壮大。这个方式一方面尊重了市场的一般规律，另一方面又帮助政府实现调控目标，同时节约了资金，尊重和发挥市场的决定性作用就能够一举两得。

（二）转变政府职能，必须加强政府公共服务

《决定》指出，"实现发展成果更多更公平惠及全体人民"。政府应当着力建立以权利公平、机会公平、规则公平为主要内容的社会公平保障体系。建立公平的社会保障体系是发挥政府积极职能，防范市场失灵的重要内容。市场经济优胜劣汰的规律决定了市场在优化资源配置的同时也会产生许多失败的被淘汰者。而即使是市场竞争的优胜者有时也难免因为天灾人祸的影响而遭遇难以为继的危机，公平的保障体系能够为市场主体参与市场竞争免除后顾之忧，促进市场经济的和谐健康发展。

建立以权利公平、机会公平、规则公平为主要内容的社会公平保障体系也是科学发展观的要求，科学发展观的核心是以人为本，基本要求是全面、协调、可持续，根本方法是统筹兼顾。贯彻落实科学发展观，重要的任务在于为广大社会成员提供有效的义务教育、基本医疗和公共卫生、公共就业服务、基本社会保障等基本公共服务，使经济发展的成果充分体现为人的全面发展；通过促进人的全面发展为中国经济发展方式转变和经济社会的可持续发展积累日益强大的人力资本。从我国的国情出发，社会公平保障体系的建设主体是政府。在社会公平保障体系中，政府发挥着关键性的作用，这与其公共职能的定位高度相关。

（三）转变政府职能，必须以建设法治政府为导向，落实放权、限权、分权

《决定》要求全面正确履行政府职能，并要求"进一步简政放权，深化行政审批制度改革，最大限度减少中央政府对微观事务的管理，市场机制能有效调节的经济活动，一律取消审批，对保留的行政审批事项要规范管理、提高效率；直接面向基层、量大面广、由地方管理更方便有效的经济社会事项，一律下放地方和基层管理"。落实《决定》的这些放权要求有利于调动社会的积极性，有利于改革红利的进一步释放。

落实《决定》的转变政府职能要求，除了简政放权之外，必须通过法治的手段推进法治政府的建设。为此，《决定》明确要"建设法治中国，必须坚持依法治国、依法执政、依法行政共同推进，坚持法治国家、法治政府、法治社会一体建设"。法治的要义在于限制公权、保障公民权利。这就必须要尊重宪法的权利本位，使政府公权行为法无授权即禁止，公民权利行为法不禁止即自由，《决定》也指出要"维护宪法法律权威"。进一步完善人民代表大会制度，使各级人民代表能够依法对行政权力进行制约，通过制度安排更好地保障人民群众各方面的权益。要在全体人民共同奋斗、经济社会不断发展的基础上，通过制度安排，依法保障人民权益，让全体人民依法平等享有权利和履行义务，进一步实现社会公平正义。

通过完善宪法、行政法的落实和司法适用，完善党内制度体系，将加强和改善党的领导与现代法治条件下对权力的制约有机结合起来，确保党在法治轨道上成为中国特色社会主义事业的核心。限制权力还需要司法体制的配套改革。公权力的有序运行，不能单纯依赖官员的自觉自醒，必须有相对独立的司法威慑。《决定》要求"确保依法独立公正行使审判权检察权"，要根据司法实践当中暴露出来的各种问题，扭转权大于法、公权力任意削减律师、公民权利的行为，《决定》开创性地提出了要"完善人权司法保障制度"。

只有通过真正的落实法治，才能杜绝公权力越位、缺位、错位情况的发生，促进政府职能的有效转变，将权力关进笼子。只有将权力真正关进了笼子，才能真正充分发挥市场的决定性作用。

打破利益格局　释放改革动力[*]

（2013 年 12 月 10 日）

改革无止境，创新无止境，发展无止境，解放思想也是无止境。解放思想是具体的，而不是抽象的，解放思想要有勇气，要有智慧。

大家关心十八届三中全会，有很高期望，都希望中央做出关键性的决策。五月初，我第一次给中央写建议，就是关于十八届三中全会主题的建议，建议有三条：

第一条，希望中央做出关于全面深化改革的决定，现在看来吻合。

第二条，全面深化改革就是经济体制改革、政治体制改革、文化体制改革、社会体制改革、生态文化领域改革这"五位一体"的改革，十八大开了题，十八届三中全会对全面深化改革要有总体部署。因为现在到了关键期、深水区，啃硬骨头，单项改革解决不了问题，必须要全面深化改革。迫切期待三中全会做出改革的总体部署、路线图。

第三条，全面深化改革系统性、整体性、协同性很强，靠部门去推进不行，要建立更高层次的领导机制，因此我建议成立中央全面深

＊　这是高尚全同志在 2013 年中国民商论坛上的讲话。

化改革领导小组，负责总体设计，协调推进。

到了七月初，我觉得还需要进一步向中央提两条建议：

一是，如何进一步发挥智库的作用。我国已建立了不少智库，它们将在改革发展中起到越来越重要的参谋作用。为此，建议中央选择四五个智库，限期交出全面深化改革的方案。这样可以调动各智库的积极性，各智库之间开展竞争，可以提高智库的学术水平；起草小组和智库两条腿走路，可以丰富中央文件的内容。

二是，如何进一步激发广大党员、干部参与改革的积极性。互联网时代，在利用好现代信息工具，又坚持保密的情况下，建议设立一个专门的电子邮箱或者网站，广大党员、干部可以通过这个电子邮箱或网站为改革献计献策，使中央文件起草的过程也是广大干部群众参与的过程，也是形成共识的过程。

两次建议中央领导很重视，也做了批示，有的领导同志给我打了电话，表示赞同。

全面深化改革从哪里入手，突破口在哪里？第一种意见是问题导向，根据当前存在的问题。过去的农村问题是最薄弱环节，就将农村问题作为一个突破口。那么现在我们经济发展过程当中有两大问题，一是生产能力大大过剩，二是地方债务危机。这两个问题影响了经济增长方式的转变和整个国民经济的发展，那么就根据这两个问题制定相应改革措施，因此叫问题导向。

第二种意见是目标导向，即根据我们全面建成小康社会，实现中华民族伟大复兴的目标采取改革措施。

第三种意见是把问题导向和目标导向结合起来。既要考虑近期的改革，又要考虑长期的改革。

习近平同志最近说，中国改革已进入攻坚期和深水区，需要解决的问题格外艰巨，都是难啃的硬骨头。所以必须进一步解放思想，把全面深化改革加以切实推进。

经济体制改革的重点，核心是处理政府与市场的关系，着力解决政府干预过多的问题。因此必须以切实转变政府职能、深化行政体制改革为突破口，因为现在产能大量过剩、地方债务的危机问题都跟行政行为不当、政府转变职能不到位有关系。

那么行政体制改革应该第一要限权，第二要放权，第三要分权。

限权，就是政府的职能是根据法律的授权，是有限政府。计划经济把政府作为创造财富的主体，把老百姓纳税的钱集中到政府，然后政府又把钱投到各行各业去，企业是被动的；社会主义市场经济，要确立市场是配置资源的主体，企业和老百姓是创造财富的主体，政府是创造环境的主体，所以要建设有限政府、法治政府、服务政府。

放权，政府要深化行政审批制度改革，最大限度减少对微观事务的管理，凡是市场、企业能管的一律取消审批。现在各部门都在放，但有的不全放，放权的部分不是关键的部分，关键的往往掌握在政府手里，往往政府的权力最大化，责任最小化，责任就往上推。

分权，计划经济体制是权力集中的体制，市场经济应该适当分散，该集中的集中，该分散的分散。根据中央与地方事权和财权的科学划分，充分调动中央和地方两个积极性。

政治体制改革的突破口在哪里？现在对于腐败问题老百姓意见最大，中央在抓，力度也很大。那么怎样找到突破口，我认为可以考虑建立官员财产公示制度，虽然现在难度比较大，但在世界上已经常态了。俄罗斯总理到中国来，提官员财产公示，他说是常态的事情，他们已经习惯了。而且普京最近处理了几个官员，就是财产公示不实。这样对官员才能有一些约束力，这是一个有效的措施。为了减少阻力，我建议三个率先：一是新当选或新任命的官员率先公示；二是新任官员中领导干部率先公示；三是财产中不动产率先公示。

　　本届论坛的题目叫"深化改革：动力与阻力"。会议的主题很好，改革必须增强动力，减少阻力。我觉得 80 年代改革比现在动力要足，阻力要小，为什么？因为当时中央领导考虑的是，为什么我们搞了几十年社会主义，优越性没有发挥出来，因此必须搞改革。另外人民群众迫切需要，大家觉得为什么搞了几十年，我们还没有改变面貌。在改革中大家受益了，因此，改革的动力较足。现在不一样了。改革要触动既得利益集团，阻力很大。因此改革动力相对来说没有 80 年代足。要改革就必须要打破利益格局，这样改革才能顺利进行。现在阻力重重，不解放思想，不创新理论那怎么行呢？

　　35 年改革开放的过程，就是解放思想的过程，每次改革开放的重大突破都是以解放思想为主导。只有解放思想，才能实现理论创新和体制创新。例如，在历次中央的改革文件中，无论是商品经济、劳动力市场、社会主义市场经济的提出，还是所有制理论的突破，如果没有解放思想，不可能实现理论创新和体制创新。

　　2003 年 4 月 23 日，在温家宝同志主持的起草中共中央关于十六届三中全会《决定》会议上，我大胆作了"改革无止境、完善无止境"的发言。因为"完善社会主义市场经济体制是动态性的阶段性的概念。从理论上讲，经济基础和上层建筑的矛盾是长期存在的，生产力和生产关系的矛盾也是长期存在的；从实践来看，发达国家搞市场经济搞了那么长时间，照样不断出现问题，因此，仍需要不断进行改革。我们不可能在某个时段里建成完善的市场经济体制"。因此，十六届三中全会必须在理论上、体制上突破和创新。首先，"要完善社会主义市场经济体制的内涵。什么是社会主义市场经济体制？原本的定义是市场在国家宏观调控下对资源配置起基础性作用。国家宏观调控作为对资源配置的前提条件，还是宏观调控是市场经济的重要内容？是资源在市场配置的基础上发挥政府的作用，还是资源在政府作用下发挥市场的作用？资源配置的主体是政府还是市场？是政府主导还是市场主导？宏观调控的含义是什么？主要是国家运用经济手段和法律手段，尽量少用行政手段。谁代表国家？当然是国务院代表国家，省里、县里也说要代表国家进行宏观调控。社会主义市场经济就是在社会主义条件下的市场经济，要遵守WTO规则的市场经济，都要遵循市场经济的一般规律。完善市场经济，就是要建立现代市场经济体制。现代市场经济要做到：生产要素市场化，产权结构多元化，经济主体独立化、平等化，收入分配公平化，政府管理法治化。"这是我当时发言的原话。起草小组温家宝组长赞成我的意见，将原来的表述修改为"更大程度地发挥市场在资源配置中的基础性作用"。不再使用"在国家宏观调控下"的表述。后来就不再提到2020年要建成完善的社会主义市场经济体制了。这个实例充分说明，解放思想是具体的，而不是抽象的，解放思想要有勇气，要有智慧。

目前条件下，既得利益集团要维护自己的利益排斥改革，而且打着为了维护党和国家、人民的根本利益的旗号，但实际上恰恰是既得利益集团为了自己的利益牺牲了党和国家、人民的根本利益。因此，我们要进一步推动改革，打破既得利益格局，就必须要解放思想，冲破藩篱。

在市场决定中走向公平可持续

(2014 年 2 月 28 日)

作为以改革研究为己任的中国改革智库，中国改革发展研究院每年都要向社会贡献一本改革年度研究报告，就中国经济社会发展中的重大问题进行深入研究。这也形成了中改院独有的研究品牌。因此，当 2014 年中国改革研究报告《市场决定——十八届三中全会后的改革大考》摆在我面前时，我有一见如故之感。翻阅完这本由中国（海南）改革发展研究院院长迟福林教授领衔主编的书，我认为，中改院从破题市场决定出发，深入分析我国未来几年面临的历史大考，准确抓住了我国发展中的牛鼻子。在十八届三中全会结束短短几个月时间内就拿出这样一份研究报告，很不容易。我很愿意向关心中国改革、关注中国发展的广大读者推荐这本书，并借此谈谈我的几点想法。

巨大的内需市场是中国可持续增长最为突出的优势

在我看来，《市场决定》最重要的是回答了一个各方面都很关注的话题，这就是未来几年中国增长前景究竟如何？近段时间来，我国经济确实面临增长的压力，一些看空中国的声音多了起来。例如，有"末日博士"之称的纽约大学经济学家鲁比尼最近指出，2014 年新兴市场面临数个风险因素，其中中国因素是最大风险，中国经济仍未排除硬着陆可能性。那么，中国在做出全面深化改革部署后，能不能走出一条新的增长路径，从而实现有效增长？这恐怕是各方都高度关注的问题。为此，《市场决定》从正面做了回答，概括起来是三句话：增长有潜力、释放靠转型、前景可看好。

《市场决定》同时认为，尽管有着巨大的潜在内需大市场，但从现实情况看，由于改革在多方面的不到位，相关体制不健全，中国内需大市场充分释放的大环境没有形成。其中最为突出的是消费环境、收入分配结构和投资结构的不合理。释放内需，需要通过市场决定推进三大转型。一是实现资源配置由行政主导转向市场决定，改变资源配置由行政主导的局面，发挥市场的决定性作用；二是实现投资主导向消费主导的转型，加快推进投资转型，实现投资与消费的动态平衡；三是实现从规模城镇化向人口城镇化的转型，以人口城镇化为主要载体、以政策和体制创新为重点，有效释放城镇化的内需潜力，争取到 2020 年基本形成人口城镇化的新格局，并为实现人的城镇化奠定坚实基础。

市场主体的活力是财富涌流的根源

我一直以来反复呼吁，企业和居民才是创造财富的主体。我把经济转型归结为一句话，这就是释放企业与居民等市场主体的活力，真正使他们回归财富创造主体的角色，而不是由政府来配置资源，来创造财富。

例如，浙江等沿海地区之所以成为发达地区，不在于政府在里面投了多少资源，而恰恰在于企业和居民成了市场的主体，其创造财富的积极性得到极大的释放。单靠政府做蛋糕是不够的，市场经济的主体是企业和老百姓，他们是创造财富的基础，只要他们的积极性被激发了，财富的源泉就涌现出来。过去之所以难以调动"千军万马"，根源在于政府成为增长的主体，在资源配置中发挥了决定性的作用。

因此，《市场决定》提出了市场活力的问题，我认为非常重要。它进一步提出要释放市场的三大活力。一是释放市场机制的活力，重点是打破垄断、放宽准入；打破管制、放开价格；打破干预、强化竞争；打破分割、统一市场。二是释放社会资本的活力，重点是稳定社会资本的制度预期，全面放开投资限制，强化社会资本的产权保护，清理与市场决定相冲突的法律条文。三是释放创新创业的活力，重点是放活市场以保障创新创业自由，改革行政审批制度以降低创新创业成本，形成支持创新创业的资本市场等机制，加快政府职能转变以有效落实相关扶持政策。

市场决定资源配置是市场经济的一般规律

"使市场在资源配置中起决定性作用"，是十八届三中全会《决定》的最大亮点。《决定》提出："市场决定资源配置是市场经济的一般规律，健全社会主义市场经济体制必须遵循这条规律。"回答了社会主义市场经济的正确定位。什么叫社会主义市场经济？一直没有很好取得共识，一种理解是，社会主义市场经济就是在社会主义条件下的市场经济，必须遵循市场经济的一般规律；另一种理解是，社会主义市场经济就是社会主义的市场经济，可以不遵循市场经济的一般规律。所谓"中国模式"就是政府主导配置资源。

我很高兴看到，《市场决定》这本书通篇始终贯穿着这个一般规律的主线。尤其是在"市场决定的有为政府"这一部分，明确地界定了政府与市场关系。市场决定资源配置，不是不要政府作用。有效的市场取决于有为的政府，有为的政府重在促进有效的市场。当前经济体制改革，重在"告别政府主导型增长模式"，加快形成政府与市场关系的新格局。我很赞同这些判断。

当然,《市场决定》并不仅仅是从市场角度展开分析,它涵盖了资源配置、国有资本、农村土地、对外开放、有为政府、法治社会、公平竞争等诸多方面,表明研究者对市场决定的理解,既立足于市场,又超越市场。我很赞同文中的判断:市场决定不仅将直接推动经济体制改革的重大突破,也将倒逼政治体制改革、社会体制改革;不仅是改革理论的重大突破,更是改革走向不归路的重要标志。

未来几年是中国改革的关键时期。在这个背景下,《市场决定》在各个领域都提出一些务实的改革建议,我认为很值得关注。我也希望,这本书能够起到抛砖引玉的作用,引出更多理性、务实的改革研究和改革建议,使13亿人的大国尽快走上公平可持续发展的金光大道。

思想转型是全面深化改革的前提条件

（2014 年 3 月 17 日）

在全面深化改革中，经济转型、体制转型乃至政府转型能否顺利进行，关键是思想转型。因此，思想转型是前提和基础。党的十八届三中全会提出全面深化改革的总目标，就是完善和发展中国特色社会主义制度，推进国家治理体系和治理能力现代化。习近平同志在冬奥会上接受采访时指出改革已进入艰难时期，中国改革"已进入深水区，可以说，容易的、皆大欢喜的改革已经完成了，好吃的肉都吃掉了，剩下的都是难啃的硬骨头……改革再难也要向前推进"。

当前阶段的改革之所以难度更大，很大程度上是因为全体社会成员均或多或少受益的增量改革进程已经基本结束，下一步改革的重点是要调整目前已经成型的利益格局，以扭转经济社会结构的不协调、不合理、不公正，并通过对市场经济的完善和对公权力的约束形成新的利益分配机制，推进国家治理体系和治理能力现代化。这样的存量调整必然要触犯一部分群体的利益，而这些能够在过去的体制机制下获得更多利益甚至不合理利益的群体往往又是掌握了更多社会资源的强势阶层，有些甚至就是主导、执行改革措施的公权力持有者和政府部门本身。在这种情况下推进改革，如果单纯从物质层面推进，必然事倍功半，只有从思想转型方面首先突破，才能使改革获得更大的助力，这既是历史的经验，也是现实的选择。

一、思想转型是前 35 年改革的突破口

改革开放 35 年来，我国社会经济状况发生了天翻地覆的深刻变化，这些变化归纳起来，可以总结为五个转变：1. 以阶级斗争为中心转向以经济建设为中心；2. 从计划经济转向市场经济；3. 从封闭半封闭转向全面开放；4. 从人治转向法治；5. 从物资紧张缺衣少食转向小康社会。这五大转变有的已经实现，有的仍在进行过程当中，整体来看，它们都有一个共同点，就是以思想解放为突破口，首先是思想获得转型，继而顺利推动了体制、机制的转变。

以第一个转变为例，十年"文革"结束后，我国虽然进行了初步的拨乱反正，恢复并稳定了国家生活的正常秩序，但"左"的影响依旧强大。"两个凡是"和"以阶级斗争为纲"仍然占据政治和意识形态的主导地位，国家的发展进步仍然受到禁锢。1978 年 5 月开展的真理标准问题大讨论，从思想理论上否定了"两个凡是"，号召人们彻底打破思想枷锁，把实践作为检验真理的唯一标准。真理标准问题大讨论打破了教条式的理论禁锢，恢复了马克思主义思想路线，成为开辟中国特色社会主义道路的奠基石。在"解放思想、实事求是"的思想基础上，1978 年 12 月，党的十一届三中全会抛弃了"以阶级斗争为纲"，把党和国家工作中心转移到经济建设上来。

从计划经济转向市场经济，也同样是从思想方面逐步打开局面的。这个转变首先是得益于真理标准大讨论，正是因为确立了实践是检验真理的唯一标准，所以才使得从实践中得来的认知不断地开始冲击计划经济理论的藩篱。其次，从十二大提出"计划经济为主、市场调节为辅"到十二届三中全会经过多方讨论提出"社会主义商品经济"，这其中经过了充分的讨论、辩论，诸多专家学者在各次会

议、文件以及报纸杂志上碰撞思想，最终达成共识，使我国的经济体制取得重大突破，小平同志高度评价为："写出了一个政治经济学的初稿"。没有思想解放的空间，就不可能在改革进程中取得如此重大的突破。小平同志南方谈话打破思想再次险遭禁锢的阴霾之后，《解放日报》刊登了署名为皇甫平的《做改革开放的"带头羊"》等一系列文章，文章激起极大的争议，但真理在辩论中越辩越明，最终十四大突破性地提出"社会主义市场经济体制的改革目标"，十四届三中全会进一步确立了社会主义市场经济的整体框架。

从人治走向法治也是以思想转型作为先导。"文革"的十年动荡，已经使人们充分认识到人治的缺陷和法治的重要性。小平同志在反思"文革"时指出，"要认真建立社会主义的民主制度和社会主义法制"。在南方谈话时又指出："搞法制靠得住些。"此后，经过法学界以及其他社会各界人士的辨析，对法制的认识更加深入，法制也逐渐升级成为与人治完全对立的法治。思想的转轨最终推动十五大确立依法治国的方略，十五大报告指出："我国经济体制改革的深入和社会主义现代化建设跨越世纪的发展，要求我们在坚持四项基本原则的前提下，继续推进政治体制改革，进一步扩大社会主义民主，健全社会主义法制，依法治国，建设社会主义法治国家。"

与此同时，我还在十五大报告起草时发表了关于"自由"和"人权"的看法，我讲了三条理由：第一，我们每一个人都想一想，问一下自己，你要不要自由？要不要人权？我相信，如果不说假话的话，都要自由，都要人权。说假话是另一回事。第二，《宪法》上都讲到有这样那样的自由，为什么十五大报告就不能说呢？不能因为批判了自由化，结果连自由都不敢说了。第三，民主、自由、法治、人权是人类文明的成果，不是资本主义特有的，我们不能回避它。要老百姓继续跟着共产党走，党要继续执政，就必须把这个旗帜举得高高的。家宝同志思想敏锐，觉得我这个建议有道理，所以他亲自在十五大报告中写上了"保证人民依法享有广泛的权利和自由，尊重和保障人权"。

从封闭半封闭转向全面开放等也都走过了这样的历程，35年的改革历程用实践告诉我们，什么时候解放了思想，什么时候改革就能取得巨大的进步乃至突破；哪个方面率先解放了思想，哪个方面就能获得长足的进步。这里还可以讲一个华为的案例：华为公司1987年成立于深圳，当时有人向中央写报告，提出华为科技公司姓"资"，不姓"社"。为了搞清这个问题，我到深圳实地作了调研。经我们调研发现，华为由主要业务骨干集资入股，国家没有投入一分钱。是劳动者的劳动联合和资本联合的一种形式。这种组织形式把企业的利益和劳动者的利益紧密地结合在一起，激发了职工的积极性和创造性，促进了企业的迅速发展和壮大。所以，这样的企业不是姓"资"的，是为社会主义服务的。华为公司经过26年的建设，已成为全球第二大通讯设备供应商，全球第三大智能手机生产厂，华为的产品应用于140个国家。2012年华为全球销售收入2202亿元人民币，利润154亿元。解决了15万人的就业大问题，从事研发的员工占总员工的45.36%。2010年华为成为全球专利申请最多的公司，结束了飞利浦公司垄断长达10年之久的"霸王"地位。如果我们当时的思想全部向那位给中央打报告的人看齐，就没有今天在世界经济舞台上与跨国大公司角逐的华为了。

二、思想转型是推动当前改革的前提条件

当前的经济社会条件比之改革刚刚起步时物资匮乏的80年代要好得多，同时，改革的总体方向也已经确定，就是不断完善社会主义市场经济，这比过去需要摸索改革的方向要更加有利。但是，就改革

本身而言，当前的改革难度一点都不比 80 年代、90 年代初的改革低，改革的阻力甚至有过之而无不及。主要的原因就是彼时的改革，主要是思想上的障碍，只要能够在思想上取得一定的共识，改革就能够获得立竿见影的效果，同时又为全体社会成员带来收益，进而迅速印证改革思路的正确性，并进一步取得改革的思想共识。当下的改革除了仍然存在的思想阻力之外，既得利益因素已经成为阻挠改革前进的最大障碍。

过去 35 年来的改革虽然取得了极大的成功，但 13 亿人口的大国在转型的过程中必然存在一些制度上的缺漏并导致利益分配格局上的扭曲。改革是社会主义自我完善的过程，当前的改革很大的一个任务就是要补足这些制度缺漏并扭转过去形成的不合理的利益格局。但是在利益格局已经定型的情况下，制度层面上的任何一点改革都会对现存利益结构带来极大冲击。虽然改革是通过调整利益分配格局来促进经济社会的健康、稳定和进一步发展，最终受益的是包括既得利益者在内的全体社会成员，但短期内必然要损及既得利益，改革对既得利益获得者而言总是未见其利、先见其害。在这种情况下，既得利益和腐朽思想就会加速合流，既得利益利用落后的思想来保障其维护既得利益的政治正当性，落后保守思想利用既得利益的权势来弥补自身在逻辑上的缺陷和理论上的虚弱。既得利益与保守思想合流对改革的威胁在于，能够通过制度上的缺漏并在不完善的市场条件下攫取到更多利益的既得利益群体，很多都是体制内的权力持有者，在屁股决定脑袋的情况下，这些负有推动政策落实的人员在思想上难以真正跟上中央的步伐，对十八届三中全会作出的关于全面深化改革的《决定》采取一种消极的态度，这就极有可能使决定在各种阳奉阴违当中无法得到真正的落实，成为一纸空文。

要打破这样的改革僵局，最有效的方法还是要争取思想的转型。

习近平同志就十八届三中全会《决定》向全会作说明时指出："冲破思想观念的障碍、突破利益固化的藩篱，解放思想是首要的。在深化改革问题上，一些思想观念障碍往往不是来自体制外而是来自体制内。思想不解放，我们就很难看清各种利益固化的症结所在，很难找准突破的方向和着力点，很难拿出创造性的改革举措。"改革的攻坚阶段对改革的系统性、整体性、协同性提出了更高要求，要达到改革的目标，形成系统完备、科学规范、运行有效的制度体系，就必然以切断既得利益链条为前提条件。如果思想被既得利益所绑架，那改革就必然顾左右而言他，专注于细枝末节的修补，有意无意地忽略改革核心领域的突破。

思想转型之所以是推动当前改革的前提条件，还在于它是化改革的阻力为动力的重要武器。许多学者在谈及改革时，都将既得利益者与既得利益格局混同，认定其为改革的阻力。实际上，既得利益者并不一定就是改革的阻力。在中外历史上，许多革命家、改革家本身都是原有制度条件下的既得利益者，譬如毛主席是富农家庭出身、周总理出身富商家庭、朱德元帅曾经是旧军阀，他们作为旧制度下的既得利益者，毫不犹豫地投身革命事业，就是因为他们的思想没有被利益绑架，而是跟上了时代的步伐，接受了新的思想，思想的转型促使他们从既得利益者变成革命家，而且，往往这些从既得利益者转化而来的革命者才是革命（改革）的中坚力量，因为他们比那些希望变革的弱势群体更有知识、更有力量去推动社会的变革。因此，不能简单地将过去改革过程中获利的既得利益者归结为改革的阻力，恰恰相反，这些能够成为既得利益者的社会精英中有很大一部分，是可以通过思想转型积极争取的最重要的改革力量。一些事实也已经表明，当下许多思想清晰的成功人士、社会精英乃至体制内的各级官员都认识到了现有发展模式、体制机制的不可持续，并且愿意牺牲自己的利益来推动改革前进。这些既得利益者当中的有识之士，将会是改革有力的推动者。我们可以而且应当通过思想转型将所有愿意为国家繁荣富强、持续发展作出贡献的既得利益者团结起来，建立有利于改革的统一战线。

三、要为思想转型创造良好的舆论环境

人的思想要在现实当中发挥作用，必须经过言论的媒介，使思想表达与众人。思想的转型必然存在新思想对旧思想的冲击和碰撞，思想的碰撞则必然伴随言论的交锋，所以才有真理越辩越明之说，简言之，言论是思想的载体。只有通过言论的辩驳，人们才可以相互启发、督促；言论没有自由的空间，思想就难以实现真正的转型，所谓创新、突破等都将只能是黄粱美梦。推动改革，需要以思想转型为突破口，而思想转型则有赖于一个宽松的舆论环境，如果动辄因言治罪，那么即使开始时的方向是正确的，但是国无诤臣、官无诤友、民无诤言，最终的结果也不会乐观。当我国的改革进入深水区，如果没有良好的舆论环境，就更难以通过思想转型来使改革取得突破。

改革进入到深水区后，改革的对象从能够直接影响社会财富生产的生产力与生产关系之间的问题推进到了更间接但影响又更深远的经济基础与上层建筑之间的关系，一方面，这个层次的改革与意识形态问题更加容易混同，思想解放的难度和敏感度进一步提高。如果不能够与时俱进地解放思想，过去的改革者就可能成为当下的保守者，这个道理与"鸟笼经济"在一大二公环境下是改革进步的，但是在市场经济时代就变成保守落后的是一样的。只有在思想上进行与时俱进的转型，才能够对改革的进度作出正确的判断。另一方面，改革已经不能够通过社会财富的创造立竿见影地证明自身的正确性，而是有赖于运用清晰的逻辑、总结历史的规律、凭借卓越的远见和追随世界的

潮流来探寻要走的改革路线，并最终通过一定时间实践的积累来验证。因此，要实现思想转型，就不能预先划定言论的禁区。试想如果80年代严禁提及商品经济而不是激烈争论，严禁提及股份制而不是允许讨论乃至试行等等，就不可能实现思想转型，我们也就不可能取得今天这样的改革成果。今天系统性、复杂性、协调性更高的改革更需要广泛的讨论，尝试并结合国情吸收各种在国际上行之有效的方法。

当前我国市场经济还不完善，国家治理体系也还不够健全，市场上有毒食品时常出现、环境资源屡屡遭到破坏、雾霾笼罩大半国土，贪腐问题也为人民所关注。这些发展中出现的问题并非我国的特例，一些发达国家和地区也曾经出现过：美国在19世纪末20世纪初也经历了经济快速发展后类似的诚信缺失、环境污染、贪污腐败等社会问题，面对这样的局面，美国的媒体人发动了长达十年的新闻揭黑运动，期间广播媒体曾揭露不良企业用老鼠肉、病死猪制作肉馅，把正在吃早餐的罗斯福总统恶心得把早餐都吐了出来，但得益于美国宪法对公民言论的保护，新闻揭黑运动尽管被一些政府官员嫌恶为"扒粪运动"，但美国舆论界不屈不挠地报道，对国家制度的改良、公民意识的觉醒产生了深远的影响和积极的社会作用，奠定了美国社会繁荣的基础。80年代末至90年代初，在我国台湾地区的新闻媒体也在较宽松的舆论环境当中，通过对"吴苏案"、"萧天赞案"，再到"上上级案"的新闻监督，颠覆了广大司法人员的思想认识，有力促进了台湾司法界的道德自新运动。十八届三中全会《决定》要求"完善和发展中国特色社会主义制度，推进国家治理体系和治理能力现代化……加快推进社会主义民主政治制度化、规范化、程序化，建设社会主义法治国家"，要达到这些目标，必须要破除从政府官员到市场主体的不良习惯、不良思想、不良作风，而要实现这样的思想转型，则必须有一个宽松的舆论环境，使公序良俗能够感染之、鞭策之。

创造良好的舆论环境是为了让不同观点、不同意见能够自由表达并为改革得出最佳的思路，使对政府公权力的监督、批评能够发挥更好的督促作用。与此同时，国家也需要有力的监管来剔除那些渲染黄赌毒、宣传煽动民族分裂、恶意造谣中伤等违宪违法的言论。但我国对舆论的监管还没有完全纳入法治的轨道，不受限制的行政权力对社会舆论随便干预的结果不仅扼杀了思想解放、思想转轨的希望，也使政府本身的宣传丧失公信力。因此，只有将舆论管理真正纳入法治的轨道，才能摆脱这种尴尬局面，由此来看，尽快制定《新闻法》是当下促进思想转型、进而推动全面深化改革的一个可行选择。

关于改革时局的几点建言

(2014 年 4 月 14 日)

十八届三中全会通过《中共中央关于全面深化改革若干重大问题的决定》以来，全面落实《决定》已经成为当下及未来一个时期内党和国家的重要任务。当前，对于落实《决定》既有有利的一面，也有不利的一面。有利的一面在于，中央成立了前所未有的高规格的中央全面深化改革领导小组，使落实《决定》有了坚实的领导核心，改革也已经是民心所向；不利的一面在于，由于前期各种问题的积累，经济下滑的压力较大，既得利益格局顽固，集中因素叠加，势必拖累改革。在此背景下，我提出关于改革的几点建言：

一、如何发展混合所有制经济

关于混合所有制，现在是个热门话题。我看了中石化关于油品经营公司混合所有制的报道，要求很急，第三季度就要融资，但投资者还在观望，要求进上游的垄断领域。混合所有制经济是 2003 年十六届三中全会就提出来了，我也提出建议，因为原来不同所有制在两股道上运行，应通过发展混合所有制，使两股道变成了一股道。我理解十八届三中全会提出的混合所有制重点有二：一是要吸收更多的社会资本，打破垄断，促进经济发展；二是要通过发展混合所有制经济，改善公司治理结构，解决一股独大的问题。不同所有制的代表进入董事会，董事会就有不同的声音，可以解决一人说了算的问题。在发展混合所有制经济中，要避免一哄而上，避免国有资产流失。

二、让市场决定财政资源配置

目前，各级财政的钱很多，这些钱如何通过市场化配置资源是必须解决的一个重大问题。广东为了支持新兴产业，"十二五"期间要拿出100个亿，每年20个亿。按照老体制运作，那就是财政撒胡椒面，关系好的、嗓门大的先给。这种行政配置资源，第一是不公平，第二是资金有去无回，第三是效果不好，容易产生腐败。所以我建议通过市场化配置财政资金的办法：政府通过设立股权投资基金，使投资起到四两拨千斤的作用。政府投资发挥引导作用，引导社会资本进入，成为混合所有制。这种股权投资基金有专门的团队，经专家来论证项目，效果比以前好。项目运转一段以后有效益了，政府就退出并把增值的资金投入新的领域，这样就形成良性循环。广东接受了这个意见，通过股权投资基金，发挥了四两拨千斤的作用。

政府性基金由部门配置的情况值得研究。所谓政府性基金指各级政府及其所属部门，为支持某项公共事业发展，向公民、法人和其他组织无偿征收的非税财政资金。这笔基金数量巨大，2013年全国政府性基金预算收入达5.22万亿，这些钱被各部门视为"私房钱"，被挪用、腐败或投到部门利益的项目的情况经常发生。由于政府基金与部门利益捆绑在一起，所以改革的难度很大，必须要有"壮士断腕"的决心才能推动。

三、建议国务院成立国家金融委员会

建议将证监会、保监会、银监会三个机构合并成立国家金融委员会，由总理或副总理兼主任，证监会、保监会、银监会三个主席任副主任。这样"三合一"，可以精简机构，减少扯皮，提高效率，便于更好地衔接，更好地协调。金融改革的另外一个问题，是互联网金融，来势很猛。互联网金融就是用互联网技术来发展金融，对传统的金融有较大冲击。一行三会都是权力部门，总希望做到权力最大化、责任最小化。在对互联网金融的监管过程中，防范风险，加强监管是应该的、必要的，但不要扼杀新生事物。对互联网金融，第一要支持它的发展，第二要防范它的风险。目前，余额宝 7000 亿，P2P 还不到 1000 亿，还看不出有系统性风险。现在 80 后、90 后青年都通过网上买东西，节省了成本，拉动了内需。所以既要支持发展，又要防范风险。

四、新型城镇化要考虑要素双向流动

新型城镇化是好事情，在社会主义现代化建设中将发挥重大作用，但要避免三个问题：一是有城无市，城造起来，没有市场；二是进城无业，农民进了城，没有职业，所以农村的房子老鼠住了，到城里面买不起房子，只能住地下室；三是搞造城运动，GDP 上去了，政绩出来了，但是国家和农民没有受益。

新型城镇化要考虑要素（如人才、资本）双向流动，一方面农村劳动力怎么进城就业，另一方面怎么鼓励城市里的人去农村创业发展。因为现在看来，一来城市里空气不好，需要改善环境；二来现在互联网技术的发展能够解决一些问题，我的秘书以前的同学，在北京郊区当村官，通过互联网制作销售婚庆产品，找了一些农民加工，促进了农村就地就业，农村也获得了发展。所以，可以鼓励城市有资金、有技术的人下去农村创业。但是政府要给他们创造环境，比如住的地方，能不能买或租宅基地盖新房子，养殖也好、种地也好，这样城市里的人到农村创业，去的人多了，形成新的小城镇，这种国家不花钱的城镇化很有生命力。原来的概念是农民进城变为居民叫城镇化。双向流动，就要有新的思维，这样农村就经济发展了。原来提出2020年要建成小康社会。怎么建成小康社会？关键在农村，农民有资产、有宅基地、有房子、有承包地，但是资产不能变为资本，不能增加财产性收入，如果农民富不起来，小康社会就很难实现。必须创造条件让农民富起来。有人担心农民土地流动了以后，把钱花光了又向政府要钱怎么办？我说这个不对，你不相信农民，照你这个想法，城市里的职工只能搞供给制了，你发了工资职工吃光了怎么办？所以，担心农民把钱花光了向政府要钱的顾虑是没有必要的。

五、政治体制改革要稳步推进

当前，人民群众对腐败很不满意，解决腐败的突破口是什么，我曾建议建立干部财产公示制度，这在国外已经是常态，我们还是有阻力，那么怎么弄呢？我提出三个率先：第一，率先在新上任的官员中建立这个制度；第二，率先在新上任官员的领导干部中进行财产公示；第三，率先公示不动产，因为动产有多少存款、多少股票都是流动的，有多少字画、多少古董没有评估就不知道值多少钱。不动产呢？有多少房子，将来一联网都知道了。建立官员财产公示制度杀伤力是很强的，有人告诉我，他只用了100多万元买到了值300多万元的房子，为什么呢？有的人房子太多了，将来一公布，怕说不清楚所以就吐出来了。

司法改革是政治体制改革的重要内容。通过改革解决司法不公的问题，解决保障人权、财产权的问题。三中全会《决定》有个重要提法上的变化，就是公有财产和私有财产受到同等的保护。宪法上规定，公有财产神圣不可侵犯，公民的合法的财产受法律保护。我不知道你的财产是否合法，怎么保护？切实保护公民的财产权，就可以稳定人心。

我在 2005 年跟一位中央领导同志作了一次深谈，我说现在有人又想搞阶级斗争了，搞搞看，搞的结果是两个大逃亡，一个大破坏。第一，人员大逃亡，第二，资本大逃亡，第三，生产力大破坏。这是我 2005 年向上反映的，现在看不光是私营企业主，还有技术精英，因为环境不好，财产得不到有效保护，就走了。这对国家有什么好处？对党有什么好处？对老百姓也没好处。本来这个钱在中国的土地上将来最终是属于社会的。财富流转到了外国去就什么都没有了。因此公民的财产权的保护非常重要。这是落实十八届三中全会《决定》的重要课题。

六、深化改革，促进经济稳定增长

当前经济下行压力很大，因此稳增长必然会提到重要议事日程。必须通过深化改革促进经济稳定增长，而不是为了保持稳定增长影响改革。现在公家的消费，按照八项规定刹一下非常好，要坚持下去。有的人说，要放开公家消费，这是不对的，因为这是纳税人的钱。但是老百姓的消费要放开，怎么放开呢？是否可考虑发消费券，或者允许企业职工报销一定范围内的消费，最重要的是要下决心减税，降低企业负担，与其将社会财富通过税收集中到政府手里投资，不如将部分税收直接放给人民群众消费。这样通过促进老百姓消费来促进经济稳定增长。比如餐饮业去年总销售额下滑较大，猪肉等农产品价格也随之下降。是不是可以考虑提高各类税收抵扣的额度，这样各纳税主体都可以减轻负担，增加消费，通过改革使老百姓得到实惠，同时政府又扩大了税基，弥补了减税的损失。

十八届三中全会《决定》，是全面深化改革的纲领性文件，但关键是如何落到实处。比如三中全会《决定》提出，各种所有制经济平等占有生产资料，公开、公平、公正地参与市场竞争，同等受到法律保护。这三句话很重要。但是如果不狠抓的话，就会变成空话。因为 20 年以前，1993 年《中共中央关于建立社会主义市场经济体制若干问题的决定》的时候，也讲到了各种所有制经济平等竞争、一视同仁。因为不搞平等竞争、不打破垄断，怎么搞市场经济？

市场决定资源配置是市场经济的一般规律

（2014 年 5 月 9 日）

我学习十八届三中全会精神，体会最深的是两条：一是市场在资源配置中起决定性作用；二是成立了中央全面深化改革领导小组。

政府行政性配置资源造成很大浪费

国内外的实践都证明，政府配置资源效率低下，浪费严重；市场配置资源是最有效的形式。计划经济就是政府行政手段配置资源。例如 20 世纪 50 年代，沈阳有两个相邻的工厂，一个叫沈阳变压器厂，一个叫沈阳冶炼厂，变压器厂需要大量的铜，冶炼厂生产铜，但是企业没有自主权，也没有市场，企业的产、供、销都掌握在政府手里，都是政府来配置资源。所以沈阳冶炼厂生产的铜由冶金部调到全国各地，沈阳变压器厂需要的铜由一机部从全国各地调到沈阳。一墙之隔的两个企业，由于不能直接交易，造成时间和资源的极大浪费。1956年夏天，上海高温天气，企业要购买鼓风机降温，要经过七个上级部门审批，待最后一个部门审批完毕，夏天也过去了。这两个实例，使我有感而发，写了一篇《企业要有一定的自主权》的文章（见《人民日报》1956 年 12 月 6 日第 2 版）。

国外实行计划经济的国家也是这样，1992 年我去过捷克斯洛伐克考察访问，两个副总理见了我，要我去两个大学做了演讲。大家知道捷克的皮鞋很有名，叫拔佳皮鞋，但是搞了计划经济以后就没有名牌了，因为当时计划部门按照捷克斯洛伐克 1600 万人，平均每人 2 双皮鞋，做了 3200 万双的皮鞋生产计划，但生产的结果是，人家需要的买不到，生产出来的人家不要，造成了资源的很大浪费。

这些实例充分说明，通过政府配置资源是不成功的。而我国的改革之所以取得成功，就在于坚持了市场取向，从政府配置资源转向了市场配置资源。

从"基础性"作用到"决定性"作用

党的十四大提出，我们的目标是建立社会主义市场经济体制。十四届三中全会《中共中央关于建立社会主义市场经济体制若干问题的决定》提出，"建立社会主义市场经济体制，就是要使市场在国家宏观调控下对资源配置起基础性作用"。这一理论对我国改革开放和经济社会发展发挥了重要作用。到了十六届三中全会，在《中共中央关于完善社会主义市场经济体制若干问题的决定》起草中，开始仍沿用国家宏观调控下对资源配置起基础作用的提法。我于 2003 年 4 月起草小组大会上着重提出，"使市场在国家宏观调控下起基础性作用"的表述不科学，这样的表述有五点不好解释。

第一，国家宏观调控，变成了资源配置的前提，本来宏观调控是市场经济的内容。

第二，本来市场经济由市场主导，市场来配置资源。这样表述变成政府来主导。

第三，资源配置的主体是市场而不是政府。

第四，宏观调控主要通过经济手段引导，而主要不是行政手段。

第五，谁来代表国家调控。国务院理所当然代表国家，到了下面，各级政府都想掌握调控权，大家调控不就乱了吗？

主持起草工作的温家宝同志觉得我的意见有道理，经过中央同意，最后十六届三中全会的《决定》改为"更大程度地发挥市场在资源配置中的基础性作用"，不再用"使市场在国家宏观调控下对资源配置起基础性作用"。十八大的表述是，"更大程度更广范围发挥市场在资源配置中的基础性作用"，增加了"更广范围"四个字。

十八届三中全会《决定》提出，"使市场在资源配置中起决定性作用"，是三中全会最大的亮点之一。从"基础性作用"到"决定性作用"，两字之变，意义十分重大，是思想上的重大突破，是经济体制上重大理论创新，是对社会主义市场经济的内涵的"质"的提升。正如习总书记所说："作出'使市场在资源配置中起决定性作用'的定位，有利于在全党全社会树立关于政府和市场关系的正确观念，有利于转变经济发展方式，有利于转变政府职能，有利于抑制消极腐败现象。"

市场决定资源配置是市场经济的一般规律

习近平总书记在《决定》说明中指出："市场决定资源配置是市场经济的一般规律，市场经济本质上就是市场决定资源配置的经济。"这一论述非常重要，非常到位，说到了问题的本质。

改革开放以来，我们非常注重吸收借鉴国外创造的优秀文明成果。1984年十二届三中全会《中共中央关于经济体制改革的决定》中指出，"为了根本上改革束缚生产力发展的经济体制，必须认真总结我国的历史经验，认真研究我国经济的实际状况和发展要求，同时必须吸收和借鉴当今世界各国包括资本主义发达国家的一切反映现代社会化生产规律的先进经营管理方法"。为此，《人民日报》约我发了一篇文章，题目是《正确对待西方的管理经验》（1984年11月23

日《人民日报》）。十四届三中全会再次强调"借鉴世界各国包括资本主义发达国家一切反映社会化生产和市场经济一般规律的经验"，并指出"建立现代企业制度，是发展社会化大生产和市场经济的必然要求"。当有人批评股份制姓"资"不姓"社"时，十五大就指出，股份制既不姓"资"也不姓"社"，是资产的组织形式，资本主义可以用，社会主义也可以用。

重视市场经济一般规律，正确处理好一般与特殊的关系

市场决定资源配置是市场经济的一般规律，市场经济本质上就是市场决定资源配置的经济，回答了社会主义市场经济的正确定位。从党的十四大提出，改革的目标是建立社会主义市场经济体制，但什么是社会主义市场经济？三十多年来反反复复，争论不休。一种理解是，社会主义市场经济就是社会主义条件下的市场经济，要遵循市场经济的一般规律；另一种理解是，社会主义市场经济就是社会主义的市场经济，可以不遵循市场经济的一般规律。时至今日，还有人持这种观点，最近还有批判市场化改革的文章充分可以说明。

我一直主张：社会主义市场经济就是在社会主义条件下的市场经济。我在 1993 年 11 月人民出版社《中国经济制度的创新》（从计划经济走向社会主义市场经济）一书中强调："按照我的理解，所谓市场经济，是适应社会化大生产和市场国际化这个客观需要，以市场作为配置资源的经济运行的形式和方法。社会主义市场经济就是在坚持社会主义基本制度前提下的市场经济，就是社会主义条件下的市场经济，市场经济是一般，社会主义条件是特殊。""要从现代市场经济的内在规律出发，来研究社会主义市场经济，既要符合中国的实际情况，又要符合国际惯例，既要求充分的公平竞争，又要严格遵守市场规则。"这是二十年前我对社会主义市场经济的认识。

国内外的经验证明，违背市场经济的一般规律，违背反映社会化大生产的规律，违背市场配置资源，就会受到惩罚，资源就会错配，社会生产力的发展就会受阻。历史经验证明，处理好一般与特殊的关系非常重要。因为市场经济的一般规律是经过长期实践形成的普遍规律，是人类社会的文明成果，是长期积累的共同财富，不是资本主义独有的，不能让资本主义独享，我们必须吸收和借鉴，为我所用，否则太傻了。所以，我们强调特殊的时候，不能否定一般。只是在吸收和借鉴一般规律的时候，不要生搬硬套，一定要符合中国的具体情况。

围绕市场在资源配置中起决定性作用深化经济体制改革

经济体制改革是全面深化改革的重点，核心是厘清政府与市场的关系，着力点要解决政府干预过多和监管不到位的问题。要大力推进要素市场化改革。完善由市场决定价格的机制。凡是能由市场形成的价格都交给市场，政府不进行不当干预。加快推进利率市场化，完善人民币汇率市场化形成机制。

财政资源的配置也要发挥市场的决定性作用。这里也有我经历过的实例。南方某省为了支持战略性新兴产业，"十二五"期间拿出100亿，每年20亿用来补贴。但是这种行政性分配资金，一是缺乏效率，二是资金分配不公，三是容易权钱交易，造成腐败，四是资金无偿使用，有去无回。所以我向省委主要负责同志提出"将财政补贴变为股权投资的建议"，建议引入专业化基金管理公司，把此项财政补贴变为股权投资，充分发挥财政投入"四两拨千斤"的作用，以百亿财政资金拉动千亿社会资金，推动广东经济持续发展。这个建议经过研究论证得到了采纳。实践证明，从政府行政性配置资源转向市场化配置，取得了良好的效果：有利于科学管理，提高资金效率；

有利于吸引社会资本，调动民间投入战略性新兴产业的积极性；有利于良性循环，促进持续发展。现在，中央和地方各部门都有大量的资金，如何通过市场化改革，提高效率和收益，这是学习贯彻十八届三中全会应当研究解决的问题。

有效的市场取决于有为的政府

市场决定资源配置，不是不要发挥政府的作用。有效的市场取决于有为的政府，有为的政府重在促进有效的市场。

政府的职能主要是保持宏观经济的稳定，加强和优化公共服务，保障市场公平竞争，加强市场监管，维护市场秩序，弥补市场失灵，促进共同富裕。

我于 2005 年 6 月 8 日在《人民日报》《政府转型：事关改革发展全局的重点》一文中提出，"加快政府职能转变，积极推进政府从全能政府、管制型政府向有限政府、服务型政府、法治政府转变，是树立和落实科学发展观、完善社会主义市场经济体制、构建社会主义和谐社会的必然要求。"2005 年 10 月 7 日在《人民日报》《关于建设服务型政府的思考》一文中提出，"解决一个矛盾，搞好两个服务，创新三个理念"。所谓"解决一个矛盾"，就是人民群众全面快速增长的公共需求同公共产品的严重不足之间的矛盾。这是社会主义社会的主要矛盾在改革发展进入新阶段的突出反映。为什么现在住房问题、医疗问题、教育问题等各方面的问题都逐渐暴露出来，就是因为公共需求不断增大，但是这方面的供给却没有跟上。政府必须扩大和强化公共服务职能，把主要精力和财力集中到发展社会事业和扩大公共产品的供给上来，切实解决民生问题。

所谓"搞好两个服务"，第一是政府应为市场主体创造公平竞争的环境和提供服务，要看政府在为市场竞争创造公平环境方面做得怎么样。第二是为老百姓的生存发展创造环境提供服务。我们改革也好，发展也好，经济结构调整也好，都是为了一个共同的目的，就是不断提高人民群众的生活水平和质量，不断满足人民群众的物质和文化需要，走向共同富裕的道路。

所谓"创新三个理念"，第一个是，坚持老百姓才是创造财富的主体的理念，政府是创造环境的主体。过去计划经济时代把两个主体的作用颠倒了，政府成了创造财富的主体，政府把纳税人的钱都集中在自己手里，然后通过财政分配分到各行各业，连卖菜的、卖肉的都是国营的。世界上没有一个国家证明这种经济体制是成功的。第二个是，坚持"非禁即入"的理念。凡是法律不禁止的，老百姓、企业都可以进入。这个理念用现在的话来说，叫"负面清单"，除了法律禁止的东西，老百姓都可以干，这样就有了一个创新的环境和空间。过去老百姓、企业办事都必须要政府批准，甚至连汽车改个零件政府都要管，没有创新空间。为什么创新能力不足？就是因为政府管得太多了，创新的想法往往被不懂创新的管审批的人一手掐死。第三个是，坚持依法行政的理念。首先，确立政府只能做法律（法规）规定的事情的理念，消除政府行为的随意性。依法行政是规范政府行为的前提和约束条件，防止个别部门以"法"扩权或越权谋取集团利益。其次，明确政府的公共职能，解决转型中的政府"越位"、"缺位"、"错位"问题，大力减少直接干预微观经济活动的行为，强化公共产品供给和服务。三是完善政府行为的监督机制，政府公共权力的形式要透明，形成政府公开的制度性框架，发挥审计、监督部门、媒体和人民群众的监督作用。

中央成立改革领导小组是全面深化改革的重要举措

国家体改委和国务院体改办取消后，社会各方面对恢复体改机构呼声很高。记得在 2005 年 2 月，国务院常务会议讨论《政府工作报告》时，邀请了九位专家学者，我是其中之一，我提了六条意见，最后一条就是建立改革的协调机制：一是恢复国家体改委，二是中央成立一个高层改革协调小组，三是加强国家发展改革委的改革职能。

我对十八届三中全会寄予很高的期待，于五月初就向中央提出了《关于十八届三中全会主题的建议》，一是建议十八届三中全会作出《中共中央关于全面深化改革的决定》。二是建议中央作出全面深化改革的部署。全面深化改革，涉及的不仅是经济体制改革，而且包括政治体制、文化体制、社会体制以及生态文明等领域的改革。比如政治体制改革，可以把建立官员财产公示制度作为突破口。为了减少阻力，在操作上可实行"三个率先"：新当选的官员率先公示、新任官员中领导干部率先公示、财产中不动产率先公示。三是考虑到改革的系统性、整体性和协同性，必须有相应的高层协调机制，建议成立中央全面深化改革领导小组。这是改革关键时期能否攻坚克难的重要举措，是全面深化改革的重要保障。令人十分欣慰的是，中央对此建议如此重视，这些建议均被吸收到十八届三中全会的《决定》中。

回顾 1993 年《中共中央关于建立社会主义市场经济体制若干问题的决定》和 2003 年的《中共中央关于完善社会主义市场经济体制若干问题的决定》，对我国的改革和发展起到了关键性的作用，但没有建立相应的高层改革领导机制，因此《决定》的落实情况没有达到预期的目标。

十八届三中全会《决定》强调中央成立全面深化改革领导小组，负责改革总体设计，统筹协调、整体推进、督促落实。这是加强和改善党对全面深化改革领导的具体体现，为了发挥党总揽全局，协调各方的领导核心作用，保障改革顺利推进和各项改革任务落实。中央号召各级党委要切实履行对改革的领导责任，把各项改革举措落实到实处。

发展混合所有制经济重点是打破垄断

（2014 年 6 月 11 日）

　　混合所有制经济是促进经济健康发展的重要措施，这次十八届三中全会提出了要发展混合所有制经济，现在成为全国的热门话题，都在讨论要实践混合所有制。这个不是去年的十八届三中全会提出来的，十六大、十七大就提出了。我们也在讨论，我也讲过我的看法，我们过去的经济发展，国有的是一条道，非国有的民营外资的是一条道。这两条道是双轨运行的，甚至政策都不一样，国有经济有国有经济的政策，非国有的有非国有的政策。两个道融合不起来。所以我讲过，要两个道变成一个道，共同为社会主义现代化建设做贡献。这次十八届三中全会又提出了发展混合所有制，但现在各有各的想法，国有经济不愿意放，民营经济不愿意进。国有经济原来是垄断的地位，现在不行了。民营经济，怕这个钱给国有经济用。各有各的想法。为什么要提出发展混合所有制？要促进经济持续地稳定地发展，各种所有制就要能够融合在一起，这样力量就大了。我们现在要提倡发展混合所有制经济，重点是两个方面：

　　一、要打破垄断，要吸引社会资本来建设现代化的国家。这样我们的力量就大了，光靠国有或者是光靠民营都不行，两股力量综合起来就大了。所以进来以后，力量就大了，各种社会资本可以融合在一起，这是一个重点。

二、改善公司的治理结构。过去我参加过国有经济的独立董事，公司治理就是董事长说事。现在混合所有制，各种代表都参加了，就不是一种声音，是多种声音，这样可以改善公司治理结构。董事局可以有多种声音，更适合企业的健康发展。

民营企业现在在观望，它担心会被吃掉。这主要是一个主导权的问题。另一方面，政府也怕一混合，国有经济流失了。所以，怎么办？通过公司的上市——上市公司是规范的，有没有条件上市，都是很规范的，不至于导致国有经济流失，是很公正的。通过上市以后，变成社会资金都进来了，这样，治理结构也可以参与了，将来，混合式经济问题是怎样保护小股东的利益，这个是关键，将来小股东也有代表参加董事会，通过立法和政策保护小股东利益。

政府应当来保证各种所有制经济平等竞争，政府要创造环境。市场决定资源配置，这个是重大的创新。从理论来讲，也是重大的实践问题。因为政治局专门讨论了，为什么提出市场决定经济的作用，因为是按照问题导向，现在承认了市场主体的活力不够。为什么？一个是理论上没有完善，政府干预太多。政府怎么样建立有效的市场，让效益最大化、最优化。那么，光靠市场不行，那政府要干什么？市场能管的，政府就退出来，企业可以管的，政府退出来。政府做服务型政府、有限政府、责任型政府。做公共服务，促进社会的公平竞争。所以政府也要创新。我写过文章，叫《政府要创新三条理念》，第一条是企业和老百姓是创造财富主体，政府再去投入，连买菜都是国有的，实际上没有一个成功的案例。所以政府要管政府的，不能管市场的事情，企业来管了，政府就不能管。理念创新是，政府是创造环境的主体，只有企业和老百姓才是创造财富的主体。老百姓都可以干企业了，凡是企业做什么事，老百姓做什么事都要政府批准，政府养了很多人，要审批，而且往往抑制创新，因为审批的人不懂技术，结果影响了经济的发展。法律不禁止的，老百姓和企业都可以干，加一个创新的空间，所以就放大了。不能认为什么都要政府批准才能干，这样市场就没有活力，就没有创新的空间。

政府只能做法律规定的事情。法律没有规定的，政府就不能干，不能管。这样的话，把老百姓的积极性和创造性调动起来。政府应该做的事情要做好，不该做的事情要退出来。现在为什么要强调政府转型，政府责任要转变，关键是过去越权了，本来不是政府管的，本来是"裁判"，结果又是"裁判"，又是"运动员"；本来政府是管好服务，为老百姓创业服务，但往往服务没有做好，审批有权有利。中国政府希望有权、有利，中国的政府还是比较有钱的，我们的"贫困县"盖起来豪华大楼。国外政府是没有钱的，有钱也不能随便用的。所以政府一定要有三个大的转变。第一政府要放权，第二要限权，第三要分权，该给基层的给基层，该给地方的给地方，从而促进市场经济的发展。

三、依法治国与国家治理现代化

法治政府：发挥市场决定性作用的关键[*]

（2013 年 12 月 18 日）

处理好政府与市场的关系这一重大问题，是推动全面深化改革的关键，其中转变政府职能，又是处理好政府与市场的关系这一问题的核心。但是长期以来，虽然从中央到地方屡屡强调转变政府职能，但又长期难以有效转变，甚至一度出现政府过度干预市场，造成资源错配、产能过剩的乱象。究其原因，就是因为没有彻底落实法治，总是将转变政府职能寄希望于权力的自我克制和收缩，但中外历史都早已证明，这种方式难以取得预期的效果。只有彻底落实依法治国，才能真正使政府转变职能，才能确保改革全面深化。

坚持依法行政才能转变政府职能

发挥市场的决定性作用，就必须排除政府对市场的过度干扰，同时又需要政府做好服务工作和保障工作，创造良好的市场环境并提供有效的社会保障。因此，以法律的形式界定政府与市场的边界，并用法律程序、法律规则矫正政府随时可能出现的越位、缺位和错位，就显得至关重要。

---

* 原载 2013 年 12 月 18 日《人民论坛》。

十八届三中全会《决定》要求全面正确履行政府职能，并要求"进一步简政放权，深化行政审批制度改革，最大限度减少中央政府对微观事务的管理，市场机制能有效调节的经济活动，一律取消审批，对保留的行政审批事项要规范管理、提高效率"。彻底贯彻《决定》的这些放权要求当然有利于调动社会的积极性，有利于改革红利的进一步释放。但是也应该看到，20 年前的十四届三中全会《中共中央关于建立社会主义市场经济体制若干问题的决定》就曾经明确提出"要按照政企分开，精简、统一、效能的原则，继续并尽早完成政府机构改革"，在投资体制改革方面要"用项目登记备案制代替现行的行政审批制"。十年前的十六届三中全会《中共中央关于完善社会主义市场经济体制若干问题的决定》也提出要"深化行政审批制度改革，切实把政府经济管理职能转到主要为市场主体服务和创造良好发展环境上来"。大体的意思一脉相承，但最终却都没有完全落实。

要真正落实行政体制改革，实现简政放权，政治动员短期可以立竿见影，但长期来看，唯有通过法治的手段推进法治政府的建设才是最优选项。法治的要义在于限制公权、保障公民权利。从根本制度上讲，就是通过权利制约权力的方式（限权和放权），以及由此演化而来的权力与权力之间相互制约（分权）的方式来牵制并驱策"权力"这头猛兽，使权力的运行趋利避害。作为规定我国根本制度、保障公民权利的根本大法的宪法和在宪法这个基石上产生的各项法律是实现限权、放权和分权的具体依据。要实现简政放权，有效转变政府职能，就必须要尊重宪法的权利本位，遵守法律的各项规范，使政府公权行为法无授权即禁止，公民权利行为法不禁止即自由。唯其如此，才能杜绝政府对经济的过度干预，才能保证政府正确发挥自身的职能。这个尊重和遵守不能仅仅停留在纸面和口头上，法律规范的强制性特征要求违背宪法和法律的权力行为必须受到惩处，否则宪法和法律就失去了其规范意义，就会沦落为道德口号。因此《决定》指出要"维护宪法法律权威"。这充分体现了党中央对全面深化改革的深刻认识。

从方法论的角度来看，根据目前的实际情况，维护宪法和法律的权威，需要通过完善宪法、行政法的落实和司法适用，完善党内制度体系，将加强和改善党的领导与现代法治条件下对权力的制约有机结合起来，确保党在法治轨道上成为中国特色社会主义事业的核心。宪法、法律的司法适用需要司法体制的配套改革，过去那种实质上隶属于地方的司法体系已经难以发挥法律对地方政府权力的限制规范作用，《决定》因此提出："确保依法独立公正行使审判权检察权。改革司法管理体制，推动省以下地方法院、检察院人财物统一管理，探索建立与行政区划适当分离的司法管辖制度，保证国家法律统一正确实施。"这样的改革步骤，表明最高决策层已经意识到公权力的有序运行，不能单纯依赖官员的自觉自醒，必须有相对独立的司法威慑，展现出大局画棋、小处落子、细点着力、循序渐进的改革思路和策略，值得称道。《决定》还开创性地提出了要"完善人权司法保障制度"。这也是针对司法实践当中暴露出来的各种问题作出的回应，这表明中央力图扭转权大于法，公权力任意削减律师、公民权利的行为的意愿。

只有通过真正地落实法治，才能杜绝公权力越位、缺位、错位情况的发生，促进政府职能的有效转变，将权力关进笼子。只有将权力真正关进了笼子，才能真正充分发挥市场的决定性作用。

释放经济活力关键是建设法治社会

现代科技的发展使现代市场经济的市场交易完全脱离了熟人社

会，交易双方基本是陌生人，市场交易规模和频率也是过去不可想象的，市场交易行为脱离了熟人社会的舆论管制，这样就极易产生各种欺诈以及各种假冒伪劣。但是现代市场经济已经发展出一套成熟的规制陌生人社会大量交易的制度，那就是法治。法治的确立一方面防止了政府对市场的过度干预，保障了市场交易的自由和平等，破除了资源在市场中流动的外来阻力；另一方面，法治又为交易提供了可供交易各方共同遵循的依据，极大地降低了交易成本，保障了海量的市场交易行为的诚信履行，为资源在市场上的流动注入了最重要的润滑剂。

从十四大确立社会主义市场经济以来，我国的社会主义市场经济建设已经取得了长足发展，但也暴露出一些严重的问题，除了前述政府与市场关系没有完全捋顺的问题之外，市场本身出现的一些问题，也与法治的缺失息息相关，这里可以举几个方面的例证。

第一，食品安全问题。这些年来，国内市场的假冒伪劣产品一直冲击着人们忍耐极限，从苏丹红到瘦肉精，从病死猪肉到大头奶粉，肆无忌惮的造假行为令人瞠目结舌。造成这些问题的根本原因就是一个已经突破了熟人社会舆论规制的市场经济却又没有建立起严格的法治规制环境，两头不靠的结果就造成市场乱象丛生。

第二，证券市场问题。我国十年来 GDP 上涨了 302%，成为全球经济增长最快的国家，但股市止步不前，散户损失惨重。证券市场之所以暴露出如此严重的问题，一方面是因为证券市场跟国家法治程度息息相关，证券市场不能依法做到公平、公开、公正，该退市的不退，该处罚的不罚，该受理的案件不受理，股市凭什么吸引资金？另一方面股票不是房产那样的刚需，人们完全可以用脚投票，证券枯荣的指数难以长期进行掩饰。所以证券市场不仅仅是经济的晴雨表，它也是法治环境的晴雨表。最近证监会主席关于证券市场的法治理念和逻辑的发言体现出了一些新意，值得期待。

第三，关门打狗问题。多年来，经济较落后的中西部地区、东北地区都在想方设法地发展地方经济，下大力气进行招商引资。其中一些地区投资软环境差，尤其是法治环境恶劣，公检法沆瀣一气，开门招商，关门打狗。一些地方政府官员不顾地区经济的长远发展，以各种理由侵犯投资者的财产权利，甚至蓄意制造冤案，对外来投资者杀鸡取卵，最终使投资者视到这些地区投资为畏途，断绝了这些地区的长远发展机会。与之形成对比的是，经济发达的江浙地区在商业规则的遵守和对权力的约束方面明显要高出一筹。因此，要振兴落后地区的经济，首先要改变的是这些地区落后的法治思维、法治环境，否则就会事倍而功半。

第四，资本外逃问题。据 2012 年招商银行联合贝恩资本发布的《2011 中国私人财富报告》统计，在个人资产超过 1 亿元人民币的企业主中，27%已经移民，47%正在考虑移民。造成企业家纷纷移民的重要原因之一，是他们对我国的法治缺乏信心，认为不足以保障他们的资产安全，现实中如重庆的情况、湖南的太子奶案等也在不断佐证他们的判断。因此，努力建设法治社会是增强企业家信心，减少国家资金、人才外流的根本途径。

以上种种问题表明，从制度层面上看，正是法治的缺失，限制了市场的决定性作用的发挥：市场交易主体之间虽然已经可以一定程度上完成市场交易，但严重的不确定性使交易成本大幅提高，市场主体的交易意愿严重下降，资源流转的动力不足甚至转移到了境外，市场对资源配置的决定作用就大打折扣，进而导致经济社会活力难以充分释放。要全面深化改革，获得改革的红利，就必须建设一个法治社会。

加快司法体制改革，推进法治中国建设

十八届三中全会《决定》对推进法治中国建设作出了全面的部署，《决定》指出要"建设法治中国，必须坚持依法治国、依法执政、依法行政共同推进，坚持法治国家、法治政府、法治社会一体建设"。

法治国家、法治政府、法治社会的建设都有赖于独立的司法系统的改革和完善。《决定》不仅强调了要"确保依法独立公正行使审判权检察权"，而且为这种独立提供了制度保障。针对当前司法工作中暴露出来的一些问题，《决定》提出要改革完善司法人员管理制度，健全司法权力运行机制，完善人权司法保障制度等，体现了中央通过加强司法工作来落实法治建设的决心。这些改革措施虽然并不能一步到位地解决我国司法工作中存在的诸多问题，甚至还可能在改革过程当中衍生出一些新的弊端，但毕竟是往正确的方向迈出了较大的一步，这是巨大的进步。

与推进司法体制改革同等重要的是，要塑造人民群众对法治的信心。现阶段在实践中大量存在的选择性执法破坏了法律的平等原则，严重消解了人民群众对法治的信心。选择性执法使个案本身看起来并无不妥之处，但是经不起比较，对经济社会生活也有极大危害。比如几家企业都偷税漏税，执法部门只处罚其中一家企业，就处罚个案本身来说是公正的，但是总体来看就是不公正的，就会导致市场环境的不公平，政府又变相地主导了资源的配置，继而造成市场经济资源的错配。因此，要建设法治中国，必须要杜绝选择性办案等自欺欺人的做法。

建设法治中国，必须改变对权力持有者软约束多、硬约束少的状况。长期以来，我们对待权大于法的问题、对滥权导致的腐败问题，

更多地是采取学习教育的方式，希望防范于问题发生之前。学习教育的确能够发挥一定的作用，但是必须要有硬制度兜底。我国虽然是社会主义国家，但是权力最终也都是要通过授权到个体的人来行使，既然我们在确认自身发展阶段的时候知道人的觉悟还没有达到共产主义的高度，那么对行使权力的人的制约就不能主要靠教育、靠自觉，中国两千多年的儒家"礼义廉耻"教育都挡不住王朝更迭的历史周期率，跳出历史周期率唯有限制权力一途。要限制权力，则必须在法治的基础上逐步推进落实民主，民主制度通过限权反过来又能进一步夯实法治，减少权大于法的弊病。所以《决定》提出，"坚持用制度管权管事管人，让人民监督权力，让权力在阳光下运行"。

十八届三中全会《决定》指出："必须更加注重改革的系统性、整体性、协同性"。从当前的改革发展实践来看，经济体制改革是全面深化改革的重点，但掣肘经济体制进一步完善的问题显然已经不仅仅局限在经济领域之内。与市场经济有着千丝万缕的联系的法治已经成为经济体制改革继续突破过程中必须要解决的问题，解决好法治问题正契合习近平同志提出的以重大问题为导向的改革路径。《决定》要求："发挥经济体制改革牵引作用，推动生产关系同生产力、上层建筑同经济基础相适应，推动经济社会持续健康发展。"在深化改革的过程当中以问题为导向，落实法治，是发挥经济体制改革牵引作用的具体体现。

关于国家治理体系和治理能力的几点思考

（2014 年 5 月 9 日）

一、必须明确全面深化改革与国家治理体系和治理能力现代化的关系

党的十八届三中全会《决定》要求："全面深化改革的总目标是完善和发展中国特色社会主义制度，推进国家治理体系和治理能力现代化。"习近平总书记指出："国家治理体系就是在党领导下管理国家的制度体系，包括经济、政治、文化、社会、生态文明和党的建设等各领域体制机制、法律法规安排，也就是一整套紧密相连、相互协调的国家制度。……国家治理能力就是运用国家制度管理社会各个方面事务的能力，包括改革发展稳定、内政外交国防、治党治国治军等各个方面。"这个总目标的提出，反映了我国新时期改革的趋势和新要求，使我们进一步明确了全面深化改革的总目标和总方向。

二、必须通过全面深化改革推进国家治理体系和治理能力现代化

经过 35 年来的改革，改变了党、国家和人民的面貌，经济总量名列世界第二，人民的生活水平也有很大的提高，但离国家现代化的目标还很远，因此，必须在国家治理体系和治理能力上下功夫。要解

决国家根本性、全面性和长期性的问题。推动中国特色社会主义制度更加成熟、更加定型，为党和国家事业发展、为人民安康、为社会和谐稳定、为国家长治久安提供一套更加完善、更加稳定、更管用的制度体系。

三、必须加强法治建设，抓住基本政治制度现代化这个重点

法治最基本的内容是法律至上，依靠民主的立法程序，确保司法机关依法独立行使审判权和检查权，健全权责明晰的司法权力运行机制，提高司法透明度和公信力，保障人权和财产权。加强反腐败体制创新和制度建设，强力推行官员财产公示制度。

四、必须发挥核心价值观作用，推进国家治理体系和治理能力现代化

当前国内社会快速转型、国际环境复杂多变，在加快依法治国的同时，必须充分发挥核心价值观的治理价值作用，树立全社会对道德的敬畏。这样，就可以约束不良行为，增强对各种长期不良行为的抵御力和免疫力。

五、必须借鉴国内外治国理政的经验，推进国家治理体系和治理能力的现代化

习近平强调，一个国家选择什么样的治理体系，是由这个国家的历史传承、文化传统、经济社会发展水平决定的，是由这个国家的人民决定的。我国今天的国家治理体系，是在我国历史传承、文化传统、经济社会发展的基础上长期发展、逐渐改进、内生性演化的结果。国外一些发达国家积累了大量治国理政的经验，我们也必须大胆

地吸取借鉴，不断学习他人的好东西，把他人的好东西化成我们自己的东西，这才形成我们的民族特色。学习借鉴外国的经验，必须要解放思想，那些有利于监督权力运行、有利于权力制约、有利于保障人民权利、有利于长治久安的制度设计为什么不能够大胆借鉴？如果动辄把某些权力运行方式定性为资本主义的，这与把决定资源配置方式的市场经济定性为资本主义有什么区别？因此，国家治理体系和治理能力现代化必须要解放思想。

六、必须发挥人民群众的力量和智慧才能实现国家治理体系和治理能力的现代化

作为一个由人民群众当家作主的国家，国家治理体系和治理能力的现代化必须让人民群众来参与、由人民群众来评判。人民群众不是抽象的概念，要保障每一个公民合法参与并发表言论评价包括国家治理体系和治理能力在内的社会话题的权利。这本身也是国家治理体系和治理能力现代化的一部分。

依法治国与国家治理现代化

（2014 年 10 月）

今年 10 月在北京召开中国共产党第十八届中央委员会第四次全体会议，以研究全面推进依法治国为主题。这是新中国成立以来党的历次中央全会当中，第一次将法治作为全会主题。这个消息不仅引起学界的热切回应，也使全社会都感受到党中央全面推进依法治国的重大决心。党的十八届三中全会提出了国家治理体系和治理能力现代化的目标，法治是实现国家治理体系和治理能力现代化的目标的基础条件，十八届四中全会以全面推进依法治国为核心议题，顺应民意、正当其时。

一、从人治走向法治是巨大的历史进步

依法治国，是对我国历史经验进行深刻总结和反思的结果。我国是有着数千年漫长封建历史传统的国家，坚定走依法治国的道路，从人治走向法治，这是巨大的历史进步。早在 1978 年的十一届三中全会上，邓小平同志就强调指出："为了保障人民民主，必须加强法制。必须使民主制度化、法律化，使这种制度和法律不因领导人的改变而改变，不因领导人的看法和注意力的改变而改变。"但在改革开放初期，关于人治还是法治仍然经历过一些争论和辩驳，随着改革的

推进和法治理论的逐渐厘清，依法治国逐渐成为全国人民和领导层的共识。十四大确立社会主义市场经济以来，依法治国更逐渐发展成为党的重要治国方略。

1997年召开的党的十五大第一次把依法治国、建设社会主义法治国家，作为党领导人民治理国家的基本方略郑重地提了出来。十五大报告把过去"建设社会主义法制国家"的提法改变为"建设社会主义法治国家"，极其鲜明地突出了法治的理念。

1999年3月，全国人民代表大会对宪法进行了修改，明确规定："中华人民共和国实行依法治国，建设社会主义法治国家。"

2002年，党的十六大提出了"推进政治体制改革，发展民主，健全法制，依法治国，建设社会主义法治国家，保证人民行使当家作主的权利"的目标。

2004年，第十届全国人民代表大会第二次会议通过宪法修正案，把"国家尊重和保障人权"新增为宪法的重要条款之一，实现"人权入宪"。

2012年党的十八大强调，依法治国是党领导人民治理国家的基本方略，法治是治国理政的基本方式，要更加注重发挥法治在国家治理和社会管理中的作用，全面推进依法治国，加快建设社会主义法治国家。

2012年12月，习近平总书记在首都各界纪念现行宪法公布施行30周年大会上指出，"全面贯彻实施宪法，是建设社会主义法治国家的首要任务和基础性工作"，"宪法的生命在于实施，宪法的权威也在于实施。"

2013年，党的十八届三中全会将依法治国作为深化政治体制改革的三个需要有机结合的重要因素之一，明确提出："加快推进社会主义民主政治制度化、规范化、程序化，建设社会主义法治国家，发展更加广泛、更加充分、更加健全的人民民主。"十八届三中全会《决定》以单独的一个篇章详细阐述推进法治中国建设，首次提出："建设法治中国，必须坚持依法治国、依法执政、依法行政共同推进，坚持法治国家、法治政府、法治社会一体建设。"三中全会《决定》以极大的篇幅详细论述了落实依法治国所必需的维护宪法法律权威、深化行政体制改革、确保依法独立公正行使审判权检察权、健全司法权力运行机制等等。

2014年2月，中央全面深化改革领导小组第二次会议通过了《关于深化司法体制和社会体制改革的意见及贯彻实施分工方案》。习近平总书记在这次会议中特别强调，凡属重大改革都要于法有据。这次会议还要求加快建设公正高效权威的社会主义司法制度，加快形成科学有效的社会治理体制，促进社会公平正义。2014年6月，中央全面深化改革领导小组第三次会议审议通过了《关于司法体制改革试点若干问题的框架意见》、《上海市司法改革试点工作方案》和《关于设立知识产权法院的方案》。这次会议的内容意味着司法体制改革启动了完善司法人员分类管理、完善司法责任制、健全司法人员职业保障、推动省以下地方法院检察院人财物统一管理、设立知识产权法院等一系列司法改革，为巩固社会主义市场经济的法治基础提供了契机。

回顾十四大以来的法治脉络，20世纪90年代后期至2003年是我国推进依法治国的第一个高峰，突出表现在法治理念的深入人心、"依法治国"作为重要治国方略在党的重要文件中的体现和《宪法》与时俱进的修改。此后，法治建设进入了较平缓的发展阶段，新的《公司法》、《物权法》等与社会主义市场经济息息相关的基本法律相继出台，初步构建了完整的社会主义法律体系，但在法治实践当中，各种权大于法、侵害公民权利的状况时有发生，人们称之"严苛立法、普遍违法、选择执法",权力扭曲法治造成许多老百姓"信访不信法、信权不信法",全社会法治信心受到冲击。这种状况也凸显了国家治理能力、治理体系与社会经济持续发展脱节的矛盾。

十八大产生的党中央新的领导集体总结了过去几十年来国家治理方面的经验教训,尤其是近十年来的经济社会发展状况,再次将"依法治国"作为治国理政的重要方略,并明确提出要实现国家治理体系和治理能力的现代化,这是中国在法治道路上的新的里程碑。

二、依法治国是实现国家治理现代化的必由之路

国家治理体系和治理能力的现代化,从内容上看是包括国家各种行政制度、决策制度、司法制度、预算制度、监督制度等领域的现代化;从目标上看是要为市场经济、和谐社会、民主政治、优秀文化以及良好生态提供有效的制度支撑;而从其运行的规律来看,国家治理体系和治理能力的现代化的本质就是通过严格的法治防止公权力的越位、缺位和错位,并以法治保障公民对公共事务的有序参与,有效表达,在对公共事务的处理进行合法性程序监督的基础上,再附加舆论监督的城墙,既防止公权力的滥权和懒政,也防止私权利的滥用和民粹的煽动,进而实现经济社会环境的和谐发展。

与现代化的国家治理体系和治理能力相比,我国长期封建历史中形成的统治管理模式的特征是管理主体的孤立、管理维度的单一、价值追求的分裂和最终结果的分野。传统的统治管理模式的管理主体仅仅是公权持有者,这种权力还往往不是来自于民众的选择,更多地是来自于武力的强权或世袭的血统,所以是"孤王"、"寡人"以及他们的"爱卿"或"奴才"构成的对立于被统治对象的统治集团;在管理维度上,则是"民可使由之"、"君要臣死、臣不得不死"这样单向的命令和施压;在价值追求上强调统治的稳定和秩序而非民众的

福利；它的最终结果是管理者与被管理者之间张力的不断扩大，最后分崩离析，导致社会的混乱，在这个过程中，不断地出现大面积权力寻租带来的灰色双向互动并导致潜规则盛行。

推进国家治理体系和治理能力的现代化，首先需要管理者和被管理者在价值观和利益上的高度统一，也就是说国家治理体系和治理能力的现代化的基础是有真正代表人民利益的政党和人民选择的政府，这就意味着《宪法》的落实至关重要。我国《宪法》开宗明义"一切权力属于人民"，因此落实《宪法》是国家治理体系和治理能力的现代化的基础，而落实和实施《宪法》同时也是依法治国的重要内容。

其次，现代国家层级、功能繁杂，权力的运行分解授权给诸多的部门和人员，保障国家及经济社会的有效运行必须有章可循，有法可依，有法必依，但当前有关法律的缺失以及其他约束公权力运行的法律的疏漏，执法过程粗放不规范，不仅造成了大量的执法争议，也影响了人民群众对法治的信心。要实现国家治理体系和治理能力的现代化，必须补足依法治国的这项短板。

再次，必须依法保障人民群众的言论表达权利、保障媒体的舆论监督权利，这实际是落实《宪法》权利的内容。之所以单独着重提及，是因为言论自由和舆论监督是实现管理者与被管理者之间由传统的单向施压走向双向互动的一个重要转变通道，晚清及军阀混战时期老百姓"莫谈国事"、"道路以目"，而现代国家治理体系当中新闻媒体却是"无冕之王"，当前我国的言论环境、舆论环境还缺乏法治的保障，要实现国家治理体系和治理能力的现代化必须尽快推动《新闻监督法》这样法律的制定和实施。

最后，独立、公正的司法是实现权力与权利平衡的关键，也是国家治理体系和治理能力能够实现现代化的保障。法律区别于道德的最大特征在于法律具有明确的评判和惩戒机制，权力脱离规章制度的约束如果得不到惩戒，遭受侵害的权利得不到补充，那么这种国家治理与传统高压统治就没有区别，现代国家治理体系中独立、公正的司法就是悬挂在公权力头顶的达摩克里斯之剑，保障公权力的公正运行。同时，独立、公正的司法还可以避免在权力依法合规合理运行的情况下，权利主体以弱势为由的无事生非，防止民粹的产生。

三、实现国家治理现代化需要解决依法治国从理论层面到实践适用的多个瓶颈

从十五大报告正式提出将"依法治国"作为治国基本方略至今，十几年来，党的各项文件对"依法治国"的重视程度只高不低，但我国的法治建设状况仍不够理想，乃至十八届四中全会要专门以全面推进依法治国来作为中心议题。出现这种状况的原因是法治进程当中从理论层面到实践适用都存在的阻碍进步的瓶颈尚待突破。

第一，党的领导与法治限权的关系。

法治的核心在于限权。作为社会主义国家，我国《宪法》明确规定中国共产党是掌握和行使绝大部分公权力的执政党。因此，在全面推进依法治国的进程当中，限制公权力的过程，实质上也是规范和约束党和政府的权力的过程，全面推进依法治国的进程在很大程度上也是要全面规范和约束各级党组织和各级政府的权力范围和权力行使方式的过程。全面推进依法治国的一个重要的方面是通过规范和约束各级党组织、各级政府的权力范围和行使方式，避免行使权力的特定组织和个人以党的名义滥权，改善党的领导，并最终加强党的领导，进而克服国家治理体系和治理能力的现代化过程中的弊病。由于这个话题的敏感性，长期以来，大部分人谈法治的时候不提对执政党履行执政权力的规范和约束，但如果不从逻辑上而仅从表面上去理解和执

行加强党的领导，就出现小平同志批评过的状况："加强党的领导，变成了党去包办一切、干预一切"，结果与依法治国背道而驰。以法治的方式规范和约束党的权力不是削弱党的领导，而是改善党的领导，最终目的正是加强党的领导。

党的领导与以限权为核心依法治国二者之间的关系是相互促进，而不是矛盾的。中国共产党作为执政党，就是领导和支持人民当家作主。党是依法治国的倡导者，党同人民一起制定法律，党又必须自觉地在宪法和法律规定的范围内活动，真正做到党领导立法、保证执法、带头守法，那种认为党的权力不受任何制约，"把领导人说的话当做法"，不赞成领导人说的话就叫'违法'，领导人的话改变了，'法'也就跟着改变"的做法是错误的。因此，法治的概念，是民主和法制相结合，是同人治相对立的。

第二，党的领导与独立司法的关系。

长期以来，虽然《宪法》明确规定了法院和检察院独立行使审判权和检察权，但是独立司法总让一些人闻之色变，似乎司法一独立，党的领导就会被削弱，于是不断地出现要求司法"服务大局"、要求律师"讲政治"等令人侧目的言论。实际上，无论是从理论还是从事实出发，独立司法都有利于加强和改善党的领导，不独立才会削弱党的领导。独立司法在制度层面上的意思众所周知，它的核心目的是保障法官、检察官等司法人员能够仅遵从法律的规定而不被权力等因素扭曲，确保司法本身的公正并使人们确立司法公正的信心。司法机关据以作出决断的基础是立法机关制定的法律。我国的立法过程就是党领导人民把人民的意志和要求变成党的政策并通过人大立法程序上升为法律的过程，法律是经过实践检验和法定程序上升为国家意志的主张。因此，法官、检察官、律师严格遵照法律行使权力或权利，就是从根本上坚持党的领导，法治才是最大的大局，独立司法加强了而非削弱党的领导。从近些年的事实来看，要求司法服从于某个领导认为的大局、服从于某个地区党委政府的特殊要求，其结果是制造了冤假错案，严重地破坏了法治。中央全面深化改革领导小组第二次会议对司法改革作了全面部署，其中很重要的一个方面是加强地方各级法院的独立性，这是完全正确的，是迈向国家治理体系和治理能力现代化的重要一步。

习近平总书记提出的"党的领导、人民当家作主、依法治国三者的有机统一"，是国家治理现代化需要实现的目标，也是社会主义法治整体健康运行的结果。对"党的领导、人民当家作主、依法治国三者的有机统一"不能庸俗化地理解为在个案当中原本应当独立司法的司法机关要服从当地党组织的指示、要屈从于当时当地的某种"民意"，而是要在每一个个案当中严格遵循法律的规定，坚持司法的独立和公正。唯其如此，才能实现习近平总书记提出的"让人民群众在每一个司法案件中都感受到公平正义"的要求，才能真正实现党的领导、人民当家作主、依法治国三者的有机统一。

第三，司法公正与舆论监督的关系。

互联网的兴起使舆论环境发生翻天覆地的变化，司法公正尤其是个案的公正因其矛盾的集中和激烈以及中间可能夹杂着的腐败因素自然成为网络舆论关注的热点。一些律师群体通过微博、微信等自媒体将他们认为是枉法裁判的案件以及公检法机关侵害当事人权益的行为诉诸于网络舆论。客观来看，这种做法一定程度上遏制了权力对司法的扭曲，但在个别案件中，舆论也会对司法的客观公正造成一些负面影响。因此，如何保障舆论监督在促进司法公正的过程中发挥积极的作用，是全面推进依法治国的重要内容，是防止独立司法产生负面作用的重要手段，也是实现国家治理体系和治理能力现代化的应有之义。

　　捋顺司法公正与舆论监督的关系必须在明确法律界限的基础上解放思想，司法机关应当接受舆论的监督，独立的司法也需要舆论的监督，国家甚至还应当制定法律来保障舆论监督的权利。与此同时，司法机关尤其是法院又要保持自身的专业性和独立性，在坚持独立司法、司法中立的基础上不随意为舆论所左右。此外还必须认识到，那些发起舆论监督的律师并非法治的敌人，相反，律师是全面推进法治最重要的力量，是最希望实现法治的群体，由律师和律师群体发起的舆论、质疑和监督更具有专业性，更值得重视，当然，这并不意味着所有舆论监督和质疑中提出的意见都是正确的。

　　第四，体制改革与依法治国的关系。

　　毫无疑问，国家治理体系和治理能力现代化是体制改革的重大内容和目标，习近平总书记在中央全面深化改革领导小组第二次会议指出："凡属重大改革都要于法有据。在整个改革过程中，都要高度重视运用法治思维和法治方式。"过去在法治不完善、法律体系不完备的情况下，改革缺乏系统法律框架的约束，基本上是以经济效益最大化为导向，有的甚至直接突破了当时的法律和政策，比如小岗村村民用血手印约定共同承担刑责。在特殊的历史条件背景下，突破陈旧的法律框架的确能使改革突飞猛进，但在当下法律体系初步建立的情况下完全忽视法治环境，不仅不能带来改革的迅速推进反而会造成公平的缺失以及各种挂羊头卖狗肉的侵害群众权利的假改革泛滥。要落实习近平总书记所讲的"在法治的框架内、用法治思维和法治方式有效推进改革"的要求，处理好体制改革与依法治国的关系，必须在两个方面有所加强。一是要加强中央决策的效率，对必须要立法铺垫的改革事项能够迅速作出决策并推进立法，避免迁延，当然立法本身要科学，不能只求速度，十八届三中全会成立的全面深化改革领导小组为此创造了有利的条件。二是要在市场经济条件下充分发挥市场主体和司法机关的作用。部门立法主导的法律、法规构成的现有法律制度体系在哪些方面阻碍经济的发展、阻碍创新和进步，市场主体了解得最及时、体会得最深刻、掌握得最全面。如果那些阻碍经济发展、阻碍创新进步的各种行政法规，部门、地方规章以及红头文件都需要中央去清理，那显然是不现实的。在部门利益的格局下，也不能寄希望于各地方和部门的自我清理，只有赋予广大市场主体对行政法规等这些抽象行政行为完整的诉权，使市场主体可以通过司法途径以诉讼的方式废止各种制造玻璃门的抽象行政行为，才能使体制改革在法治的轨道上迅速推进，使市场主体发挥出最大的活力，创造最大的红利。

依法治国的重点在约束公权、保障民权

（2014 年 11 月 15 日）

今年是《中共中央关于全面深化改革若干重大问题的决定》发布一周年，同时也是《中共中央关于经济体制改革的决定》发布 30 周年，更重要的是十八届四中全会通过了《中共中央关于全面推进依法治国若干重大问题的决定》。这里我主要讲两点，第一，全面深化改革一年来的特点；第二，学习中央四中全会决定的初步体会。

一、全面深化改革一年来的特点

我想讲讲一年来中央全面深化改革领导小组的几个工作特点：

一是狠抓落实。1 月 22 日召开的第一次会议，通过了中央全面深化改革领导小组、各专项小组的组成及其工作规则和细则，把三中全会规定的改革任务分解为 336 项改革举措，落实到协调单位、牵头单位和参加单位。第二次会议把 80 条重点改革措施作为重点督办并要求按时完成。从全面深化改革第一次会议到现在，抓住落实不放松，正在改变过去《决定》落实不够的问题。

二是强调改革的针对性和实效性。中央全面深化改革领导小组第三次会议强调要按改革的问题导向，提高改革的针对性与实效性，把有利于稳增长、调结构、防风险、惠民生的改革举措往前排。

三是体现了改革的全面性、系统性，同时突出了重点。比如说经济体制改革突出了财税体制改革和农村体制改革，政治体制改革突出了司法改革。

四是强调重大改革都要于法有据，强调要运用法治思维和法治方式来推进改革。

所以，一年来成绩很大，特别是有了强有力的全面深化改革领导小组，而且总书记亲自抓、亲自主持会议，成效很突出。过去中央作出的"决定"就没有这样强有力的组织保障。

去年5月份，我向中央提出三条建议：

第一，中央十八届三中全会到底作什么决定，我提出希望中央作出全面深化改革的决定。

第二，全面深化改革要有个路线图，现在大家对腐败的意见最大，因此要把怎么反腐败的制度建设作为重点，把建立官员财产公示制度作为突破口。考虑到这个问题阻力很大，国外是常态，我们还没有采取，因此我提出"三个率先"：一是率先在新上任的官员当中公示，二是率先在新上任官员当中的领导中公示，三是率先公示不动产。动产是流动性的不容易测度，不动产是固定的，你有多少住房，一联网就显示出来了。这个消息一出来，住房多的或者来路不明的都要吐出来，有人原来三百万一套的房子，现在一百万就卖了。

第三，要有强有力的深化改革领导小组，而且建议总书记当组长，总理当副组长。这个建议中央非常重视，领导做了批示，建立了中央全面深化改革领导小组，现在看来执行的结果比原来我预期的要好。我2005年给国务院提出三条建议，第一是恢复体改委，第二是国务院成立一个领导小组，第三是要加强发改委的改革职能。后来由于全面深化改革，经济体制改革、政治体制改革、文化体制改革，光恢复体改委解决不了这些问题，所以建议成立中央全面深化改革领导小组，一年来的实践证明，成立中央全面深化改革领导小组这个决定是完全正确的。

二、学习中央四中全会决定的初步体会

《中共中央关于全面推进依法治国若干重大问题的决定》发布后，我认真进行了学习，有一些初步体会：

第一，"两轮驱动"才能实现中华民族伟大复兴的中国梦。习近平总书记说，十八届三中全会《中共中央关于全面深化改革若干重大问题的决定》和四中全会《中共中央关于全面推进依法治国若干重大问题的决定》是姊妹篇。全面深化改革解决动力问题，全面推进依法治国解决保障问题。全面深化改革需要法治来保证，全面推进依法治国需要深化改革。按照问题导向，法治建设还存在许多不适应、不符合国家治理现代化的问题，主要是：1. 法律法规未能全面反映客观规律和人民愿望；2. 有法不依、执法不严、违法不究现象比较突出；3. 一些政府工作人员特别是领导干部知法犯法、以言代法、以权压法、徇私枉法现象依然存在。改革要以问题为导向，最终实现目标导向，改革与法治"两轮"驱动，才能实现中华民族伟大复兴的最终目标。

第二，"两个一字之差"，是对依法治国认识的重大飞跃。在十五大报告起草阶段，最初的提法是依法制国，后来用了依法治国。我参加了文件起草，争议较大，最后中央决定用了"依法治国"。用了"治"，"治"是治国理政，意义深刻，表明与人治相对立，这个一字之差是个巨大的进步。这次《决定》中提出"建设中国特色社会主义法治体系"，从法律体系到法治体系，虽然是一字之差，但表达了法治目标的提升，内容涵盖得非常深刻，把党的法规也纳入到法治体系。两个一字之差，体现了我们对依法治国认识上的飞跃。

第三，"两个首先"，体现了宪法的尊严和权威。《决定》指出：

"坚持依法治国首先要坚持依宪治国，坚持依法执政首先要坚持依宪执政。"这个讲得非常到位。治国理政与发展经济一样都有一般的规律。市场经济的一般规律就是由市场决定资源配置，这是十八届三中全会提出来的。1993年《中共中央关于建立社会主义市场经济体制若干问题的决定》发布后，人民出版社给我出了一本书，叫《中国经济制度的创新》，当中强调了"社会主义市场经济就是坚持社会主义条件下的市场经济，市场经济是一般，社会主义是特殊。""历史经验证明，处理好一般与特殊的关系非常重要。市场经济的一般规律是经过长期形成的普遍规律，是人类文明的成果，是人类的共同财富，不是资本主义独有的，不能让资本主义独享，我们必须吸收和借鉴。"要搞社会主义市场经济，首先要把一般的规律借鉴好、运用好，不能因为社会主义排除了一般，跟一般对立起来。治国理政也有一般规律，法治就是一般规律，我们要掌握好一般的规律和中国的特殊情况，我们要坚持党的领导，坚定不移地走社会主义法治道路，但是我们也不能排除一般，世界上治国理政的一般经验，我们要借鉴好。习近平总书记在《决定》说明中指出，建立宪法宣誓制度，这是世界上大多数有成文宪法的国家所采取的一种制度。这样做，有利于彰显宪法，增强公职人员宪法观念，激励公职人员忠于和维护宪法，也有利于在全社会增强宪法意识，树立宪法权威。法治都是人类长期积累的文明成果，我们要根据中国的情况学习借鉴好。

第四，约束公权，保障民权，是实现依法治国的"两个重点"。首先是约束公权。在反腐中，最深刻的经验教训是，权力必须被约束和监督，必须把权力关进笼子里。周永康、徐才厚所以严重犯法，就是因为滥用权力，权钱交易，权力没有约束，必然腐败，这也是一般规律。国家能源局一个副司长叫魏鹏远家里搜出了两亿多现金，为什么贪污了两亿多呢？主要原因，一是权力过大，权力过于集中；二是对权力缺乏监督，缺乏约束。既是宏观政策的制定者，又是执行者，没有约束。民间流传这样三句话，"黑头法律文件不如红头文件，红头文件不如领导批示，领导批示不如领导电话"。必须把规范和约束公权作为重点。任何组织和个人都必须在宪法法律范围内活动，都必须依照宪法、法律行使权力和权利，都不得有超越宪法和法律的特权。因此，全会《决定》"推行政府权力清单制度，坚决消除权力设租寻租空间"，"推进各级政府事权规范化、法律化"，"坚持法定职责必须为、法无授权不可为"，"建立重大决策终身责任追究制度及责任倒查机制"，严格追究行政首长、负有责任的其他领导人员和相关责任人员的法律责任；为了加强对司法活动的监督，让人民群众在每一个司法案件中都感受到公平正义，必须完善司法管理体制和司法权力运行机制。为了确保依法独立行使审判权和检察权，建立领导干部干预司法活动、插手具体案件处理纪律、通报和责任追究制度，违者要给予党纪处分和追究刑事责任。

保障民权是立法的重点领域，全会《决定》指出："必须坚持法治建设为了人民、依靠人民、造福人民、保护人民，以保障人民根本权益为出发点和落脚点，保证人民依法享有广泛的权利和自由、承担应尽的义务，维护社会公平正义，促进共同富裕。"

为了保障公民权利，必须加快完善体现权利公平、机会公平、规则公平的法律制度。保障公民权利，就是要保障公民人身权、财产权、基本政治权利等各项权利不受侵犯，保障公民经济、文化、社会等各方面权利得到落实，实现公民权利保障法治化。完善对涉及公民人身、财产权益的行政强制措施实行司法监督制度。为了加强人权司法保障，必须强化诉讼过程中当事人和其他参与人的知情权、陈述权、辩论权、申请权、申诉权的制度保障，真正做到人民权益要靠司法保障，法律权威要靠人民维护，通过公正司法保障人民权益。

四、互联网是改革新动力

关于加强资本市场支持互联网
企业发展力度的建议*

（2014 年 9 月 16 日）

据中国互联网协会《中国互联网发展报告（2014）》，中国互联网用户已达 6.18 亿，2013 年中国网络经济整体规模达到 6000 亿元，网站总数量共计 320 万个，"2012 年中国互联网 100 强"企业营收总规模超 2000 亿元。预计到 2017 年，中国网络经济规模将达到 1.7 万亿元。

互联网对社会的影响不只是创造了巨大的经济规模，以互联网为基础的高科技行业代表了中国乃至世界最先进的生产力，是一个国家科技与经济综合实力的标志。中国互联网行业则是中国所有产业中少数在技术水平、行业规模和影响力方面处于世界领先地位的产业。譬如近期准备在美国上市的国内著名互联网企业阿里巴巴集团，它将通过 IPO 交易筹集 243 亿美元资金，是美国资本市场有史以来按市值计算的最大 IPO 交易，规模远超维萨、通用汽车、Facebook 这些美国知名企业。

党和国家领导人对互联网行业充分重视，习近平总书记亲自担任

＊ 这是财新记者对高尚全同志的专访稿。

中央网络安全和信息化领导小组组长，他强调，网络安全和信息化是事关国家安全和国家发展、事关广大人民群众工作生活的重大战略问题，要从国际国内大势出发，总体布局，统筹各方，创新发展，努力把我国建设成为网络强国。

与互联网和互联网企业的重要性不相称的是，国内资本市场对互联网企业的支持力度非常有限，尤其是 A 股市场的现有体制机制与互联网企业的发展需求不兼容。这不仅导致大量优秀互联网企业外流到美国上市，还造成以人民币基金为主流的国内资本对具有创新基因的互联网企业缺乏投资动力，最终阻滞了经济结构的转型，这种情况亟待改变。

一、资本市场与互联网企业

中国互联网产业的发展离不开资本市场的极大推动作用。

互联网作为一个全新行业，从发展之初就与传统行业有着截然不同的经济特征。这里没有上下游的明确分工，品牌和规模优势也没有工业经济表现得那么明显。在互联网行业，中国不再处在廉价世界工厂的地位，而是与美国等发达国家一起，大体上处在创新和重新构建市场格局的同一起跑线上。所以大多数时候，中国互联网行业直接和国际跨国集团面对面地竞争。中国的互联网企业勇于参与这一竞争格局的主要因素，包括市场环境、创新的商业模式以及资本等等，其中资本因素在许多阶段发挥了关键性作用。

互联网企业的商业模式是清晰并且独特的。传统企业开始就必须盈利，依靠自身盈利循环由小到大。但互联网企业则不同。在起步阶段，互联网企业要创造好的产品，并免费提供给用户。这时是净投入期，没有收入，更谈不上盈利。当产品赢得用户口碑后，由于是免费的，往往会迅速地大量普及，为企业赢得海量用户。这时企业开始将用户流量进行商业变现，获得一定收入来维持团队运营，但从资本角度依然属于净投入期。待产品的用户持续增长并且商业价值得到成功体现，流量变现形式会更加丰富和稳定，企业实现可观盈利的同时可以满足自身的循环发展，这就进入了净产出期。从国内外经验看，互联网独特的商业模式取得了普遍的成功，美国的谷歌和脸谱，中国的腾讯、阿里巴巴和百度，都依靠这种模式取得了巨大成功。但在净投入期，互联网企业迫切需要资本的大力支持。

互联网企业的发展过程中，天使投资（AI）、风险投资（VC）、私募股权投资（PE）和首次公开上市（IPO）是其依赖的主要融资途径。互联网企业创业初期大多以 AI 为主，这时企业往往刚有发展思路或刚推出产品；当产品赢得一定数量用户，就可通过 VC 进一步融资；在企业达到一定规模，如用户数达到海量级别并实现稳定的收入时，企业可通过 PE 来获得更大规模的融资；成功的互联网企业必然会走向 IPO，一方面企业通过上市获得品牌的提升和长期持续的资金支持，另一方面前期帮助企业发展的 AI、VC 和 PE 要通过上市实现退出。

资本市场加速了互联网企业的发展进程。国内互联网企业在初期要获得传统融资方式比较困难，AI/VC/PE 的出现，打破了传统的融资体系，不仅为孕育新的经济增长点提供了资金渠道，而且 AI/VC/PE 以公司董事会成员的身份参与企业的战略决策，完善了公司治理结构，为企业在管理、营销方面提供服务和监督，有助于企业改善经营绩效，最后协助公司公开上市，实现企业和自身投资的增值。

中国互联网企业在创业之初，就普遍与资本市场发生着紧密联系。据中国互联网协会报告，仅 2013 年，中国创业投资市场就发生1148 起投资，其中互联网行业的投资案例数位居第一位。从企业发展历史来看，腾讯、阿里巴巴等企业也是在早中期阶段获得了资本的大力支持才有了今天的成就。

当前存在的问题是，国内资本市场的体制不适应中国互联网企业的高速发展，大量优质互联网企业都到境外上市。中国几乎所有互联网企业都是在外资资本的支持下发展起来的。即使国内私募股权投资市场近些年来活跃至近乎全民 PE 的程度，也鲜有人民币资金投资互联网企业。从过去的门户网站到今年火热的互联网金融企业，各阶段的并购投资几乎全是美元基金，原因何在？是国内融资环境不好？还是人民币基金理解不了互联网行业的商业模式？我们认为，根本原因在于国内资本市场没有给互联网企业提供 IPO 及上市的制度支持，人民币基金在没有退出途径的情况下自然不会投资互联网企业。

二、大量互联网企业到美国上市

一直以来，中国互联网企业很少考虑在境内上市，不是不想，而是不能。除腾讯在香港上市外，阿里巴巴、百度、奇虎 360、京东等几乎所有知名的互联网企业都选择去美国上市，新一代移动互联网企业也早早确定了海外 VIE 结构并以在美国上市为目标。其实，用户在国内、客户在国内、品牌知名度在国内，互联网企业何尝不知道在国内上市是最理想的选择，但问题在于国内上市实在太难。分析其原因，可以归纳为以下几点：

第一，财务门槛。中国虽有创业板，但上市门槛高，对盈利有明确要求，这就将绝大多数互联网企业关在创业板门外。如前所述，互联网企业早中期是净投入阶段，在上市之前很难实现盈利。纳斯达克市场则在财务方面更看中实质，比如收入和营业利润的趋势，而不是单看是否盈利。

第二，法律门槛。有些互联网企业已满足盈利要求，但 A 股市场在法律法规方面又有太多限制，导致企业在公司治理、员工激励等方面无法像美国市场那样灵活安排。比如，阿里巴巴虽然满足国内市场对盈利的要求，但其独特的合伙人制度是中国《公司法》不允许的，因此也只好去美国上市；再比如，互联网企业给员工发期权是非常普遍的，但 A 股的监管政策不允许上市前股权不清晰，申报 IPO 排队期间也不允许股权有变动，这导致企业人力成本提高，同时也使企业很难吸引人才。

第三，审核漫长。对于已实现盈利的互联网企业，申请 A 股上市又面临审核时间过长的问题。互联网是个日新月异的行业，但 A 股上市等待时间太长。比较而言，美国市场在申请上市的流程上比较简单，挂牌交易的时间大大缩短。例如今年 6 月在美国上市的迅雷，从提交申请到挂牌上市仅用了一个多月的时间，而同为互联网视频领域的暴风影音，虽然已经满足 A 股盈利要求，2012 年 3 月就申请创业板上市，但至今仍在排队。此外，申请 A 股上市的企业在排队期间存在各种限制，束缚了企业的发展。比如京东在向纳斯达克提交 IPO 材料后，引进腾讯作为战略投资者，市场认为是一大利好，京东上市也取得了很大成功；但国内企业排队期间却无法股权融资，如引进投资者就得撤回材料重新排队，这对于急需资本支持的互联网企业是致命的。

第四，示范效应。自 1999 年中华网在纳斯达克上市以来，赴美上市的中国互联网企业已近 50 家，无论早期的新浪、搜狐、网易三大门户网站，还是后来的巨头百度、奇虎 360，乃至近年的新贵京东、唯品会等，在财富和影响力等方面都给新一代创业者起到显著的示范效应。如今，标杆企业阿里巴巴即将登陆美国资本市场，更是把示范效应演绎到极致。相比之下，国内 A 股市场只有人民网等极少数有互联网概念的企业，且并非草根创业，不具有互联网企业的代表性。

三、大量互联网企业境外上市弊端重重

虽然不管在哪里上市，资本市场对中国互联网产业的推动都是非常巨大和重要的，尤其是在中国互联网产业发展初期，但大量优秀的互联网企业是在中国这片举世公认的互联网热土上培育出来的，伴随中国经济飞速发展而成长壮大。这些企业最终选择离开国内资本市场，不仅是中国资本市场的严重损失，也是整个国家竞争力的流失。在中国互联网产业日益成熟、对国内资本市场充满渴望的今天，优质的互联网企业纷纷到境外上市带来的负面效应表现得越来越突出。

第一，不利于实现共同富裕目标。我国经济总量已经位居全球第二，也实现了一部分人先富起来的目标，但贫富分化仍较为严重，一个较重要的方面是资本市场没有为普通百姓带来大的收益。直白地说，就是股民赚不到钱，A 股市场缺乏大量优质、高成长并持续带来回报的好企业。中国经济的增长来源于全国人民的共同努力，广大民众有理由更好地分享改革开放 30 年来的经济增长成果。其中，以互联网为代表的高科技企业就是明显的例证。中国互联网用户作为全世界最大的消费群体，为互联网企业贡献了流量、贡献了收入，但他们却享受不到互联网行业发展带来的红利。中国互联网企业在境外上市，创造出 5 万亿资本财富，却主要由美国投资者独享。习近平总书记提出"坚定不移地走共同富裕道路"，让广大人民群众共同分享本国互联网行业创造的财富是实现共同富裕的一条重要路径。

第二，不利于国内创业板的发展。A 股创业板的本意应该是为高科技、高成长企业提供便捷的资本平台，从而为我国科技界的未来积蓄力量。同时，互联网企业作为新鲜血液原本可以给创业板市场带来更大的活力。类似腾讯、阿里巴巴这些家喻户晓的品牌，公司经营者基本上都是新时代的创业英雄，在国内拥有很大的号召力、影响力和

示范效应。公司管理规范，理念先进，运营高度市场化，如果他们的身影出现在创业板，会更好地改善中国上市公司的形象，提升中国股民和市场的信心。但最具代表性的互联网企业却集体缺席创业板，这不利于创业板乃至 A 股市场的发展。

第三，不利于人民币 VC 和 PE 行业的发展。毫无疑问，以互联网为代表的新兴科技行业是最具投资价值的行业，但互联网企业难以在国内上市，人民币资本投资互联网行业也就难有退出渠道，因此很少有人民币资本投资互联网企业，更谈不上投资于互联网企业最需要资本支持的早期阶段。这甚至形成了恶性循环，没有人民币资本的支持，更无法推动互联网企业在国内上市。从资产配置角度，人民币 VC 基金还停留在上世纪，这是有很大风险的。

第四，寡头垄断阻碍互联网行业发展。国内公司需要鼓励更多的中小互联网企业上市，打破在境外上市大公司的寡头垄断。在境外上市的大公司，上市早、募集资金多，凭借资金优势，采取零利润或者负利润的恶性竞争想把对手都拖死。例如一些境外上市资本十分充裕的大公司依靠自己拥有的巨大用户量的优势地位而不断地进入其他互联网企业的领域，模仿其他公司的科技创新，让其他公司生存更加困难。中国互联网已经从以前的自由竞争阶段进入垄断竞争阶段。除了加强在互联网领域的反垄断工作之外，中国的资本市场尤其是创业板应该鼓励、扶持更多的互联网创业企业在国内上市，让这些富有活力、充满创新精神的中小型公司互联网企业生存下来、发展起来，为中国的互联网产业带来活力。中国互联网如果只靠几个实际上是境外的互联网巨头公司，最后形成割据的稳定局面，那么这个行业早晚将丧失创新活力，同时也会影响国家经济乃至军政安全。

四、对支持互联网企业国内上市的建议

国内互联网企业墙内开花墙外香的现象，已经引起国家领导、政府主管部门和社会各界的关注，在近期也出台了一些积极的措施。如何真正解决这一存在多年的顽疾，需要互联网企业、行业组织、政府部门和资本市场各方面的共同努力。随着中国资本市场的快速发展，有些互联网企业也考虑在国内上市，比如目前已在 A 股创业板申请 IPO 的暴风影音等。作为中国互联网产业的协会组织，中国互联网协会从中国互联网行业的百年大计出发，希望政府主管部门能够出台更多措施吸引和支持互联网企业在国内上市。

第一，出台鼓励和扶持政策，加快互联网企业在国内创业板的上市进程。对于符合创业板上市要求、已经提交上市申请的互联网企业，应当"优先审核"，尽快在国内资本市场树立若干家有代表性的互联网标杆企业，从而对整个互联网行业起到良好的示范效应。

第二，降低财务门槛、减少法律限制，注重监管的实质，给企业创造市场化的上市环境，使上市不再严重影响企业的日常经营。比如，待相关法律允许后，对于用户和收入规模较大且行业领先的互联网企业，应放松盈利要求；在公司治理方面，不能一概而论，应有更灵活的制度安排；在申请上市期间，允许股权融资及员工激励等。

第三，实现互联网企业 A 股 IPO 的市场化发行及定价。对一般行业，A 股市场估值通常高于海外市场估值，但互联网行业则相反。对互联网企业，美国市场会依据用户、收入和利润情况有丰富多样的估值方法，因此经常看到亏损的互联网企业也有几十亿美元市值；但国内则只认市盈率，IPO 发行时更是套用传统行业的市盈率去限制发行定价。只有建立市场化的发行定价体系，A 股市场才算真正做好了接纳互联网行业的准备。

第四，吸引已在境外上市的互联网企业回 A 股上市。在 A 股上市的示范效应、良好的市场化环境和定价体系成功实现后，政府部门应着手促使腾讯、阿里巴巴、百度等互联网巨头企业回国内上市。对此，应以改革的思维突破现有政策限制，以金融创新的手段，实现"墙内开花墙内香"，从而使广大人民群众分享中国有代表性的科技产业发展的财富成果。

如果上述目标能够实现，那么人民币 VC 和 PE 投资互联网企业也就有了退出渠道。这样反过来必将有大量人民币资本投资早中期的互联网企业，形成良性循环后，还将带动人民币资本投资其他高科技行业，这样就能极大地促进创新、创业，且从整体上大幅度改善国内中小企业的融资环境。

五、结语

中央全面深化改革领导小组第四次会议审议通过了《关于推动传统媒体和新兴媒体融合发展的指导意见》，习近平总书记强调，推动传统媒体和新兴媒体融合发展，要遵循新闻传播规律和新兴媒体发展规律，强化互联网思维，坚持传统媒体和新兴媒体优势互补、一体发展，坚持以先进技术为支撑、内容建设为根本，推动传统媒体和新兴媒体在内容、渠道、平台、经营、管理等方面的深度融合，着力打造一批形态多样、手段先进、具有竞争力的新型主流媒体，建成几家拥有强大实力和传播力、公信力、影响力的新型媒体集团，形成立体多样、融合发展的现代传播体系。要一手抓融合，一手抓管理，确保融合发展沿着正确方向推进。习总书记的讲话给中国互联网行业的未来发展指明了方向。传统媒体和新兴媒体融合，需要中国资本市场的大力支持，这同时也给中国资本市场提供了难得的机遇。如果以互联网为代表的新兴媒体及高科技产业能够在国内资本市场开花结果，那么深交所必然超过纳斯达克、上交所必然超过纽交所，中国资本市场不仅将成为全球最大的资本市场，而且将成为中国新一轮改革成功的标志。

新常态　新金融

——《智慧众筹》序言

（2014 年 11 月 1 日）

第一次接触到"互联网金融"这个概念是在去年夏末秋初的时候，我的学术秘书告诉我，他的老师和一些朋友共同组织了"互联网金融千人会"，一个专门从事互联网金融的研究和推广活动的俱乐部。出于一个长期从事改革研究的学者的直觉，我当时就认为这样的新生事物是值得支持和鼓励的。此后不久，有关互联网金融的信息就开始爆炸性地增长，我这样的"80 后"都受到很大的启发和影响。经过一年多的观察，我愈加肯定地认为，互联网金融将是推动中国新一轮改革和发展的重要力量之一。

作出这样的判断，是因为我国当前的经济新常态，非常急迫地需要金融领域能够有切实的变革以促进实体经济的繁荣和发展。过去三十多年来，我国金融领域的改革已经取得了很大的成就：从单独的一家中国人民银行发展到一个较为完整的央行和商业银行体系；突破意识形态领域的纠葛从无到有建立证券、期货市场；从完全管控的利率到逐步市场化的利率等等。但是金融领域的改革还远未到位，金融二元化结构十分明显，而且还是国有与民营、城市与农村、发达地区与不发达地区等多重二元因数组成的混合型二元结构。虽然这样的金融市场结构非常扭曲，但在过去的几年当中，它却恰恰迎合了房地产驱动型的中国经济旧常态，为其提供了金融支撑。然而，伴随着房地产拐点的到来和货币政策的调整，传统的金融体系越来越难以适应当前经济结构转型和促进经济可持续发展的需要。

首先，政府融资平台和房地产长期挤占大量的信贷资源，产生"黑洞"效应，使能够供给实体经济的资金量和整体货币供应量之间完全不对称，供给无论怎么调整，都难以满足需求，各种利率政策工具在解决中国实体经济融资难、融资贵的问题当中基本都难以奏效，货币政策难以解决经济结构问题。在全球经济疲软、劳动力成本日益高涨的情况下，中小企业得以生存的夹缝空间越来越小，成片出现经营困难。

其次，房地产的下滑使原来稳定的混合二元结构中的优势部分也出现崩塌。起初是影子银行不再安全，各种信托理财产品的兑付危机不断涌现，而后是银行业坏账率的显著攀升，原有金融体系的资产端和负债端都将出现越来越多的问题。传统多层级金融机构对这些问题的应对是对实体企业的惜贷，在正常渠道严控对房地产企业和基层中小企业贷款的同时，把更多的信贷资源投放到"可靠的"政府平台。东部沿海一些省份的原来专门对接地方政府平台项目的政策银行的业务受到商业银行的巨大冲击，业务量大幅减少，而基层的中小企业则更加难以从正常的银行渠道获得资金。

最后，在普遍去杠杆的情形下，部分产能过剩行业难以从金融系统获得资金扶持被淘汰本属于正常现象，但是中国式混合金融二元结构导致的结果却首先是实体经济中大量中小企业的破产和跑路，与此相伴随的是大量底层民间借贷、高利贷的崩盘，整个地区金融环境、信用环境的垮塌。

与传统金融体系在经济新常态下显现出的疲态相反，互联网金融从小荷才露尖尖角到今天不断发展壮大，在整体晦暗的经济形势当中大放异彩，正在作为构建经济新常态的重要力量逐渐发展壮大。互联网金融之所以能够焕发出这样炫目的光彩，在我看来主要是得益于以下几个因素：

第一，互联网金融草根特质使它从一开始就是为中下层服务的，而且在资产端和客户端都提供了有效的服务，既满足理财需求，也满足大量中小企业的融资需求。在金融抑制的条件下，互联网金融极大地补足了对草根民众和中小企业的金融服务的欠缺，因此能够不断发展壮大。

第二，互联网金融依靠互联网技术在金融服务的特定范围内能够更大程度地减轻信息不对称。非正规金融在传统二元结构下的夹缝中得以生存的关键本来就是其相对于正规金融在处理隐性信息上的绝对优势，当这种优势被互联网不断放大，比如基于云计算的征信手段的不断提高，互联网金融就有可能后来居上，打破原有的力量对比，金融二元结构就有可能被改变。

第三，一些敏感的传统金融机构在时代浪潮下及时跟进互联网金融，在原有电子银行的基础上通过互联网技术不断提高自身的服务水平和理念，促使传统金融体系发挥出符合时代的服务效率。

在我为互联网金融给中国经济带来的新机遇感到兴奋的时刻，互联网金融千人会的小朋友们又一次给我带来了惊喜。北京市金融局和互联网金融千人会通力合作，借助于移动互联网的便利，组建了互联网金融早餐会微信群，在过去的一年多时间里每天早上邀请一位互联网金融专家来早餐会微信群演讲，由此累积了海量的有关互联网金融的智慧结晶，产生了极其深远的社会影响。今天，他们又将早餐会微信群演讲的精华部分汇集出版，形成了《智慧众筹：互联网金融早餐会》这本书，其内容囊括了互联网金融的概念特征、存在形式和发展方向、监管方式和政策解读等有关互联网金融这个新生事物的方方面面。我认为这可能是互联网金融发展历史上的一个里程碑事件。

我还了解到，这本书是以众筹方式出版的，书还没付印就已经被订购了几千本，新生事物总是有这样令人赞叹的勃勃生机。最后我想说的是，推动中国发展进步的不仅仅是互联网金融这样的新生事物本身，更宝贵的是这群充满朝气、充满理想、充满活力和创造力的年轻人。

努力吧！年轻的朋友们，国家的改革进步需要你们，国家的光明未来属于你们！

互联网金融是改革和发展的新动力[*]

（2015 年 1 月 19 日）

很高兴能够来参加"互联网金融全球峰会"，这样年轻富有朝气的会议。我今年 86 岁了，也是一名"80 后"，平时我通过"微博"和"微信"一直关注互联网金融的最新发展，为互联网金融取得的每一个进步都感到由衷的高兴。

不久前，我给一本叫做《智慧众筹》的书写了序言，我提到，互联网金融将是推动中国新一轮改革和发展的重要力量之一，当时我只是从金融的角度谈了下我的意见，借此机会，我再从宏观改革的角度谈谈我的几点看法：

第一，过去几十年改革的的不到位造成的问题会集中凸显在金融领域。过去三十多年的改革取得了举世瞩目的成就，但是摸索一条前人没有走过的路总会存在各种疏漏，行政体制、财税体制、分配体制等领域改革的相对滞后，通过房地产市场以及其他资源要素市场的传导，最终都会集中在金融领域爆发。与此同时，由此形成的金融领域的潜在风险又对下一步全面深化改革形成掣肘：为避免诱发系统性金融风险，许多领域的改革不能够彻底落实，改革就难以顺利推进。因

---

[*] 在第二届互联网金融全球峰会上的致辞。

此，如果有新的方式、方法能够解决金融方面的紧迫问题，那就不仅会大大缓解过去改革的单边突进造成的负面压力，为全面深化改革争取到重要的时间窗口，还能够对全面深化改革起到极大的促进作用。

第二，互联网金融是促进市场在资源配置中发挥决定性作用的重要力量。众所周知，金融已经成为现代经济的核心，金融体系的稳健运行，不仅能为金融机构本身带来良好的收益，还能通过增加社会投资、降低企业投资门槛、提高资本利用效率、为老百姓提供优质理财产品等来增加社会财富，促进经济社会的健康发展。在中国经济的旧常态中，大量社会资本被阻挡在行政力量架设的玻璃墙之外，难以进入金融领域，金融市场成为既得利益群体盘踞和攫取利益的重要通道，这不仅阻碍了金融市场本身的健康发展，也影响了市场决定性作用的发挥。这种格局在传统的改革路径下虽有所动摇，但还没有发生根本性的转变。互联网金融的出现从一个新的维度推进了资本要素的市场化，互联网平等、自由的属性和金融在经济发展当中的核心作用相结合，将有效促进市场在资源配置中决定性作用的发挥。

第三，互联网金融的发展是中国在国际竞争当中实现弯道超车的重要契机。从今天会议的热度可以看出来，中国互联网和互联网金融的兴旺程度已经超越了有些发达国家。我们这样一个人口密集、地域广阔、金融行业又不甚发达的国家是互联网和互联网金融发展最适宜的土壤。克服了传统模式弊端的互联网和互联网金融，能够为实体经济尤其是科技型中小企业的发展创造良好的金融和市场环境，继而提升整个国家的综合竞争力。去年阿里巴巴赴美国上市，我既感到高兴又感到忧虑，高兴的是中国的互联网企业不靠政府、不靠计划，竟然取得了这么大的成功，受到国际资本市场的认可；忧虑的是我们的好企业尤其是互联网企业、科技企业都去美国等海外上市了。为此，我专门给马凯副总理写了信，建议要加强国内资本市场支持互联网企业的力度，我在 9 月 16 日提交建议，马凯副总理 18 日就给予了批示，还批转给了证监会和工信部，后来新的政策就马上出来了。

最后，我要指出的是，互联网金融是一个对中国改革和发展有重大意义的新生事物。对于这样的新生事物，尤其是涉及金融这样外部性极强的新生事物，既要宽容鼓励，也要监督规范、兴利除弊，使它能够不负众望，成为推动中国改革创新的重要力量。

互联网创新是一场革命

高尚全　陆琪

（2015 年 3 月 26 日）

"创新"已经成为当前时代发展的主题，习近平总书记在
2014 年参加中国科学院第十七次院士大会、中国工程院第十二次院
士大会时曾经讲道："实施创新驱动发展战略，最根本的是要增强
自主创新能力，最紧迫的是要破除体制机制障碍，最大限度解放和
激发科技作为第一生产力所蕴藏的巨大潜能。面向未来，增强自主
创新能力，最重要的就是要坚定不移走中国特色自主创新道路，坚
持自主创新、重点跨越、支撑发展、引领未来的方针，加快创新型
国家建设步伐。"李克强总理在两会工作报告中指出，推动大众创
业、万众创新，既可以扩大就业、增加居民收入，又有利于促进社
会纵向流动和公平正义。国务院最近发布的《中共中央国务院关于
深化体制机制改革加快实施创新驱动发展战略的若干意见》也明确
指出："创新是推动一个国家和民族向前发展的重要力量，也是推
动整个人类社会向前发展的重要力量。"中央之所以如此关注创新、
重视创新，是因为在互联网大数据时代，创新已经不仅仅是个人和
企业能否成功的关键，还关系到结构调整、经济转型能否取得成
效，最终关系到国家、民族能否在新的历史潮流中取得竞争优势！

一、创新是推动时代进步的原动力

纵观古今中外，从生产工具到管理模式再到体制制度的每一个创新，都深刻地改变了原有的力量对比，引起强弱易位，变革频发，使利益格局、生产关系随生产力的进步而大幅度调整，极大地推动了社会的进步。以生产工具的创新为例，铁器的出现，使奴隶社会被封建社会所取代，率先使用铁器的东亚地区成为世界经济的中心；蒸汽机的出现引发第一次工业革命，使英国成为雄霸世界的日不落帝国，世界经济的重心从东亚转向欧洲；以内燃机、电器制造业为驱动的第二次工业革命则使美国雄霸全球。

与生产工具的创新所引发的进步一样，管理模式和生产组织形式的创新也能够极大地提高生产效率。众所周知的福特汽车流水线作业，把一个重复的过程分为若干个子过程，不仅把汽车放在流水线上组装，还把装配汽车的零件装在敞口箱里，放在输送带上，送到技工面前，节省来往取零件的时间，等等。通过这样的方式，福特汽车虽然没有生产工具上的重要创新，但是极大地降低了生产成本，将当时美国市场上每辆汽车的价格降低了一半，使汽车成为大众消费品，这又使整个社会的生产生活都发生重大的变化。

比生产工具的创新和管理模式创新更重要的，是体制机制的创新。有效的体制机制的创新更能够在较短的时间和较广的范围内产生更加深远的影响：商鞅变法帮助秦一统六国，路易十四革新政治而使法国称霸欧洲，俄国彼得一世对旧制度的革新使俄国迈上近代工业化强国之路，中国的改革开放更使国家面貌发生了天翻地覆的变化。体制机制的创新比一般的技术革新更加重要，在这方面中华民族有惨痛的历史教训，晚清的洋务运动引进了大量在当时先进的技术、武器，北洋舰队号称亚洲第一、世界第六，结果陈腐的老旧帝国依然打不过明治维新的日本，最后以丧权辱国的条约收场。凡此种种，尽显体制、机制创新的重要性。我们可以毫不讳言地说，创新是推动时代进步的原动力。

二、互联网时代是三千年未有之大创新、大变局时代

自上世纪末以来，互联网以一种润物细无声的姿态进入到社会生活当中，在本世纪前十年当中，人们感受到的互联网还仅仅是一种普通的信息交流工具，一种更便捷的工作平台，许多人还没有体会到互联网在创新方面的强大威力。但是随着移动互联网时代互联网渗透率的提高和互联网云端计算能力的显著加强，互联网对人们日常生活的影响已经逐渐从量变转向质变，互联网不仅越来越显示出引领创新、激发创新的巨大能量，而且这巨大的能量正以边缘革命的方式对旧的体制机制产生不可抵御的冲击。

从基本功能上来讲，互联网只是通过电脑、手机等终端将人与人之间日常社交活动拓展为包罗万象的网络社交，但随着移动互联网带来的人均上网时间的迅速增加，每个人除了睡觉时间以外基本都在网络上或与网络发生着紧密联系，这使得网络社交对社会生产生活的影响从量的积累发展到了质的转变。无时无刻不在进行的信息交流成为互联网时代最显著的特征。与此同时，网络社交活动积累的海量数据和云端计算能力的飞速提高使得大数据分析能够为信息的传播找到准确的对象和最有效用的归属，它甚至打破了过去一些决策的逻辑关系，因果关系被宽泛的数据关联关系所取代，抽样统计被全数据统计所取代。链接互联网的智能装备制造业、物联网、智慧城市等等，又以 O2O 的形式，将互联网大数据以信息为载体，以准确地寻找到有效需求方作为服务对象的独特运作模式从线上交流转化到线下生产服务当中，同时将线下的需求迅速地转化为线上信息，又以全数据统计

得出的关联关系准确地进行资源的调拨配置，而且还满足消费者各种独特的需求。这样的模式极有可能改变传统的市场经济存在的一些固有弊端，促成市场经济进一步完善。

互联网大数据应用在根本上，与过去所有的创新一样，都是尽可能地降低成本，提高效率，最终促进生产力的极大提升。但是又与过去所有的创新不一样的是，互联网时代的创新是一个基础性的创新，它可以与生产生活的每一个环节结合，使生产生活每一个阶段的成本都大幅下降，效能都大幅提高。如果说过去的技术创新绝大部分是一种点状创新，是需要经过长时间的积累和持续发酵后遇到偶然的爆发机会才能推动社会进步，那么互联网时代的创新就是一种网状的创新，只要是互联网链条所及之处，传统业态就转化成互联网业态，形成大面积创新的态势。

这种创新浪潮的影响与体制机制创新有所类似，都会引起整个社会的革新进步，带来各个方面的变化，但两者又存在诸多的不同之处：其一，互联网创新的推动力从根本上讲还是技术，它的来源是属于"生产工具"范畴的创新，而体制机制的创新是生产关系的进步，是通过生产关系的进步来达到鼓励生产积极性、解放发展生产力的效果；其二，互联网创新具有持续、叠加的效果，是一种源源不断的创新历程，旧的创新很容易就被新的创新所超越，而体制机制创新在一定时空内是一次性的；其三，互联网创新基本是在尊奉现有法律的框架内持续推动社会的变化和利益格局的调整，至多是绕开法律法规的管制，用技术的手段钻了法律的空子，但与互联网创新相反，体制机制创新往往伴随着的是激烈的博弈和斗争。由此可见，互联网创新上善若水，难以抵御。面对互联网创新的潮流，顺之者昌，逆之者亡。

李鸿章曾经指传承千年封建历史又遭受前所未有的工业化西方潮流冲击的清末时局为三千年未有之大变局，但那还只是一国一域所面临的挑战，我们今天所处的这个互联网创新大时代缓缓开启的时点，是全人类都将面临的数千年未有之大创新、大变局时代。有人将互联网信息技术与新能源技术、新材料技术、生物技术、空间技术和海洋技术等诸多领域的变革总结为第三次工业革命，认为其将像前两次工业革命一样影响人类生活方式和思维方式，推动人类各方面的变革。这个认识非常深刻，但第三次工业革命这个提法仍然不够全面，实际上无论是新能源技术、新材料技术、生物技术、空间技术和海洋技术现在都离不开电脑和网络以及大数据的支持，第三次工业革命可以被囊括在互联网创新革命之中。互联网时代的创新将不仅仅局限在衣、食、住、行的物质层面，它势必对传统的经济、政治理论乃至各项制度都产生冲击。互联网的长尾效应对中国这样的转型中的、贫富差距较大的、人口密集的发展中国家的影响将尤其深远。

在这次两会的政府工作报告中，李克强总理提出"互联网+"战略：推动移动互联网、云计算、大数据、物联网等与现代制造业结合，促进电子商务、工业互联网和互联网金融健康发展，引导互联网企业拓展国际市场。国家已设立 400 亿元新兴产业创业投资引导基金，要整合筹措更多资金，为产业创新加油助力。3 月 13 日，国务院出台的《中共中央国务院关于深化体制机制改革加快实施创新驱动发展战略的若干意见》不仅提出了"加快实施创新驱动发展战略，……营造大众创业、万众创新的政策环境和制度环境"的明确目标，还就具体如何营造激励创新的公平竞争环境，从加强知识产权保护、防止垄断和不正当竞争、建立健全各项政策和管理制度、加强金融扶持、完善成果转化激励政策、培育人才、构建高效科研体系、推动开放等多个层次作出了重要的部署。这一《意见》的出台和总理"互联网+"战略的提出都非常及时！非常必要！是在这个大变局时代的正确应对。

三、创新倒逼理论、制度的进步，不亚于一场革命

创新本质就是解放和发展生产力，互联网创新从技术开始，却不局限在技术的领域，最终引起了社会生产、生活各个方面的深刻变化。这样的创新几乎同时着力于生产力和生产关系乃至上层建筑多个层面，不仅在经济生活领域整合在传统条件下因为成本过高无法整合的资源，引发人们意想不到的跨维度竞争，而且驱使社会生产的组织架构、社会财富的存在形式都发生根本性的变化。与此同时，社会的政治动员方式、舆论潮流导向乃至人心向背都有可能被互联网带来的创新所改变，全世界的旧格局体系下的力量对比都可能面临重新洗牌，这种影响比过去的任何一场革命都有过之而无不及。这是实现中华民族伟大复兴中国梦的重大机遇，也是重大挑战，互联网大创新时代的到来需要我们在理论和制度上做好充分的准备和应对，才能在这样一场"大革命"中成为胜利者。

互联网创新首先意味着要尊重每一个个体。互联网在传播方面的特征之一是每个人都能有机会向公众表达其观点，同时互联网又能使每一个有价值的意见都尽可能不被忽视，任何一个有价值的创新都会被及时地挖掘出来。互联网的这种特点不仅表现在技术创新领域，在具体的体制机制创新上同样可以适用，并能够取得成效。2013年十八届三中全会前夕我曾经向中央建议，改变过去关门写文件的做法，应当利用网络手段向全国人民征求关于党政重要文件的起草意见。今年两会前的政府工作报告起草过程与这项建议的方向完全一致，会议通过中国政府网、人民网、新华网、央视网、中国网、新浪网、腾讯网等网站，发起"2015政府工作报告我来写——我为政府工作献一策"活动，公开征集社会各界对2015年政府工作报告的意见建议，征得4万多条意见，其中有914条建议和意见被采纳，使民意充分地

体现在政府工作报告当中。

互联网创新可能对以所有制为核心的理论体系产生变革需求。互联网创新对经济社会带来的巨大冲击之一是数据信息和无法被机器所取代的人的创意变成最有价值的财富，而传统资产所有权对创造财富的价值将不断下降，并且可能被使用权所取代，人们只需要暂时使用这些资产而不需要拥有它。这将引发市场经济中的市场主体的组织结构从过去强调所有权的由雇主和雇员组成的公司、企业等逐渐被各种合伙人制度、全员持股制度等更加注重信息获得、处理能力和创造、创新能力的个体的联合所取代。这种情况在创意、创新产业尤其明显。而重资产的资金密集型、传统劳动力密集型的大规模制造业则日渐被智能制造业所取代。在利润分配环节，制造环节又是其中获得利润分配很少的一部分，这从苹果手机产业链中可见一斑。从这个角度深入地来看，劳动者的劳动联合和劳动者的资本联合以及劳动者的创造力联合越来越成为社会运行的经济基础。在这样的变革和创新大时代，如果我们还不在理论上进行创新，还因循守旧地主张某种单一的所有制是社会运行的基础，就会越来越与时代脱节。

互联网创新还要求国家治理能力和治理方式尽快实现现代化。互联网的一大特质是信息的快速而且互动式，它具有天然的去中心化的趋势，传统的单向的国家管理方式与互联网的这种特质是格格不入的。以新闻传播管理方式为例，过去纸面媒体时代，政府部门可以通过行政手段完全控制新闻信息传播的渠道、内容，牢牢地掌握舆论的引导权。但是在互联网时代，信息的快速传播和互动传播难以被约束。以微信、微博这两个互联网时代创新的社交为主，这两种交互式的互联网社交方式加上智能拍照手机、移动互联网的大规模应用，几乎人手一个可拍照、可上网智能手机，每个人都成为新闻记者，网上舆论的主导权几乎已经被民众自发的热点所主导，虽然政府不断加强管理，也收到一定的成效，但是整个网络舆论话题的主导权已经难以回到纸媒时代，舆论管控从事前预防不得不走向事后追惩，而在缺乏新闻立法的情况下，完全以扩大解释刑法的方式管控舆论不仅违背法治的要求也难以收到好的效果。互联网创新倒逼这方面的国家治理能力和治理方式要跟上时代的脚步。从本质上来讲，互联网创新完全符合我党的宗旨和工作路线，无论是"为人民服务"，还是"从群众中来，到群众中去"的群众路线，都完全符合互联网时代的特征。

邓小平同志曾经指出，改革就是一场革命。互联网时代的创新也是一场革命，中国共产党不仅不惧怕这样的革命，而且三十多年来一直在推动这样的革命，今天也将不断推动互联网创新这场革命。

互联网将推动农村巨变

2015 年 5 月 30 日

　　党的十八大报告提出"两个一百年"奋斗目标，一个是在中国共产党成立一百年时全面建成小康社会，一个是在新中国成立一百年时建成富强民主文明和谐的社会主义现代化国家。要实现"两个一百年"的奋斗目标，解决好农村发展问题至关重要，13 亿人口 8 亿在农村，农村如果发展不起来，"两个一百年"的奋斗目标就很难实现。我国长期存在的城乡二元结构，是长期以来农村发展滞后的重要因素，要在短时间内完全抹除长期形成的体制机制弊端，即便改革的方向完全正确，也需要时间的积累，更何况农村的改革还需要不断地深化。因此，在此前的一段时间里，我对农村经济发展的落后可能对实现"两个一百年"奋斗目标的影响深感忧虑。但是，近段时间以来，互联网尤其是移动互联网的广泛应用带来的创新浪潮使我的忧虑顿减，农村电子商务与农村互联网金融的兴起，为有效破除城乡二元机制、推动农村经济发展带来了新的希望和契机。

一、农村互联网的普及打破了城乡信息不对称的局面

　　根据中国互联网信息中心发布的数据，截至 2014 年末，中国网民规模达到 6.49 亿，互联网普及率达到 47.9%。其中手机网民 5.57

亿，占整体网民比例达到 85.8%。中国网民中农村网民占比 27.5%，规模达 1.78 亿，这几乎意味着每 4 个农村居民中就有一个网民。农村互联网的普及打破了长期以来农村消息闭塞、城乡信息不对称的情况，农民可以通过网络主动地在寻求三农政策、农业技术、农资产品、农产品售卖、城市用工等各种信息并进行双向的交流。有些发达地区的农民还通过网络推广当地的农村旅游项目，吸引城市居民到农村体验生活。农村互联网的普及打破了长期以来城乡信息不对称的情况。

信息不对称是造成城乡差距的一个重要原因。在计划经济时代，农村、农民因为工农业剪刀差为国家的工业建设作出了贡献，生活条件没有很大的改善。改革开放以后，虽然农村家庭联产承包责任制等改革极大地调动了农村生产的积极性，农村、农民的温饱问题得到了有效的解决，但是城乡的信息不对称，使农村、农民在市场经济时代的发展没有跟上城市发展的脚步。由于信息不对称，农产品市场不是出现"蒜你狠"、"豆你玩"这样的游资炒作，就是出现大量农产品卖不出去烂在地里这样的极端情况，农民在农产品价高时赚不到钱，价低时则蒙受重大的损失。此外，大量的假冒伪劣商品充斥农村市场，"康师傅"变成了"康帅傅"，"娃哈哈"变成了"娃恰恰"，农民权益受到严重损害。农村电子商务的兴起正在改变这种格局，类似今天的会议主办方一亩田统一平台模式和协办方聚超网这样的"P2R"商业模式，都砍掉了容易混进假冒伪劣商品的中间环节，实时呈现供求信息，杜绝了假货，是消弭城乡信息不对称的典型例证。

国外学者早在 70 年代就指出了信息不对称对市场经济活动造成的影响：在市场经济活动中，掌握信息比较充分的人员，往往处于比较有利的地位，而信息贫乏的人员，则处于比较不利的地位。中国的改革进程虽然缘起于农村，但是市场化的进程和重心更多地是在东部沿海地区和中心城市，信息不对称广泛地存在于改革开放初期的东部地区和国外市场、中西部农村和东部地区之间。在这种信息不对称的条件下，要发展农村经济、促进农民财富的增长就变得十分困难。互联网时代的到来和农村互联网的大规模普及补足了农村经济发展过程中的这一重大短板。互联网抹平了现实世界的城乡之间由于交通、区位等因素造成的信息不对称，虽然互联网也因为信息量过大带来新的信息不对称，但是这种困难是城乡平等的，城乡之间信息不对称的差距被补足了。在这种条件下，农村所拥有的丰富的各种各样的资源就焕发出了前所未有的潜力。

二、互联网打破了城乡资源配置的单向流动的困局

长期以来，无论是自然资源、优质农产品还是青壮年劳动力，城乡之间资源的流动均是以农村向城市的单向流动为主。这其中固然有城市化过程中自然的原因，但是长期这样抽血式的单向流动是不正常的。这种造成城乡差距不断拉大的不正常现象与我们的体制机制有着不可分割的关系。比如户籍制度，农村的优秀人才通过高考上大学、过去还通过当兵提干等方式离开了农村，落户到了城市，但是城市的优秀人才却无法回到农村去落户。长此以往，农村人口的文化等整体素质就被如筛子筛选过，成为老弱病残的集中地，这与中国过去几千年来农村遍布乡绅知识分子的传统相背离。再比如金融资源，我们还可以很清晰地记得若干年前，一些大型商业银行大规模地裁并农村金融网点，即便是留存下来的网点都是以吸收农民存款为主，基本不在农村乃至县域经济中提供贷款等金融支持。这种情况到今天还是在传统银行业中存在的。

互联网在农村的发展和普及正在逐渐改变这一态势。首先，电子商务的发展极大地拓展了农村创新、创业的空间，正吸引大量人才回

归农村。过去在城市打工的具有一定知识水平的年轻人纷纷回乡创业，开淘宝店卖农产品，希望利用对本乡本土的各种资源的熟悉通过互联网来实现财富的创造。一些已经在城市落户的大学生也开始回到家乡，虽然没有立即解决户籍、土地等问题，但利用祖辈的宅基地、自留地等开展互联网农业、互联网农村旅游等项目。我认识的北京昌平较偏远农村的一个大学生村官，在淘宝上开特色婚庆制品店，利用网络进购原料，在村里请留守的村民加工，再通过网络卖出去，效益很好，甚至国外的订单都来了。

其次，互联网金融正在扭转金融资源从农村流失的局面，一大批互联网金融企业在城市募集闲余资金，以农村、农业作为主要客户发放贷款。这些互联网金融企业形成了与传统金融截然相反的金融资源流动方向，资金从城市流向了农村，从东部发达地区流向中西部农村。农民的支付结算、资金获得都比过去要方便很多，农村的一些专业养殖户、种植大户尤其受到互联网金融企业的青睐。互联网金融正在为农村的发展作出重要的贡献。

第三，用互联网营销的农村旅游等服务项目，正在吸引大量的居民旅游消费从旅游城市、国外转向农村。一些农村为做好旅游产业，环境由此也得到极大改善。这些农村旅游项目通过互联网吸引大批城市居民来体验生活，极大地拉动了消费。在吉林长白山脚下二道白河，一个从城市回来的年轻人通过互联网+农村旅游，开创了很广阔的天地。浙江省的桐庐县努力通过互联网推广农村旅游，发展美丽经济，2014 年全年，该县乡村旅游接待 516.4 万人次，同比增长99.2%，经营收入 2.7 亿元，同比增长 103.7%，全县农村纯收入达到 19875 元。

农村互联网创新创业的热情正在消解户籍制度、土地制度对农村发展的禁锢，为农村经济发展增添了巨大的动力，我们的改革仍然要与时俱进，去顺应时代的潮流，进一步促进创新创业。

三、互联网将给农村治理带来深刻变化

农村互联网的普及在为推动农村经济大发展的同时，也为农村的各项精神文明建设、农村的科教文卫工作带来了深远的影响，在此基础上，农村互联网的进一步普及必将对农村治理带来深刻的变化。

过去几十年来，农村的文化生活总体而言是比较匮乏的，农民除了在家看看电视以外，或者就是在村里打麻将、赌博等。互联网的介入，使农民有了更多的文化娱乐选择，通过互联网，农民和城市居民几乎可以同时观赏到网络新闻、在线电影、电视剧等，农村和城市的精神文化需求得到了同等的满足。网络在线教育、在线课堂等能够为爱好学习的人提供同等的学习机会，各种在线书城可以在较短时间内通过物流将书面教材送到农民手中，从而在精神文化生活方面缩小了城乡之间的差距。

随着网络的进一步普及和发展，医疗行业与互联网的融合将越来越密切，基于互联网的远程诊断、远程治疗以及在线体检等现代医疗方式将逐渐改变病人集中涌向大城市大医院的状况，患者在普通县级医疗中心就可以得到接近大城市医院的医疗服务，这样生活在乡镇和农村就更加健康和方便，这就更加有利于人才资源向农村的回流，继而有利于农村的进一步发展。

因互联网而带来的农村经济发展水平、生活水平、人口结构知识水平的变化，也将对农村的治理带来深刻的变化，这种变化现在还不明显，但必然随着互联网的普及和"互联网+"作用的持续发酵而变得越来越明显。我认为这种变化将是正面的，积极的，因为总体上看，互联网是将偏封闭的农村熟人社会推向开放的更广阔的因互联网连接的社会体系当中，且由于互联网社交的作用，这样的封闭转向开

放不但不会引起道德水平、信任关系的下降，反而会通过互联网的关系将熟人社会的信任关系进一步延伸出去，继而促使更广泛的良好的社会自治的实现。这与过去的发展模式当中，农村熟人关系社会被打破，陌生人社会信任关系下降、道德下滑、交易成本高企的情况形成鲜明对比。此外，互联网将社会每一个角落的细节都随时放在大众聚焦之下，以前无人关注的农村的各种问题随时可能引发社会的关注，不管是管理者还是生活在农村的普通农民，都更加注意自己行动的影响，不再存在天高皇帝远的幻想，这对农村治理的影响也非常大。互联网给农村带来的变化值得进一步期待。

"三创"（创业、创新、创牌）可以改变中国

（2015 年 3 月 20 日）

一、创业是基础、创新是关键、创牌是目标

我多年提倡要发扬"三创"精神，什么是"三创"呢？就是"创业、创新、创牌"。三者是什么关系？我认为创业是基础，创新是关键，创牌是目标，创业、创新、创牌可以改变企业，可以改变中国。

创业是创新和创牌的基础，没有创业，创新和创牌就成了无源之水无本之末。无论成功还是失败，创业者敢想敢闯敢干的精神都是民族宝贵的财富。创业者成功的收益是创业者和社会共享的，但创业失败的代价却是由创业者独自承担，正是有了创业者前赴后继的投入和拼搏，市场才有了源源不断的创造财富的机会，英雄才能有用武之地。无数的创业者用自己的努力构筑了整个国家发展的基础。

创新是一场革命，也是发展和成功的关键。市场优胜劣汰的竞争残酷激烈，九死一生的创业者，能不能生存下来、发展壮大，关键要看能不能通过创新获得市场的认可、取得市场竞争的优势。创新有着多重的方向，可以有技术创新、服务创新、管理创新等，创新要经过

市场的检验，任何一种行之有效的创新都是创业者聪明才智的体现，是社会发展进步的推动力，更是创业者取得成功的关键。

品牌是企业成功的标志，创牌是企业努力的目标。众所周知，品牌的呈现可以极大地提升产品、服务的附加值，有品牌的产品和服务与没有品牌的产品和服务之间的价格存在天壤之别。品牌能够带来巨大的财富，但塑造品牌需要长时间的投入，维护品牌需要永恒的操守。与此同时，具体产品和服务还只是品牌的低级阶段，我们要建设的品牌中国，不仅仅是有形的物质产品的品牌，也不能止步于无形的服务品牌，我们要建设的品牌是蕴含着创业、创新者的思想和精神的品牌，是某个创业者群体的人的品牌，是从创业、创新者的努力中诞生出来的文化品牌。这样的品牌追求蕴含在中国梦之中，我们不仅要建设法治中国、平安中国，更要建设思想中国，在经济上还要建设品牌中国。

习近平总书记多次深刻地论述了"新常态"，如何适应新常态？主要是推动三个转变：一是推动中国制造向中国创造转变，二是推动中国速度向中国质量转变，三是推动中国产品向中国品牌转变，简言之就是提质增效创牌。品牌是提质增效的集中体现。创业、创新、创牌具有重大的意义，李克强总理在 2015 年《政府工作报告》中指出："另一方面，推动大众创业、万众创新。这既可以扩大就业、增加居民收入，又有利于促进社会纵向流动和公平正义。我国有 13 亿人口、9 亿劳动力资源，人民勤劳而智慧，蕴藏着无穷的创造力，千千万万个市场细胞活跃起来，必将汇聚成发展的巨大动能，一定能够顶住经济下行压力，让中国经济始终充满勃勃生机。政府要勇于自我革命，给市场和社会留足空间，为公平竞争搭好舞台。个人和企业要勇于创业创新，全社会要厚植创业创新文化，让人们在创造财富的过程中，更好地实现精神追求和自身价值。"

二、增强创新能力，是"三创"的关键

如何搞好"三创"，关键是增强创新能力。这里我想讲一下华为科技公司的创业、创新、创牌的故事。为了改革的需要，我从1997年开始关注、研究华为的案例。我在1997年参加中央十五大报告起草工作时，有人向中央写信说，华为科技公司姓"资"不姓"社"。主要理由是，华为公司是非公有制企业，而且搞了职工持股，背离了社会主义方向。我认为，这是改革中必须弄清的重大问题，为此，我主动要求到深圳实地作了调研。时任中共深圳市委书记厉有为对这个问题也很感兴趣，他说："我陪你一起去作调研。"经我们调研，华为公司1987年成立于深圳时，创始人任正非只有2.1万元人民币，20多年来，经过不断创新、创牌，华为已成为全国最大的民营高科技企业，立足于世界的领先企业。虽然国家没有投入一分钱，但它为国家和社会创造了巨大的税收和财富，解决了十几万人的就业，职工分享了改革发展成果。这样好的企业，应该作为改革的典型，它回答了什么是社会主义、怎样建设社会主义的问题。后来，在十五大报告写上了："劳动者的劳动联合和劳动者的资本联合为主的集体经济，尤其要提倡和鼓励。"

现在，华为公司已成为世界500强企业中排名第285名的知名企业，世界最大的品牌咨询公司Interbrand最近发布的"最佳全球品牌"排行榜，华为成为首次上榜的中国品牌，排名第94位。2014年销售收入达460亿美元，已成为全球第一大通讯设备供应商。华为公司为什么能成为世界通讯设备产业的领先企业？为什么能成为"最佳全球品牌企业"？对中国的改革发展，对中国企业走出去有什么启示？

——华为是在改革中发展成长起来的，改革开放为华为创造了宽

松的体制环境。改革开放使华为有了比较充分的自主决策权，所以能在激烈的国际竞争中去拼搏，在竞争中知道了什么是世界先进，在竞争中学会了竞争的规则，在竞争中学会了如何赢得胜利。创始人任正非从开始一个人创业发展到 15 万人共同创业，坚持了"以奋斗者为本"的理念，这就为华为创新打下了坚实的基础。华为领军人任正非认为，华为有今天是因为"15 万员工，以及客户的宽容和牵引"，而他不过是"用利益分享的方式，将他们的才智黏合起来"。

——华为实行了员工和客户利益分享制度，激发员工和客户的积极性和创造性。华为 98.9% 的股份为员工所有，而创始人任正非只占 1.01% 的股份。华为树立了以客户为中心的观念，把与客户的关系从过去的甲乙方关系上升到互相依存、互相促进的战略合作伙伴关系，把客户的满意度作为衡量华为一切工作的准绳。实行员工和客户利益分享机制，形成了"生命共同体"，就是把企业的发展和员工及客户的利益捆绑在一起，创造了无穷的潜力，使华为成为世界领先的企业。华为这样的企业到底算什么所有制的企业？按过去传统的理论，国家和集体投入的企业是公有制企业。我认为，国家和集体虽然没有投入一分钱，但华为靠 15 万人这样一个群体创业、创新、创牌而发展起来，共同奋斗，共享成果，是名副其实的新型集体企业。按照十五大报告所说，是劳动者的劳动联合和资本联合的新型集体经济，这样的企业尤其要提倡和鼓励。

——华为的创新驱动和巨额的高科技投入，是成为世界领先企业的重要因素。华为的激励机制，引发了企业创新的内在动力。华为每年将销售收入的 10% 以上投入研究，15 万员工中超过 48% 的员工从事创新研究与开发。华为在 170 多个标准组织和开源组织中担任核心职位，截至 2013 年末，已累计获得专利授权 36511 件。华为对电信基础网络、云数据中心和智能终端等领域持续进行研发投入，以客户需求和前沿技术驱动的创新使公司处于行业前沿，引领行业的发展。2014 年，华为在汤普森路透集团评选的"全球百大创新机构"中位列第 41 位，是中国大陆唯一的上榜企业。

——华为以奋斗、专业的精神创造了以服务为核心的企业文化品牌。华为领导人认为，一个高新技术企业，不能没有文化，只有文化才能支撑她持续发展。在任正非的领导下，华为十几万奋斗着的专注于各个技术领域的专家式员工共同造就了华为谦虚、诚信、专业的企业品牌，"华为"早已不仅仅是华为公司所推出的优秀产品的品牌，更是一种企业精神、企业文化的品牌，一个优秀的创业者集体的品牌。

——华为着眼于国际视野和国际战略。华为的国际市场销售额占到总销售的 70% 以上，华为的电信网络设备、IT 设备和解决方案以及智能终端已应用于全球 170 多个国家和地区，涉及全球 30 亿以上的人口。华为已成为中国"走出去"的典范。

2014 年度，华为完成销售收入 2890 亿元人民币，实现利润总额 320 亿元人民币，向国家缴纳的税收 330 亿元人民币，就业员工达 15 万人，间接带动就业 300 万人以上。如果全国有一百个华为这样的企业，不仅可以大大改变中国企业的面貌，而且可以为实现中华民族伟大复兴的中国梦作出重要贡献！

三、政府在创新过程中发挥更好的作用

"创业、创新、创牌"虽然是老百姓自己的事，是市场的行为，但是政府必须要为"创业、创新、创牌"创造良好的制度环境、司法环境。李克强总理在今年"两会"答记者问时指出，"大众创业、万众创新，实际上是一个改革"。他还具体提到了"简政放权、商事制度改革"对市场的激发促进作用。政府通过清障放权换来市场的

活力，用减法换取乘法。他十分明确地指出，"市场活力的激发需要政府去清障搭台"。

"三创"是跟调结构等一系列重要的改革议题密切相关的，《政府工作报告》中已经提到，2014 年度"着力培育新的增长点，促进服务业加快发展，支持发展移动互联网、集成电路、高端装备制造、新能源汽车等战略性新兴产业，互联网金融异军突起，电子商务、物流快递等新业态快速成长，众多'创客'脱颖而出，文化创意产业蓬勃发展。同时，继续化解过剩产能，钢铁、水泥等 15 个重点行业淘汰落后产能年度任务如期完成"。由此可见，"创业、创新、创牌"对国家、社会有重大意义，政府必须予以鼓励和支持。

在"三创"过程中，从更广泛的"政府"的角度来讲，还需要提供良好的司法环境。因为创新、创牌的基础是有效的知识产权保护体系，创业的基础是能够剔除不正当的垄断和市场竞争，这都需要一个公正的司法体系的保障。尤其是在互联网时代，基于网络的各种创新层出不穷，但是也带来了专利保护的挑战。如果没有有效的专利保障，一些已经成长起来的大型网络企业利用其海量用户和资金优势，很可能把市场上所有刚刚崭露头角的创新、创意都迅速抄袭抢占，这就扼杀了创新的动力。在此情况下，《反垄断法》和《反不正当竞争法》在互联网创新领域的适用就显得极为重要，对专利保护争议的专业处断也成为重要议题。中央全面深化改革领导小组第三次会议审议通过了《关于司法体制改革试点若干问题的框架意见》和《关于设立知识产权法院的方案》为"创业、创新、创牌"提供了强有力的司法保障。

李克强总理指出，国家的繁荣在于人民创造力的发挥，经济的活力也来自就业、创业和消费的多样性。人民是创造财富的主体，政府是创造环境的主体，在"创业、创新、创牌"的浪潮中，政府可以而且应当为创造财富的主体提供最理想的环境。但是，政府要创造适宜"三创"的环境还需要政府本身运作模式和管理方式的创新，简单地说就是要创新政府。以中央重要报告的起草为例，2013年党的十八届三中全会前夕我曾经向中央建议，应当改变过去关门写文件的做法，利用网络手段向全国人民征求关于党政重要文件的起草意见。今年两会前的政府报告起草过程与我的建议内容非常一致，会议通过中国政府网、人民网、新华网、央视网、中国网、新浪网、腾讯网等网站，发起"2015政府工作报告我来写——我为政府工作献一策"活动，公开征集社会各界对2015年政府工作报告的意见建议，征得4万多条意见，其中有914条建议和意见被采纳，使民意充分地体现在政府工作报告当中。

"三创"可以改变中国，它不仅能够帮助中国经济顺利地实现转型升级，走上可持续发展的道路，还能够推动国家治理能力和治理方式的现代化，为中国稳定发展保驾护航。

五、中国改革的回顾与展望

30 年来中国改革的回顾和展望

——纪念《中共中央关于经济体制改革的决定》颁布 30 周年

（2014 年 10 月 8 日）

1984 年 10 月 20 日党的十二届三中全会通过的《中共中央关于经济体制改革的决定》，是我国改革历史上第一个纲领性文件。30 年来，经历了五次党的代表大会（十四大、十五大、十六大、十七大、十八大）、三个三中全会（十四届三中全会、十六届三中全会、十八届三中全会）等中央对改革的决定，使我们国家的面貌和人民的面貌发生了根本性的变化。

一、30 年来的改革取得的重大成就和仍需解决的问题

习近平同志指出，改革开放是当代中国发展进步的活力之源，是党和人民事业大踏步赶上时代的重要法宝。30 年来的改革开放所取得的重大成就，主要是体现在它推动我国实现或正在实现的五个方面的重大转变。

第一，改革开放推动了以阶级斗争为纲向以经济建设为中心的转变。

十年"文革"结束后，我国虽然进行了初步的拨乱反正，恢复并稳定了国家生活的正常秩序，但"左"的影响依旧强大。"两个凡

是"和"以阶级斗争为纲"仍然占据政治和意识形态的主导地位，国家的发展进步仍然受到禁锢。1978 年 5 月开展的真理标准问题大讨论，从思想理论上否定了"两个凡是"，号召人们彻底打破思想枷锁，把实践作为检验真理的唯一标准。真理标准问题大讨论打破了教条式的理论禁锢，恢复了实事求是的马克思主义思想路线，成为开辟中国特色社会主义道路的奠基石。在"解放思想、实事求是"的思想基础上，1978 年 12 月，党的十一届三中全会抛弃了"以阶级斗争为纲"，把党和国家工作中心转移到经济建设上来。正是由于有了这个转变，才可能改变传统的计划经济体制，改变封闭半封闭的状况，进而迎来整个国家的发展进步。"解放思想、实事求是"作为改革开放的思想内核，为我国的发展进步提供了不竭的思想理论活力源泉。

第二，改革开放推动了从计划经济向市场经济的转变。

今天，我们已经彻底告别了由国家计划统配社会资源的时代，市场繁荣、产品丰富。绝大多数人认为，遵循价值规律、由市场来配置资源是理所当然的事情。但实际上，从计划经济到社会主义市场经济的转变极为不易，是改革开放曾经走过的最艰难的历程，也是到目前为止改革开放所取得的最重要的成果。

党的十一届三中全会之后，改革就在农村和局部地区铺开，农村生产力迅速得到解放，农产品日渐丰富，但城市经济因延续计划管理体制未见大的起色。1984 年 10 月，党的十二届三中全会通过了《中共中央关于经济体制改革的决定》，提出社会主义经济是公有制为基础的有计划的商品经济。这是经济体制改革的重大突破。此后，经过不懈探索，1992 年党的十四大明确了建立社会主义市场经济体制的改革目标。建立社会主义市场经济体制，为我国经济发展构建了最为重要的制度基础，使价值规律深入到社会经济的每一个微观单元发挥作用，极大地激发了人们的创造活力、发展热情。1993 年党的十四届三中全会通过了《中共中央关于建立社会主义市场经济体制若干问题的决定》,提出了构成社会主义市场经济体制基本框架的 5 个主要环节:建立产权清晰、权责明确、政企分开、管理科学的现代企业制度;建立全国统一开放的市场体系;建立以间接手段为主的宏观调控体系;建立以按劳分配为主体的收入分配制度,鼓励一部分地区一部分人先富起来,走共同富裕的道路;建立多层次的社会保障制度。同时,要求围绕这些主要环节,建立相应的法律体系。其后十年的改革开放,就是以这五项工作为中心,推动了我国的发展进步。2003年党的十六届三中全会提出了完善社会主义市场经济体制的战略任务,要求以完善社会主义市场经济体制为目标,坚持以人为本,树立全面协调可持续的发展观,促进经济社会和人的全面发展。无疑,从计划经济转向社会主义市场经济,是我们党的伟大创举,为发展中国特色社会主义奠定了经济基础。

第三,改革开放推动中国从闭关锁国转向全方位开放。

改革开放之前,我国各项工作中长期存在一种"左"的偏见,盲目自信,唯我独尊,排斥国外好的做法和经验,使我国经济管理、技术进步、产业发展等很多方面严重落后于发达国家。党的十一届三中全会开启了对外开放的历史新时期。1979 年初,国务院决定设立蛇口工业区。同年 7 月,中央批准广东、福建两省对外经济活动实行特殊政策和灵活措施。1980 年,全国人大常委会批准在深圳、珠海、汕头、厦门设立经济特区,按照市场取向进行改革探索。1984 年,国务院决定大连等 14 个沿海港口城市进一步对外开放。1985 年,中央决定在长江三角洲、珠江三角洲和福建厦漳泉三角地区开辟沿海经济开放区。1988 年海南成为经济特区。1990 年中央推进形成了以上海浦东为龙头的长江流域开放带。这一阶段的对外开放,引进了大量国外资金、技术和先进管理经验,使国内商品市场丰富和繁荣起来,使市场因素在整个经济中的比重大幅上升，有力冲击了计划经济的藩篱，为社会主义市场经济体制的确立作出了重大贡献。1992年，邓小平同志南方谈话之后，对外开放步伐进一步扩大，由沿海地区迅速向内陆腹地拓展。2001年底，我国加入世界贸易组织，对外开放进入一个新阶段。党的十六大以后，我国吸收利用外资从弥补"双缺口"为主转向优化资本配置、促进技术进步和推动社会主义市场经济体制完善转变，利用外资实现新发展，规模和质量全面提升。2003—2011年，我国非金融领域实际使用外商直接投资累计达到7164亿美元，年均增长9.2%，到2013年，仅当年中国非金融领域外商直接投资就达1130亿美元。2011年，我国外商直接投资突破1160亿美元，2013年达1175.86亿美元，同比增长5.25%，在2011年度全球排名就上升至第二位，并连续22年位居发展中国家首位。

改革推动了开放，开放也在倒逼改革。以加入世界贸易组织为例，为使国内经济制度与国际贸易规则接轨，中央政府部门清理各种法律法规和部门规章2300多件，地方政府共清理地方性政策和法规19万多件，使涉外经济法律法规与加入世贸组织承诺相一致。一些长期难以突破的顽疾在这个过程中被顺利克服，社会主义市场经济因而得到进一步完善，经济社会迸发出更大活力。

第四，改革开放推动国家从人治走向法治。

我国有着数千年的封建历史传统。坚定走依法治国道路、建设社会主义法治国家，这是巨大的历史进步。党的十一届三中全会开启改革开放时，邓小平同志就在总结历史教训的基础上指出："为了保障人民民主，必须加强法制。必须使民主制度化、法律化，使这种制度和法律不因领导人的改变而改变，不因领导人的看法和注意力的改变而改变。"在党的十四大明确建立社会主义市场经济体制改革目标后，依法治国的要求更加迫切，因为市场经济必须是法治经济。正是顺应这一历史发展潮流，党的十五大把依法治国、建设社会主义法治国家作为党领导人民治理国家的基本方略郑重地提了出来，并把过去"建设社会主义法制国家"的提法改为"建设社会主义法治国家"，极其鲜明地突出了法治的理念。1999 年 3 月，全国人大对宪法进行了修改，明确规定："中华人民共和国实行依法治国，建设社会主义法治国家。"2012 年党的十八大进一步强调，依法治国是党领导人民治理国家的基本方略，法治是治国理政的基本方式，要更加注重发挥法治在国家治理和社会管理中的作用，全面推进依法治国，加快建设社会主义法治国家。十八届三中全会提出："建设法治中国，必须坚持依法治国、依法执政、依法行政共同推进，坚持法治国家、法治政府、法治社会一体建设。"建设社会主义法治国家，能够从根本上杜绝"文革"那样的政治混乱，进而保障经济社会在稳定的环境下顺利发展。法治还是现代市场经济有机体的重要组成部分。市场主体的微观交易行为，比如商业谈判、签订契约、解决纠纷等，无不需要法治的规范。市场交易遵循成熟的法律制度，纠纷能在良善的司法体系中获得合理解决，市场主体就会产生稳定的预期，就会大大降低交易成本，市场经济的活力就会进一步释放。改革开放推动我国全面走向法治社会，必将进一步增强经济发展的活力。我们应清醒地看到建设社会主义法治国家的任务非常繁重而艰巨，期待着即将召开的十八届四中全会对此作出重要决策。

第五，改革开放推动我国人民生活从贫穷落后转向小康。

改革开放改变了生产关系和生产力不相适应的状况，社会生产力得到极大解放，社会财富迅速增长，人民生活得到极大改善。30 多年来，我国城乡居民收入水平呈现出大幅度增长态势。从 1978 年到 2013 年，城镇居民人均可支配收入由 343 元提高到 26955 元，农村居民家庭人均纯收入由 134 元提高到 8896 元。居民消费结构从温饱型向小康型转变，城乡居民家庭的恩格尔系数分别从 1978 年的 57.5% 和 67.7% 下降到 2013 年的 35% 和 37.7%，人民生活从满足于吃饱穿暖转变到更加注重个性和享受的多层次消费。居民预期寿命从 1981 年的 67.8 岁提高到 2014 年的 75 岁；文盲率从 1982 年的 22.8% 下降到目前的 4.1%，每年有数百万高等院校毕业生成为社会主义现代化建设事业的接班人。改革开放给人民生活带来巨大改善，全面建成小康社会的奋斗目标将一步步变为现实，极大地调动了人民群众投身中国特色社会主义建设的积极性、创造性，为我国的发展进步带来了无穷的活力。

中国的改革虽然取得了举世瞩目的成就，但是前期单边突进的改革遗留的问题越来越成为拖累经济社会进一步向前发展的障碍，而且经过 30 年的改革发展，随着生存型阶段向发展型阶段的转变，我国需求结构开始发生明显变化，新的需求和旧的体制的矛盾也日益凸显，新老问题同时并存，影响改革的深化。目前仍存在的矛盾有以下几个方面：

一是经济发展方式转型与市场化改革不到位的矛盾。我们喊了许多年的垄断行业改革，过去几年也有一定的进展，但一些行业在应对危机中出现明显的"国进民退"趋势，民营经济发展受到冲击。以资源环境为例，高能耗经济和高碳经济赖以生存的最根本的体制基础，就是资源要素的行政控制和价格扭曲。在我们价格改革滞后的同时，现行资源税负过低，而且征税范围过小，也是低成本投资扩张的重要原因。目前对国企正在开展混合所有制改革，大方向是完全正确的，细节上怎么完善，还需要进一步探索。

二是社会公共需求转型与公共产品供给短缺的矛盾。我国已开始从私人产品短缺时代进入公共产品短缺时代，但相应的社会体制改革还不适应这个时代变化的趋势。公共产品短缺成为阻碍扩大内需、制约发展方式转型的一个重要因素。1990—2008 年的 18 年间，城市和农村居民人均医疗保健支出年均增幅分别为 21% 和 15%，比同期城乡居民人均收入的增幅分别高 7 个和 4 个百分点。公共产品短缺使我国消费率不断下降，消费率水平不仅低于发达国家，而且也低于"金砖四国"中的其他三国。

三是政府作用的发挥与政府自身建设和改革滞后的矛盾。无论是经济增长方式转变还是适应社会需求变化的社会体制改革，最终都取决于政府自身建设与改革的进程。应当说，近几年政府改革有明显进展，但与经济社会发展需求相比仍有较大差距。例如，近年来政府在基本公共服务领域做了大量的工作，但从总体上来看，政府仍然是经济建设型的运作模式，中央和地方在公共服务上还没有严格的职责划分，财政在公共服务领域的投入比重还不高，地方政府的注意力仍然集中在追求经济总量的扩张上。

四是依法治国的理念尚未能完全落实。依法治国的治国方略虽然早已确立，但是一方面行政部门职能缺位、错位、越位并存，行政审批门槛多、公共服务不到位、权力行使不规范等问题严重阻滞了市场经济的健康发展；另一方面，《宪法》明确的法院、检察院独立司法没有被严格恪守，律师权利不被尊重，各类司法判决屡遭社会各界质疑，最高法、最高检两会报告多年来反对票保持高位，彰显法治状况与社会主义市场经济建设的脱节。市场经济当中利益主体各不相同，市场经济的运行实际也是各个市场主体之间利益交换、协调的过程，是不断产生矛盾又不断解决矛盾的过程，司法承载着保障这些矛盾有效、迅速解决，维护不同市场主体利益交换、协调通畅运行的重要功能。

二、充分发挥市场决定资源配置的作用

十八届三中全会《中共中央关于全面深化改革若干重大问题的

决定》提出，使市场在资源配置中起决定性作用。这既是解放思想带来的重大的理论突破，也是下一阶段全面深化改革尤其是深化经济体制和政治体制改革的工作重心。市场在资源配置中起决定性作用要求我们必须遵守市场经济的一般规律，国内外实践都早已证明，只有充分发挥市场的决定性作用，才能使经济社会获得持续健康发展。

（一）国内外实践证明，行政性配置资源没有成功的先例

计划经济的特点是通过计划等行政手段来配置资源，因此效率低下。例如，20世纪50年代，沈阳有两个相邻的工厂，一个叫沈阳变压器厂，一个叫沈阳冶炼厂，这两个都是政府行政主导，变压器厂需要大量的铜，由主管的一机部从云南等地调到沈阳。冶炼厂生产的铜由冶金部从沈阳调往全国各地。一墙之隔的两个厂由于行政主导，没有市场，造成资源的极大浪费。还有一个例子，上海的一家企业为了在夏天给车间工作的工人降温要申请买鼓风机，经过七个部门审批，待审批完毕，夏天都已经过去了。东欧国家也有相类似的教训，1986年我率领国家体改委代表团考察了匈牙利和南斯拉夫的体制改革，我问匈牙利主管计划工作的副总理："你们为什么要取消指令性计划？"他回答说："我们国家计划局按照平衡表编制指令性计划，但执行的结果，有的完成了百分之五百，有的只完成了百分之十，但谁都没有责任，说明这种计划是主观主义的，脱离实际的。"捷克的"拔佳"皮鞋是名牌产品，但后来搞了计划经济，就没有名牌了。因为国家计划部门按照全国人口1600万人（当时捷克和斯洛伐克是一个国家）每人两双皮鞋做计划，计划执行结果是，老百姓需要的没有生产，而生产出来的往往没有人买，一方面满足不了需要，另一方面又造成了大量积压。道理很简单，皮鞋的需求多种多样，个性化很强，男人与女人不一样，大小和小孩不一样，城里和农村不一样，国家计划部门凭主观编制计划，生产部门按产值高的安排生产，产需严重脱节，其

结果造成的资源浪费是可想而知的。国内外的经验教训告诉我们，全社会市场需求的千变万化不是机械的计划所能应对的，行政手段越俎代庖只会带来巨大的浪费和严重的低效率。

（二）我们党对市场作为资源配置的认识经历的三个阶段

计划经济暴露出巨大的问题之后，十一届三中全会开启了改革的历程，通过十多年的改革探索，逐渐明确了改革方向，十四大明确提出，改革的目标是建立社会主义市场经济体制，但是就社会主义市场经济的内涵，特别是市场在资源配置中处于一个什么样的地位、应当发挥什么样的作用，我们党对这一问题的认识，经历了三个阶段：

第一个阶段是十四大提出"市场在社会主义国家宏观调控下对资源配置起基础性作用"。十四届三中全会确定"建立社会主义市场经济体制，就是要使市场在国家宏观调控下对资源配置起基础性作用"。

1984 年十二届三中全会提出，社会主义经济是有计划的商品经济，1987 年十三大提出了社会主义商品经济，其内涵是计划调节与市场调节相结合，在描述运行机制时谈到国家调控市场、市场引导企业，虽然隐含了国家计划走向间接调控的意思，但计划仍占据着重要地位。80 年代末 90 年代初，由于改革陷入低潮，市场的资源配置功能一度被质疑，对经济体制改革方向的认识也再次发生争论，有人简单认为计划经济就是社会主义，有人主张回到计划经济为主、市场调节为辅的提法。在这种不利情况下，小平同志的南方谈话使改革回到了正确的航向，小平同志明确提出："计划多一点还是市场多一点，不是社会主义与资本主义的本质区别。计划经济不等于社会主义，资本主义也有计划；市场经济不等于资本主义，社会主义也有市场。计划和市场都是经济手段。"此后，经过对过去社会主义经济建设经验得失的认真总结，十四大提出"市场在社会主义国家宏观调控下对资源配置起基础性作用"。十四届三中全会将表述修正为"市场在国家宏观调控下对资源配置起基础性作用",并在此基础上,构建了社会主义市场经济的五大支柱。这个解放思想的提法在当时具有重大的理论创新意义,也对社会主义市场经济的初步建立发挥了基础性作用。但是这个提法并不完全科学,在社会主义市场经济建立并进入新的发展时期后,关于市场经济的内涵,亟须进一步完善。

第二个阶段是十六届三中全会提出"更大程度地发挥市场在资源配置中的基础性作用"。

社会主义市场经济初步建立并运行多年之后,一些深层次的矛盾逐渐暴露,对社会主义市场经济的进一步完善成为一项重大的理论和现实命题。在十六届三中全会《中共中央关于完善社会主义市场经济体制若干问题的决定》起草过程中,我在当年4月23日召开的起草小组会议上作了主题为"改革无止境、完善无止境"的发言,其中包括了对完善社会主义市场经济体制的内涵的一些意见:

十四大和十四届三中全会对社会主义市场经济定义是市场在国家宏观调控下对资源配置起基础性作用。国家宏观调控是作为对资源配置的前提条件,还是属于市场经济的重要内容?原来的这个表述字面理解应为前提,但从理论上讲,宏观调控本应是市场经济的一个内容。其他疑问还包括宏观调控是资源在市场配置的基础上发挥政府的作用,还是资源在政府作用下发挥市场的作用?资源配置的主体是政府还是市场?是政府主导还是市场主导?原有的定义均无法厘清这些问题,而这些问题一旦搞错,社会主义市场经济就有可能沦为计划经济的翻版。因此,我提出的这个建议受到主持中央文件起草的温家宝同志的重视,十六届三中全会的《决定》最终采纳了我的建议,确立了"更大程度地发挥市场在资源配置中的基础性作用"这一表述。

十八大在此基础上将社会主义市场经济的内涵进一步拓展为

"更大程度更广范围发挥市场在资源配置中的基础性作用"。这是对十六届三中全会表述的延续和发展。从十六届三中全会到十八大，这是社会主义市场经济内涵说经历的第二个阶段。

第三个阶段是十八届三中全会确定"使市场在资源配置中起决定性作用"。

《中共中央关于全面深化改革若干重大问题的决定》指出："紧紧围绕使市场在资源配置中起决定性作用深化经济体制改革，坚持和完善基本经济制度，加快完善现代市场体系、宏观调控体系、开放型经济体系，加快转变经济发展方式，加快建设创新型国家，推动经济更有效率、更加公平、更可持续发展。"

十六届三中全会以来，虽然已经明确了"市场在资源配置中的基础性作用"，但是市场的这个基础作用与国家宏观调控的关系在很多情况下还是容易被混淆，看得见的手经常取代看不见的手发挥作用，造成市场的紊乱。各级政府和部门总是过分强调自己的宏观调控职能，很大程度上是计划经济时期行政性控制的翻版。尤其是在遇到国际性的经济、金融危机时，政府的紧急干预措施被当做"中国模式"的圭臬，使市场在资源配置中的基础性作用被削弱，同时造成了产能的大量过剩。必须明确，政府宏观调控不是资源配置的前提，配置资源的主体是市场，而不是政府。

十八届三中全会《决定》指出：建设统一开放、竞争有序的市场体系，是使市场在资源配置中起决定性作用的基础。必须加快形成企业自主经营、公平竞争，消费者自由选择、自主消费，商品和要素自由流动、平等交换的现代市场体系，着力清除市场壁垒，提高资源配置效率和公平性。就当前阶段而言，"其他力量可以影响和引导资源配置，但决定者不是别的，只有市场"。必须紧紧围绕发挥市场在资源配置中的决定性作用来深化改革，核心是要厘清政府与市场的关系，重点在于进一步夯实市场基础，注重运用市场经济的普遍规律，强化社会主义市场经济的一般特征。具体包括如下几个方面：

第一，发挥市场在资源配置中的决定性作用要求市场资源要素的流转和聚集由市场的价值规律主导，并要剔除其中不良垄断和过度行政管制等人为设置的限制市场资源要素流动的各种障碍。

第二，发挥市场在资源配置中的决定性作用要求市场主体必须符合市场经济的要求。国有企业是我国社会主义市场经济当中制造商品和提供服务并参与市场竞争的重要市场主体。长期以来，我国国有企业虽然经过多轮市场化改造，但仍存在一些不符合市场经济要求的问题，比如国企政府背景浓厚，绝大多数国企领导都有从政履历并带有行政级别，国有企业所具备的这些"独特"资源影响了市场的平等性要求，影响了市场的公平竞争等等。为此，《决定》指出："国有企业总体上已经同市场经济相融合，必须适应市场化、国际化新形势，以规范经营决策、资产保值增值、公平参与竞争、提高企业效率、增强企业活力、承担社会责任为重点，进一步深化国有企业改革。"

第三，发挥市场在资源配置中的决定性作用必须准确定位宏观调控。宏观调控是以财政政策和货币政策等间接调控手段为主，而非直接的行政手段；宏观调控的目的是在国家整体层面促进经济总量平衡和整体的经济结构协调，避免区域、系统性风险。结合《决定》对市场的决定性作用表述，可以明确宏观调控是在市场配置资源的基础上发挥政府的作用。

准确定位宏观调控，要避免陷入"中国模式"误区。在应对国际金融危机期间，中国政府曾出台了一些应急措施，并在当时起到了明显的救急作用。在这种背景下，一些人开始过度乐观地估计政府的作用，将政府的应急干预理解为超级"宏观调控"，并臆想将政府行政主导、受控市场归结为"中国模式",用"中国模式"代替改革的进一步深化。这种所谓的"中国模式",显然违背了市场经济主要由市场来配置资源的一般规律,容易滑向行政主导的计划经济老路。由于我国仍处于传统计划经济体制向社会主义市场经济体制转型阶段,我国社会主义市场经济具有一定的特殊性,但是不能由于紧急或危机状态下必须采取一些特殊政策而否定市场经济体制改革的基本方向,放弃市场经济的一般规律。宏观调控应当将政府的政策如何撬动市场力量成为考虑的重点,而短期不得不直接介入市场的行为应避免过度,同时要考虑经济运行恢复常态时的"淡出"安排。

三、正确发挥政府的作用

十八届三中全会《决定》指出,"经济体制改革是全面深化改革的重点,核心是处理好政府与市场的关系,使市场在资源配置中起决定性作用和更好发挥政府作用"。市场决定资源配置,是被人类实践证明的市场经济的一般规律。完善社会主义市场经济,必须遵循这一规律,不遵循这样的规律,就会像本文开头所讲的那几个例子那样,轻则造成资源配置的低效率,重则使整体资源错配,导致一个行业乃至一个国家的经济混乱。因此,要正确发挥政府的作用,必须按《决定》要求,切实转变政府职能,减少政府对资源的直接配置,同时加强优化政府的公共服务职能,强化市场监管,维护市场秩序,保障公平竞争,打造服务型和法治型政府。

（一）转变政府职能，必须明晰政府与市场的不同职能

市场在资源配置中起决定性作用,表明经济发展的主体力量在市场,企业和老百姓才是创造财富的主体,政府应该是创造公平竞争环境的主体。政府的职能要转到为市场主体服务、创造良好的环境上来,主要通过保护市场主体的合法权益和公平竞争,激发社会成员创

造财富的积极性，增强经济发展的内在动力。

转变政府职能还要求正确处理好集中与分散决策的关系。改革开放以来，传统体制高度集中的弊端虽然被认识，但集中体制"能办大事"的认识误区依然影响深远。而科学决策和执行存在多种约束条件，如信息对称与否、利益取向是否"一致"、决策目标是多重还是"单一"的、长期决策还是短期决策等等，不解决约束条件问题，很可能大事办不成，负面影响不小。市场经济客观上要求分散决策，但政府却存在很强的"集中偏好"，就难于根据走向市场经济的实际进程切实转变职能，反而会把不适当的决策"强加"给市场，甚至代替市场选择。这显然不利于社会主义市场经济的发展。最明显的例证就是近年来，政府对战略新兴产业的过度干预。发展新兴产业方向是完全正确的，其中创新生态是战略性新兴产业的核心，发展新兴产业需要创新引领、市场导向，脱离产业的创新则是无源之水。但是一些地方政府罔顾这种市场经济一般规律，不顾产业基础和市场环境，只管通过给项目、定企业的行政方式，以土地和贷款的优惠吸引投资，造成无序的产业扩张，形成产能过剩，导致企业、产业和政府都陷入困境。这种教训已经在光伏产业上暴露，可一而不可再。

明确了政府与市场的不同职能，政府要引导产业的升级发展，就会避免直接干预，尽量通过市场的决定性作用来实现促进产业升级的目标。譬如广东为了支持新兴产业，"十二五"期间要拿出100亿资金，这100亿如何分配？用老办法，通过财政厅分配，撒胡椒面，重点不突出，效果不明显，而且容易造成分配不公和腐败。为此我向时任省委书记的汪洋同志提出建议，通过基金的办法以市场机制来配置财政资源，通过竞争和专业管理，提高资金使用效率，发挥四两拨千斤的作用，并能够使政府扶持资金不断发展壮大。这个方式一方面尊重了市场的一般规律，另一方面又帮助政府实现调控目标，同时节约了资金，尊重和发挥市场的决定性作用就能够一举两得。

（二）转变政府职能，必须加强政府公共服务

政府应当着力建立以权利公平、机会公平、规则公平为主要内容的社会公平保障体系。建立公平的社会保障体系是发挥政府积极职能，防范市场失灵的重要内容。市场经济优胜劣汰的规律决定了市场在优化资源配置的同时也会产生许多失败的被淘汰者。而即使是市场竞争的优胜者有时也难免因为天灾人祸的影响而遭遇难以为继的危机，公平的保障体系能够为市场主体参与市场竞争免除后顾之忧，促进市场经济的和谐健康发展。

建立以权利公平、机会公平、规则公平为主要内容的社会公平保障体系也是科学发展观的要求，以人为本的基本要求是全面、协调、可持续，根本方法是统筹兼顾。贯彻落实科学发展观，重要的任务在于为广大社会成员提供有效的义务教育、基本医疗和公共卫生服务、公共就业服务、基本社会保障等基本公共服务，使经济发展的成果充分体现为人的全面发展；通过促进人的全面发展为中国经济发展方式转变和经济社会的可持续发展积累日益强大的人力资本。从我国的国情出发，社会公平保障体系的建设主体是政府。在社会公平保障体系中，政府发挥着关键性的作用，这与其公共职能的定位高度相关。

（三）转变政府职能，必须以建设法治政府为导向，落实放权、限权、分权

《决定》要求全面正确履行政府职能，并要求："进一步简政放权，深化行政审批制度改革，最大限度减少中央政府对微观事务的管理，市场机制能有效调节的经济活动，一律取消审批，对保留的行政审批事项要规范管理、提高效率；直接面向基层、量大面广、由地方管理更方便有效的经济社会事项，一律下放地方和基层管理。"落实《决定》的这些放权要求有利于调动企业和社会的积极性，有利于改革红利的进一步释放。

落实《决定》的转变政府职能要求，除了简政放权之外，必须通过法治的手段推进法治政府的建设。为此，《决定》明确要"建设法治中国，必须坚持依法治国、依法执政、依法行政共同推进，坚持法治国家、法治政府、法治社会一体建设"。法治的要义在于限制公权、保障公民权利。这就必须要尊重宪法的权利本位，使政府公权行为法无授权即禁止，公民权利行为法不禁止即自由，《决定》也指出"维护宪法和法律权威"。进一步完善人民代表大会制度，使各级人民代表能够依法对行政权力进行制约，通过制度安排更好地保障人民群众各方面的权益。要在全体人民共同奋斗、经济社会不断发展的基础上，通过制度安排，依法保障人民权益，让全体人民依法平等享有权利和履行义务，进一步实现社会公平正义。

通过完善宪法、行政法的落实和司法适用，完善党内制度体系，将加强和改善党的领导与现代法治条件下对权力的制约有机结合起来，确保党在法治轨道上成为中国特色社会主义事业的核心。限制权力还需要司法体制的配套改革。公权力的有序运行，不能单纯依赖官员的自觉自醒，必须有相对独立的司法威慑。《决定》要求"确保依法独立公正行使审判权检察权"，要根据司法实践当中暴露出来的各种问题，扭转权大于法，公权力任意削减律师、公民权利的行为，《决定》开创性地提出了要"完善人权司法保障制度"。

只有通过真正的落实法治，才能杜绝公权力越位、缺位、错位情况的发生，促进政府职能的有效转变，将权力关进笼子。只有将权力真正关进了笼子，才能真正充分发挥市场的决定性作用。十八届四中全会主题定位为法治，充分说明了中央对改革的深刻认识。

吹响经济体制改革的新号角

（2013 年 11 月 9 日）

2003 年 10 月 14 日，中共十六届三中全会通过的《中共中央关于完善社会主义市场经济体制若干问题的决定》，全面总结了二十多年来改革开放的经验，特别是十四届三中全会以来的经验，提出了完善社会主义市场经济体制的目标和任务，明确了强化经济体制改革的指导思想和原则，对新世纪新阶段我国经济体制改革作出了全面部署，是深化改革的纲领性文件，吹响了我国经济体制改革的新号角。

《决定》的背景

从 1978 年改革开放以来，中国的经济体制历经计划经济到"计划经济为主、市场调节为辅"和"有计划的商品经济"，再到 1992 年党的十四大明确提出建立社会主义市场经济体制的改革目标，并在 1993 年十四届三中全会通过《中共中央关于建立社会主义市场经济体制若干问题的决定》。改革进程虽然迂回曲折，但整体上是朝着市场成分不断扩大、计划经济因素不断削弱，最终建立健全社会主义市场经济体制这个方向前进的。

中国的经济体制改革在这二十多年当中在理论上和实践上都取得了重大的进展，特别是非公有制经济在社会主义市场经济建立十年来取得了长足发展。这样的经济形势既是党的十四届三中全会确立的社会主义市场经济大发展带来的成果，同时又引起了整个社会从社会成员到制度规则乃至文化意识的深刻变革。新兴市场主体的壮大对市场体系、金融体制、投资门槛、国企垄断以及政府职能等一系列体制性障碍提出了新的改革诉求，市场化的资源配置方式对整个国家的体制、机制形成了更进一步的改革要求。

2003 年，我国人均 GDP 达到 1090 美元，首次突破 1000 美元大关。根据国际经验，人均 GDP 从 1000 美元到 3000 美元的时期，可能出现两种前途：一种是进入"黄金发展时期"，另一种是矛盾凸显时期。在这个改革的关键阶段，我国整个经济社会呈现出几种特征：

第一，从发展阶段看，整个经济体正处在工业化、城镇化加速发展的重要时期，正处在从传统农业社会向现代工业社会转变的关键时期；从经济体制来看，我国正处在从计划经济体制向社会主义市场经济体制转变的关键时期，社会主义市场经济体制初步建立，但彻底消除计划经济体制的弊端、进一步完善社会主义市场经济体制的任务仍然十分艰巨。

第二，随着经济结构的深刻变化，城乡之间、地区之间、产业之间以及占有不同资源的群体之间的收入差距在拉大。

第三，社会需求升级并且越来越多样化。

第四，经济体制改革引发社会利益分化，多元化的利益主体正在形成。

《决定》的起草

2002 年，党的十六大提出了"建成完善的社会主义市场经济体制和更具活力、更加开放的经济体系"的重大任务。在十六届一中全会上，胡锦涛总书记明确指出，新一届中央领导集体当前和今后一个时期的首要政治任务，就是全面贯彻落实十六大精神。为此，中央要求，在深入调研、认真研究并广泛征求各方面意见的基础上，集中党内外智慧，起草一份"经得起历史检验的"文件，破解这一历史命题。

《决定》的起草始终在中央政治局常委会直接领导下进行，胡锦涛总书记多次对《决定》的总体思路、基本框架、重点要点等作出指示，牢固树立科学的发展观这一重要思想成为起草工作的重要指导原则。

2003年4月18日，起草组在北京成立。《决定》起草工作历时半年，在起草过程中，起草组从《决定》的框架到其中的重点、难点问题都进行了集中讨论和研究并反复磋商，广纳各方面意见。

根据中央政治局会议决定，8月18日，《决定》征求意见稿下发中央党政军机关和地方100多个单位，广泛征求意见。8月26日，胡锦涛总书记主持召开党外人士座谈会，就《决定》稿听取各民主党派中央、全国工商联领导人和无党派人士的意见和建议。

起草小组还邀请专家、学者、企业负责人和有关部门负责同志，举行10多场座谈会；20多个部委围绕产权制度、国有资产管理监督、农村土地制度、社会信用体系等问题，展开历时两个月的专题调研，形成一批极具参考价值的专题报告。至9月4日，起草组共收到各类意见、建议1700多条。

10月11日，十六届三中全会在北京举行。从11日到14日，出席全会的中央委员、候补委员和列席会议的有关同志提出的意见和建议，涉及粮食生产、扶贫开发、安全生产、科技教育等多个方面。起草组据此对《决定》稿进行了认真修改。

《中共中央关于完善社会主义市场经济体制若干问题的决定》共分12个部分42条。14日下午3时，《决定》获得全会的一致通过。

《决定》的创新及意义

《中共中央关于完善社会主义市场经济体制若干问题的决定》是中央在新的历史条件和改革形势下，推动更深层次的改革并谋求可持续发展的又一份纲领性文件，在理论和实践上有许多重大突破和创新：

《决定》以实事求是、解放思想的态度对公有制和非公有制经济作了更新的表述，不仅能够巩固社会主义的经济基础，还将推动社会主义市场经济实现更大的进步和繁荣。

《决定》提出了大力发展混合所有制经济，实现投资主体多元化，使股份制成为公有制的主要实现形式。《决定》关于公有制的新论述，是对二十多年来改革经验的总结，是探索公有制和市场经济相结合有效形式的成果，也是在继承基础上的重大理论突破。

《决定》提出了大力发展和引导非公有制经济。中央在十六大就提出必须毫不动摇地鼓励、支持和引导非公有制经济发展。十六届三中全会的《决定》进一步提出大力发展和积极引导非公有制经济，强调要清理和修订限制非公有制经济发展的法律法规和政策，消除体制障碍。这显然是抓住了阻碍我国非公有制经济发展的关键因素。在《决定》作出前，虽然我国建立社会主义市场经济已达十年，开启改革开放已有二十五年，但是一些对非公有制经济的歧视仍然大量存留在现实当中，不仅一些人的观念认识没有跟上时代发展的潮流，而且许多对非公有制经济的限制性乃至歧视性政策法规没有得到及时清理，广泛存在于企业融资、市场准入、土地使用等领域，严重遏制了企业的发展积极性，有悖于社会主义市场经济的公平原则。

《决定》提出，产权是所有制的核心和主要内容，要建立归属清晰、权责明确、保护严格、流转顺畅的现代产权制度。改革实践证明，现代企业制度的根本要求，就是产权清晰。这个问题解决得好，国有企业改革才能取得显著成效。建立现代产权制度，是完善建立基本经济制度的内在要求，是构建现代企业制度的重要基础。这对完善社会主义市场经济体制，促进经济社会的全面、协调、可持续发展，都具有重要意义。

《决定》从完善社会主义市场经济体制的要求出发，根据建立社会主义市场经济以来的新的实践和新的认知，从全局的角度进一步明确了必须坚持的原则和需要采取的措施。

《决定》指出，深化国有企业改革要完善国有资本有进有退、合理流动的机制，进一步推动国有资本更多地投向关系国家安全和国民经济命脉的重要行业和关键领域。长期以来，囿于意识形态的原因，关于国有资本的运营领域只能进不能退，否则便认为是动摇了社会主义经济基础。但是就市场经济的特征而言，无论是哪一种所有制的资本，合理流动带来的进或者退都是价值规律的体现。

《决定》继十六大报告后再次明确指出，要加快推进和完善垄断行业改革，并进一步指明了改革的方向。社会主义市场经济建立十年来，虽然垄断行业改革重组取得了一定进展，但长期存在的体制性障碍逐渐暴露。《决定》不仅从垄断行业本身，而且从行政管理体制的角度提出了具体意见，是从全局的角度对垄断行业改革作出部署。

《决定》提出了"科学发展观"的论断，并使之成为指引国家持续发展的重要理念。同时总结过去的经验，针对现实经济发展中存在的问题提出了"五个统筹"和"五个坚持"。

《决定》提出，"以人为本"是科学发展观的核心。"以人为本"是《决定》提出的新的重要思想，它的内涵就是各项工作都要把人的需要和促进人的全面发展作为根本出发点和归宿。"以人为本"的思想与以经济建设为中心是完全一致的。因为就全社会范围来说，要落实"以人为本",满足人的需要和促进人的全面发展,就必须要有相应的物质基础,而要达到这个条件,就要大力促进生产力的发展。同时,"以人为本",努力满足人的需要和促进人的全面发展,又是一个不断发展和进步的过程。只有社会财富不断被创造出来,社会文明持续进步,人的需要才能更加充分地得到满足,人的才能才会在更广阔的平台上得到充分展现。

《决定》提出了"五个统筹"的战略思想,即统筹城乡发展、统筹区域发展、统筹经济社会发展、统筹人与自然和谐发展、统筹国内发展和对外开放。五个统筹当中,首先要"建立有利于逐步改变城乡二元经济结构的体制"。这是《决定》贯彻十六大提出的统筹城乡经济社会发展、全面繁荣农村经济的一项带有根本性的重大措施。

三中全会是开启新一轮改革的战略起点

(2013 年 11 月 13 日)

35 年改革开放的过程也就是解放思想的过程。每次改革开放的重大突破都是以解放思想为先导。只有解放思想，才能实现体制创新和理论创新。改革开放使中国人民的面貌、社会主义中国的面貌、中国共产党的面貌发生了历史性的变化，这个巨大变化来之于改革开放，来之于解放思想。

今年 11 月 9 日至 12 日召开的十八届三中全会，研究了全面深化改革的重大问题。从历史经验来看，三中全会都是关于改革的重大会议，每次确立新的改革目标，指引我国改革前进的几个重要文件几乎都是在历次三中全会上做出的。

我先后参加过 6 个中央文件的起草，其中有 3 个三中全会是关于经济体制改革的决定。第一个是 1984 年 10 月十二届三中全会通过的《中共中央关于经济体制改革的决定》；第二个是 1993 年 11 月十四届三中全会通过的《中共中央关于建立社会主义市场经济体制若干问题的决定》；第三个是 2003 年 10 月十六届三中全会通过的《中共中央关于完善社会主义市场经济体制若干问题的决定》。这 3 个中共中央关于经济体制改革的决定，对推动中国改革起到了关键性的作用。这 3 个决定的出台几乎都是相隔 10 年，现在距离上一个决定的出台

· 231 ·

已经有 10 年了，改革也面临着新的情况和任务。回顾过去 3 个决定文件的起草历程和深远影响，我们可以预见，十八届三中全会将对我国下一步改革开放作出重要的战略部署，并出台重要的战略性文件。

一、十二届三中全会：《中共中央关于经济体制改革的决定》

中共中央第一个关于改革的决定，是 1984 年 10 月党的十二届三中全会通过的《中共中央关于经济体制改革的决定》，这是我们党历史上第一个关于改革的决定，我有幸参加了这个《决定》的起草工作。当时的背景是怎样的呢？解放思想冲破了"左"的干扰，农村改革取得了突破，农民的积极性大大提高了，极大地促进了农业生产。1984 年农业生产实现了前所未有的大丰收，粮食增产达到 4070 亿斤，创造了历史最高水平。过去搞计划经济，农民没有积极性，农民的劳动跟自己的收入没有太多关系。所以农民说，插秧一行是七棵，前面六棵不知道给谁插的，最后这一棵才是给自己插的。家庭联产承包责任制、包产到户解决了这个问题。交足国家的，留够集体的，剩下都是自己的，极大地调动了农民的积极性，有力地促进了农业生产的发展。农产品丰收了，要有市场、要有销售渠道，同时也要求交换农业所需要的生产资料，所以就迫切要求城市改革。但是城市呢，还是原来的那套体制模式，还是计划经济那一套，有以下几个弊病：

（一）政企不分。中央和地方政府的经济部门直接管理企业的生产经营活动，企业失去了自主权和活力，结果宏观经济决策没搞好，微观经济活动又管得死，严重压抑了企业的生产积极性。

（二）条块分割。把完整的国民经济分割为众多的部门所有制和地区所有制，造成了部门壁垒、地区封锁，限制了地区之间、部门之间的横向联系，影响了行业之间、企业之间的专业化协作，使企业的生产能力不能充分合理地发挥。我举一个很典型的例子：沈阳有两个厂，一个是变压器厂，旁边一个是冶炼厂。变压器厂由机械工业部管，冶炼厂由冶金部管。结果，变压器厂需要的铜由机械部从云南等地大批量运来，而冶炼厂生产的铜由冶金部分配到全国各地。一墙之隔的两个企业不能横向联系，造成了大量的物资和时间上的浪费。部门之间缺乏联系，扯皮很多，"九龙"治水，对权力抓住不放，而对责任往往一推了之。这种权力最大化、责任最小化的弊病很突出。

（三）单纯依靠行政手段和指令性计划来管理经济，主要不是商品生产、价格规律和市场在起作用，使企业缺乏竞争力和应变能力。

（四）分配中的平均主义很严重。分配没有真正体现按劳分配的原则，干好干坏一个样，形成了职工吃企业的"大锅饭"、企业吃国家的"大锅饭"的局面，严重地压抑了企业和广大群众的积极性、创造性。

以上弊端使社会主义经济失去了活力，严重束缚了社会生产力的发展，影响了社会主义制度优越性的发挥。在这个阶段，也受到了极左思想的干扰。1982 年 9 月，《人民日报》发表评论员文章，批判了主张缩小指令性计划、扩大指导性计划的观点，说这些观点是否定计划经济。1983 年，在清除"精神污染"的背景下，在党报上对"减少指令性计划、增加指导性计划"的看法开展了有组织的批判，强调指令性计划是计划经济的标志，还把商品经济、指导性计划作为"精神污染"来清除。可见，这一年思想理论界很紧张，理论上很混乱。

党的十一届三中全会以后，在近 6 年的改革开放实践基础上，党在十二届三中全会认真总结了经验，1984 年 10 月 20 日通过了《中共中央关于经济体制改革的决定》。这个《决定》阐明了加快以城市为重点的整个经济体制改革的必要性、紧迫性，规定了改革的性质、任务和各项基本方针，在理论上和政策上都有许多重大的突破。《决定》中一个重大的突破就是明确提出"社会主义经济是公有制基础上有计划的商品经济"。决定强调，商品经济的充分发展是社会经济发展的不可逾越的阶段，是实现我国经济现代化的必要条件，只有充分发展商品经济，才能把经济真正搞活，促使各个企业提高效益、灵活经营，适应复杂多变的社会需求，这是单纯依靠行政手段和指令性计划所不能做到的。十二届三中全会改变了原来十二大提出的"计划经济为主、市场调节为辅"的提法。邓小平同志对这个《决定》予以了很高的评价。他说："我的印象是写出了一个政治经济学的初稿，是马克思主义基本原理和中国社会主义实践相结合的政治经济学，我是这么个评价。"[1] "这次经济体制改革的文件好，就是解释了什么是社会主义，有些是我们老祖宗没有说过的话，有些新话。我看讲清楚了。过去我们不可能写出这样的文件，没有前几年的实践不可能写出这样的文件。写出来，也很不容易通过，会被看作'异端'。我们用自己的实践回答了新情况下出现的一些新问题。"[2]

《中共中央关于经济体制改革的决定》有什么重大突破和创新呢？过去大家知道计划经济是社会主义的基本特征。这个决定第一次提出了"商品经济"这样一个概念，很不容易，是解放思想的结果。在这个决定起草过程中，党中央和国务院主要领导同志先后八次和起草小组进行座谈，共同修改这个决定。在起草过程中，我提出，改革就是要为迅速发展社会主义商品经济扫清道路。从我们改革试点的实践经验来看，什么时候我们比较注意发展商品经济了，什么时候经济

---

① 《邓小平文选》第 3 卷，人民出版社 1993 年版，第 83 页。
② 《邓小平文选》第 3 卷，人民出版社 1993 年版，第 91 页。

就比较繁荣。哪个地方重视商品生产了，哪个地方经济就比较有活力。这是我经过多次调查得出的结论。广东就是因为先搞了商品经济，才有了活力，老百姓的日子就比较好过。所以，可以这样总结，在"只有社会主义可以救中国"这句话之外，还要加上一句"只有发展商品经济才能富中国"。但是，我的意见提出来以后，起草小组就有人不赞成把商品经济写入决定。主要担心什么呢？害怕社会主义跟资本主义混同起来，怕变成资本主义。我认为，这种担心没有必要，为什么呢？第一，社会主义商品经济是在生产资料公有制为主体的条件下发展的，和资本主义是有区别的；第二，商品经济和计划经济并不是对立的，商品经济越发达，生产的社会化程度越高，就越需要在宏观上加以指导。但是，当时在起草小组通不过。因为反对的人官都比我大，所以我没有办法了。后来我建议用中国经济体制改革研究会和中国经济体制改革研究所的名义于 1984 年 9 月初在北京西苑饭店开了个理论研讨会，请了 20 位学者专家参加会议。在会上，我首先提出：应明确提出社会主义商品经济的概念，这是当前改革要求在理论上的一个关键性突破。大家一讨论，思想都比较解放，意见很一致，认为"商品经济是个必然的途径。和资本主义制度并无必然联系，不是资本主义的特有范畴"，"商品经济是社会主义经济发展的一个必经阶段"，"商品经济同计划经济不是对立的"。另外，我们也讨论了另一个问题，就是过去十二大提出"计划经济为主，市场调节为辅"的提法问题。为什么提出要以计划经济为主呢？因为计划经济是社会主义的制度，是必须要坚持的，市场调节只能作为辅助作用。一个是社会制度，一个是手段和方法，这两个概念是不对称的。要么计划经济与市场经济，要么计划调节与市场调节，要么计划与市场。我们把讨论的结果给中央写了报告，国务院领导同志阅后批示给起草小组，并说"马洪同志也有这个意见"。中央经过反复征求各方面的意见，最终在十二届三中全会把"有计划的商品经济"写到决定上去。

关于计划与市场，已在世界范围内争论了近 100 年。我国理论界的争论也没有停止过。但什么是市场？我曾经在中央党校等多种场合讲过，哪里有商品交换，哪里就出现了市场，它不是社会主义特有的，也不是资本主义特有的，我国自古就有了，古文中有"日中为市"的提法。一个地方有了市场，就会繁荣起来。城堡+市场，就出现了"城市"。资本主义国家叫"城市"，社会主义国家也叫"城市"，并不因为我们是社会主义国家、实行计划经济就叫"城计"，也即"城市+计划"。由此可见，计划与市场这两个概念是一种手段、一种方法，不是社会制度的特征与属性。

二、十四届三中全会：《中共中央关于建立社会主义市场经济体制若干问题的决定》

中共中央第二个关于经济体制改革的决定，就是 1993 年 11 月十四届三中全会通过的《中共中央关于建立社会主义市场经济体制若干问题的决定》。根据小平同志南方谈话的精神，十四大明确提出，我国经济体制改革的目标是建立社会主义市场经济体制。目标明确了，怎么建立？当时心中没数。所以，中央专门召开十四届三中全会，研究如何建立社会主义市场经济体制。经过讨论研究，认为必须建立"五根柱子"。

第一，要建立适应市场经济要求，产权清晰、权责明确、政企分开、管理科学的现代企业制度；

第二，要建立统一开放的市场体系；

第三，要建立以间接调控为主的宏观调控体系；

第四，要建立以按劳分配为主体，效率优先、兼顾公平的收入分配制度；

第五，要建立多层次的社会保障制度，建立相应的法律法规体系。

在起草这个决定过程中我负责市场体系这部分，当时一起参加的有郑新立、张卓元同志，我们三个人是一个小组。在这个决定中，第一次把资本市场写上去了。这不容易，因为新中国成立以后不能提"资本"两个字，怕"资本"和"资本主义"相联系了，所以相当长的时间内我们只能叫"资金"，"资金利用"、"资金周转"，不能提资本。其实，资本是生产要素，不是与资本主义相联系，我们社会主义同样要利用资本这个要素。

关于提"劳动就业市场"还是提"劳动力市场"有不同意见。我坚持要理直气壮地提出劳动力市场，但有人说：劳动力怎么进入市场呢？劳动力进入市场就影响工人阶级的主人翁地位，所以不赞成劳动力市场的提法。为了使我的建议得到高层的支持，我曾分别征求薄一波同志和李岚清同志的意见，他们的反应很积极，都作了指示。后来中央政治局常委会专门开会讨论《中共中央关于建立社会主义市场经济体制若干问题的决定》草稿。我有幸列席参加了常委会，当时心血来潮发了言，我说：必须明确提出"劳动力市场"。我一口气讲了五条理由：

第一，劳动力的价值只能通过交换才能体现出来。劳动力进入市场是劳动的能力进入市场，而不是劳动者本身进入市场，不是把劳动者去作交换。劳动的能力有大小，贡献有大小。因此，反映它的价值也是有大小的。

第二，确立劳动力市场是市场经济体制的内在要求。我们要建立统一开放的市场体系，就必须使劳动力要素进入市场。如果劳动力这个最活跃的要素不能进入市场，那么统一开放的市场体系就很难建立起来。

第三，我们现在就业压力那么大，不开放劳动力市场，就业压力解决不了。

第四，我们现实生活当中已经有了劳动力市场。

第五，我们提出劳动力市场不会影响工人阶级的主人翁地位。

我记得新加坡资政李光耀先生说过：你们的汽车司机服务态度不够好。因为司机认为我是工人阶级，我是主人，你坐车的是仆人。主人怎么给仆人服务呢？所以心态不平衡。我认为工人阶级是一个整体概念，而具体到每个工人是局部的概念，不能把两者混同起来。会议没有继续讨论，江泽民总书记只说了一句：提出劳动力市场，社会上能不能接受？第二天我找了主持起草小组的温家宝同志，我有点内疚，我说：昨天我不应该发言，但莫名其妙我发了一个言，当时有一个冲动，因为如果我不发言，"劳动力市场"的概念就出不来，"劳动就业市场"就动不了。家宝同志很敏锐，他说：我赞成你的意见，但能不能上中央文件我也没有把握。家宝同志为了把"劳动力市场"写到《决定》上去做了很大努力。后来他把我关于劳动力市场的材料报送给江泽民同志，江泽民同志又批转给各中央常委，各常委表示没有意见。所以后来把劳动力市场写进了十四届三中全会《中共中央关于建立社会主义市场经济体制若干问题的决定》。

三、十六届三中全会：《中共中央关于完善社会主义市场经济体制若干问题的决定》

中共中央第三个关于经济体制改革的文件，就是 2003 年 10 月十六届三中全会通过的《中共中央关于完善社会主义市场经济体制若干问题的决定》。当时是什么背景呢？从发展成果来看，社会主义市场经济初步建立以来，以公有制为主体、多种所有制经济共同发展的基本经济制度逐渐形成并日益发挥出市场机制的巨大效益。对外开放则因为加入世贸组织而取得了跨越式的进步，许多在内部难以突破的体制机制障碍因为对外开放的倒逼机制而被迅速克服，极大地促进了社会主义市场经济的发展。随着经济的发展，人民生活水平也得到很大提高。2003年我国的人均GDP达到1090美元，首次突破1000美元大关。正因为取得了这样的成绩，当时有人认为，我们已经初步建立了社会主义市场经济体制，改革搞得差不多了。但实际上，改革任务仍然十分繁重，正是由于整个经济体制正大踏步地迈向市场化，旧体制与新的经济力量之间的矛盾逐渐凸显，新兴市场主体的壮大对市场体系、金融体制、投资门槛、国企垄断以及政府职能等一系列体制性障碍提出了新的改革诉求，市场化的经济基础对整个国家的体制机制形成了更进一步、更广泛的改革压力。中央及时指出深化经济体制改革的重要性和紧迫性，提出了完善社会主义市场经济体制的目标和任务。

十六届三中全会决定有以下几个创新点：

第一，提出了大力发展混合所有制经济，实现投资主体多元化，使股份制成为公有制的主要实现形式。

第二，提出要完善国有资本有进有退、合理流动的机制，进一步推动国有资本更多地投向关系国家安全和国民经济命脉的重要行业和关键领域。

第三，提出大力发展和引导非公有制经济。非公有制经济是促进我国社会生产力发展的重要力量。原来在重要力量后面还有"和生力军"四个字。后来我提出："重要力量"就可以了，"生力军"可以不写了，因为有些领域非公有制经济已经成了主力军了，例如就业问题，五分之四是靠非公有制经济解决的，最后就把"生力军"删去了。

第四，提出产权是所有制的核心和主要内容，建立归属清晰、权责明确、保护严格、流转顺畅的现代产权制度。

第五，最重要的是，提出了"科学发展观"的论断。提出"坚持以人为本，树立全面、协调、可持续的科学发展观，促进经济社会和人的全面发展"。"以人为本"是科学发展观的核心。

在文件起草过程中，我曾经两次在起草小组会议上发表意见。第一次是 2003 年 4 月 23 日讨论文件大纲时，我提出，完善社会主义市场经济体制是动态性的、阶段性的概念。

一是从理论上讲，改革是无止境的，完善也是无止境的。因为经济基础是不断变化的，生产力是不断发展的。因此，上层建筑和生产关系必须不断与此相适应。

二是从实践来看，完善也是动态的、阶段性的。完善的阶段性，就是到 2020 年全面实现小康的阶段。

第二次是在 2003 年 6 月 9 日的全体会议上，我提出了完善社会主义市场经济体制的几个理论问题：

如何理解公有制的主体地位？十五大提出："公有制为主体、多种所有制经济共同发展，是我国社会主义初级阶段的一项基本经济制度。"并指出"公有制的主体地位主要体现在公有资产在社会总资产中占优势"，"公有资产占优势，要有量的优势，更要注意质的提高"。现在有两种情况值得注意：

一是公有制资产在社会总资产中的优势发生了变化。

随着国民收入分配格局的变化，居民财富越来越多，民间资本越来越多。个人资产在社会总资产中的比重的增大是不以人的意志为转移的趋势。到 2000 年底，非公有制经济资产已经占全社会总资产的65%。个人的金融资产总和已超过国有资产。而且随着国有经济战略布局的调整，公有制经济将进一步收缩；国家实行公共财政，对国有企业的投入将逐步减少；对外开放的扩大，引进外资将进一步发展。因此，公有资产在社会总资产中将会继续发生变化。当时我国非公经济在工业生产领域的比重约占 70%，就业人员超过 8000 万人，超过国企在岗职工 3000 万人，非公经济出口占 56.5%，进口占 58%。这些方面非公经济已成为主力军而不是生力军。

二是不能用传统的思维方式对待公有制经济和非公有制经济。

传统的思维方式是公有制经济发展公有制经济，非公有制经济发展非公有制经济，在两股道上运行甚至把两者对立起来。例如，按不同所有制经济来立法，制定政策，实施管理，对财产的保护也是这样。

现在，要使两股道变成一股道，两根绳拧成一个劲，你中有我，我中有你，统一于社会主义现代化建设中，使之更好地促进生产力的发展。一是通过实行股份制发展混合经济。有的可通过上市变成社会公众公司，实行资本社会化。二是通过建立现代企业制度和财产组织形式，使多种所有制经济相互促进、共同发展。关于国有经济的控制力、影响力和带动力，在多元化的产权结构中，国有经济发挥调控力似乎比控制力更好一些。

我在 2003 年 4 月 23 日和 6 月 9 日文件起草小组会议上的两次发言，是经过认真思考的，是有文件记录可查的，也是经得起历史检验的。例如，提出改革是无止境、完善也是无止境的观点，并从理论上和实践上来论证这个观点。这个观点已形成共识。十八大报告就不再提到 2020 年要建成完善的社会主义市场经济体制。最近中央政治局会议提出："实践发展永无止境，解放思想永无止境，改革开放也永无止境。"又如，提出完善社会主义市场经济体制内涵，十四届三中全会将"什么是社会主义市场经济"表述为"市场在国家宏观调控下对资源配置起基础性作用"。我从五个方面提出这种表述不够科学。十六届三中全会采纳了我的建议，提出"更大程度上发挥市场在资源配置中的基础性作用"。我认为，这种理论的创新和突破势在必行。

除了上述三次三中全会作出决定之外，中共十三大、十四大、十五大、十六大、十七大都对经济体制改革作出了重要的论述，都有许多理论上的创新。譬如，十三大提出"国家调节市场，市场引导企业"，建立计划与市场内在统一的社会主义市场体制，而且提出政治体制改革的设想。我没有参加十三大文件起草，但是有一个建议，登在1987年8月20日国家体改委的一个简报上，题目是《希望十三大在理论上要有重大突破》。我讲了三点意见：第一，计划调节与市场调节是一种手段和方法，不是社会制度的属性，是社会主义商品经济发展的必然趋势；第二，用经济合同逐步替代指令性计划；第三，随着改革的深化和经济的发展，计划与市场结合的形式发生变化，从指令性计划向政策性计划转变，是经济发展和改革的需要。当时国家体改委主任李铁映在简报上批了"送总理参阅"几个字。总理看了以后于1987年8月30日批示："要把指令性计划改为经济合同制的观点反映到报告中去。"用经济合同制逐步取代指令性计划，这是经济体制改革的一个重大突破。现在看来不觉得有什么，但当时却是一件大事。我在1986年带了一个18人的代表团考察了匈牙利和南斯拉夫。为什么带那么多人去考察呢？因为匈牙利是第一个搞改革的社会主义国家，中央派人去考察，地方派人，企业派人，到处派人，匈牙利这个小国有点应接不暇了。他们说：我们的牛都认识你们中国人了。大家都重复地去考察，问的问题也差不多，考察的资料由各单位分别封锁起来，别人不能分享。我当时任国家体改委副主任，下决心要改变这种状况，做深入的考察，要弄清匈牙利到底进行了哪些改革，哪些改革成功了，哪些改革不成功，有什么经验教训，而且把考察过程中的重要问题通过使馆用密电发回来，分发中央各有关领导。后来把考察的结果汇编成册，书名叫《艰难的探索》，资料大家共享，避免低水平重复考察。在考察中我问了匈牙利主管经济的副总理："你们为什么要取消指令性计划？"他说："我们根据平衡表编制计划，计划执行的结果就是有的完成500%，有的只完成10%，但谁也没有责任，所以就取消了指令性计划。"后来我又考察了捷克斯洛伐克，他们生产的"拔佳"皮鞋是名牌，新中国成立以前上海有这种名牌的皮鞋。但是后来搞了计划经济没有名牌了，为什么呢？因为计划部门根据当时捷克斯洛伐克人口1600万人，按每人两双皮鞋做计划，总共3200万双皮鞋，然后把计划指标分到各皮鞋厂。计划执行结果，生产出来的皮鞋往往人家不要，而人家要的却没有生产。一方面大量积压，一方面又大量短缺。为什么？因为皮鞋这样的东西需要是个性化的，男人跟女人不一样，城里人跟农村人不一样，收入高的跟收入低的不一样，大人跟小孩不一样，你千篇一律一人按两双来做计划，是对资源的极大浪费。他们都明白过来了，很自然地就取消了指令性计划。但我们还认为计划经济是社会主义的特征，取消指令性计划就是取消社会主义。

起草十五大报告时，我负责所有制改革部分。十五大在所有制理论上有创新。创新点是什么呢？第一，提出了公有制为主体、多种所有制经济共同发展是社会主义初级阶段的一项基本经济制度。过去讲是方针，但十五大报告作为基本经济制度，而且跟初级阶段相联系，就是一个长期不能随意改变的制度。第二，公有制的实现形式，应该而且可能多样化。第三，非公有制经济是社会主义市场经济体制的重要组成部分。过去讲是有益的补充。第四，国有经济的主导作用主要体现在控制力上。第五，提出国有经济的比重减少一些，不会影响社会主义性质。过去认为，搞社会主义，国有经济比重越高越好。在讨论十五大报告时，内陆省区市的一些代表提出："我们的国有经济比重比沿海的高得多，为什么经济发展不如沿海快？为什么人民生活水平提高不如沿海快？"第六，各类企业都应平等竞争，一视同仁。

另外，十五大也提出关于政治体制改革的内容。这部分由另外两位同志负责起草。我提出"这一部分怎么没有把'自由'和'人权'写进去？"他们说："没地方了。"后来起草小组开大会的时候我发了言。我说："我建议要把'自由'和'人权'写到十五大报告中去。"为什么？我当时讲了三条理由：第一，我们每个人都想一想，问一下自己，你要不要自由？要不要人权？我相信，如果不说假话的话都会要，都要人权，都要自由，说假话是另外一回事。第二，宪法上讲到有这样那样的自由，为什么十五大就不说呢？第三，民主、自由、人权是人类文明的成果，不是资本主义特有的，我们不要回避它们。中共要继续执政，要老百姓继续跟着共产党走，就必须把这个旗帜举得高高的。这个建议得到了主持起草小组工作的温家宝同志的赞同。所以他亲自在十五大报告草稿中写上了"保证人民依法享有广泛的权利和自由，尊重和保障人权"。大家记得，2007年开两会的时候温总理在回答记者提问时说，民主、法制、自由、人权、平等、博爱，这不是资本主义特有的，这是整个世界在漫长的历史进程中共同形成的文明成果。这是他多年来形成的重要观点。权力没有制衡必然要腐败，这点大家有共识。但怎么样制衡，建立什么样的机制，一直没有很好地解决。十七大报告提出，决策权、执行权、监督权这三者既要相互协调又要相互制衡。过去，有人认为这是资本主义的东西，现在理直气壮地写到中央文件上了。这是思想解放的结果。

十五大的另一个非常重要的成果就是第一次把依法治国、建设社会主义法治国家，作为党领导人民治理国家的基本方略郑重地提了出来。把过去"建设社会主义法制国家"的提法改变为"建设社会主义法治国家",极其鲜明地突出了法治的理念。用"法制"还是"法治",在起草十五大报告过程和征求意见中曾有不同意见,但经过起草小组的认真研究,中央最后郑重提出了依法治国的方略。这是历史性的重大突破。

以上讲的是我参与中央一些重大决定过程中的体会。总结起来,35年改革开放有什么特点呢?我体会最深的有几点:

第一,35年改革开放的过程也就是解放思想的过程。每次改革开放的重大突破都是以解放思想为先导。只有解放思想,才能实现体制创新和理论创新。十七大报告明确指出:"只有改革开放才能发展中国、发展社会主义、发展马克思主义。""最根本的是,改革开放符合党心民心、顺应时代潮流,方向和道路是完全正确的,成效和功绩不容否定,停顿和倒退没有出路。"改革开放使中国人民的面貌、社会主义中国的面貌、中国共产党的面貌发生了历史性的变化,这个巨大变化来之于改革开放,来之于解放思想。

第二,35年的改革开放,邓小平同志和他的理论起了关键的作用。例如,当有人严厉批判市场化改革、计划经济回潮时,邓小平同志大声疾呼:"谁要改变三中全会以来的路线、方针、政策,老百姓不答应,谁就会被打倒。"①"改革开放迈不开步子,不敢闯,说来说去就是怕资本主义的东西多了,走了资本主义道路。要害是姓'资'还是姓'社'的问题。判断的标准,应该主要看是否有利于发展社会主义社会的生产力,是否有利于增强社会主义国家的综合国力,是否有利于提高人民的生活水平。"②小平同志强调:"计划多一点还是市场多一点,不是社会主义与资本主义的本质区别。计划经济不等于

---

① 《邓小平文选》第3卷,人民出版社1993年版,第371页。
② 《邓小平文选》第3卷,人民出版社1993年版,第372页。

社会主义，资本主义也有计划；市场经济不等于资本主义，社会主义也有市场。计划和市场都是经济手段。"①

第三，中国的改革开放是在党的领导下，主要是根据实践经验，通过中央的重大决策、决定从上而下来推动的。同时，通过改革开放的试验，自下而上逐步推开的。我们改革的目标是在改革过程中逐步明确的。改革开放是为了解放和发展社会生产力，为了完善和发展社会主义，为了使人民富裕起来。所以，改革为了人民，改革依靠人民，改革的成果应由人民来共享。

第四，改革开放中意识形态领域的争论很突出，围绕姓"资"姓"社"、姓"公"姓"私"的争论很激烈。匈牙利取消指令性计划也没有先问一下姓"资"姓"社"、姓"公"姓"私"，他们觉得不行就取消了。我们要先问一下姓"资"姓"社"，标准是停留在本本上，停留在老祖宗说过没有。例如，搞股份制，有人说这是资本主义的，后来就去找经典著作上有没有。幸好，马克思对股份制有过论述，所以就有了勇气去推行。反过来看，假如老祖宗没有讲过，怎么办？我们对老祖宗的要求太苛刻了，哪能要求他预言一百多年以后的事情。我们曾经历过农村困难时期，不准农民养猪养鸡，不准有自留地，不准有农贸市场，更不准养牛，也不许农民买手推车，因为牛和手推车是生产资料。因为本本上说，生产资料公有制就是社会主义，不管社会主义为了什么。时至今日，还有个别国家为了坚持社会主义不准农民私自养牛，为什么？因为牛是生产资料，社会主义必须实行生产资料公有制。这些现在听起来觉得很可笑，但我们过去也经历过。35 年的改革开放，经验教训都很深刻，我们必须认真总结。

①《邓小平文选》第 3 卷，人民出版社 1993 年版，第 373 页。

与改革同行 *

——亲历中国经济体制改革 35 年

（2014 年 2 月 13 日）

1956 年 12 月 6 日，《人民日报》发表了我的署名文章《企业要有一定的自主权》，这激发了我对经济体制改革调研的兴趣。但随后各种政治运动蜂起，一直到"文化大革命"，天天讲阶级斗争，经济建设偃旗息鼓，更遑论改革。中国何去何从？那时年轻的我非常迷茫，甚至失去了信心。1978 年十一届三中全会开启了改革开放的新时代，朝气蓬勃的改革浪潮恢复了我对改革的兴趣和信心。1982 年，我调入国家经济体制改革委员会工作，从那时起，我与改革结下了半生的缘分。三十多年来，我的所思所想从未离开过改革。直到今天，作为另类的"80 后"，我还像很多年轻的 80 后一样朝九晚五，每天都到中国经济体制改革研究会的小楼里上班，关注中国改革的进程，研究改革未来的道路。改革已经成为了我生命的一个重要部分。

改革 35 年来，最重要、最关键的是经济体制的变化

自从十一届三中全会启动了中国改革，到现在已经 35 年了。35

---

* 这是《纵横》杂志专访稿，由高尚全口述、杨玉珍整理。

年来，我们国家发生了巨大的变化，总结下来，主要是以下几个方面的转向：第一，从以阶级斗争为纲，转向以经济建设为中心；第二，从计划经济体制转向社会主义市场经济体制；第三，从封闭、半封闭转向全方位开放；第四，从贫穷落后进入到小康社会；第五，从人治转向法治。

在这五个方面的变化中，最重要、最关键的是经济体制的变化，即从计划经济体制转向社会主义市场经济体制，这是一个最关键的转向。计划经济体制是从第一个五年计划开始逐步实行的，它主要是依照苏联模式及在解放区一些体制的基础上形成的。这种体制对于我们国家在比较落后的情况下，集中全国的财力、物力搞经济建设曾发挥过积极的作用，但是这种体制的弊端也很快暴露出来。不仅现在有所暴露，其实从第一个五年计划开始就已经逐渐暴露出来了。

我举两个典型的例子。第一个例子，沈阳原来是重工业比重比较高的一个城市，第一机械工业部（一机部，原来我工作的单位）在沈阳有个变压器厂，冶金部有个冶炼厂，两个厂正好挨着，一墙之隔。当时变压器厂生产变压器需要大量的铜，怎么办呢？由一机部从全国各地调到沈阳，而冶炼厂生产的铜，则由冶金部调到全国各地。本来仅一墙之隔，却在全国绕了个大圈再回来，现在看起来不是很傻吗，当时确实是很傻。为什么？因为企业产供销、人财物都集中在部里，企业没有自主权，又没有市场，造成了资源的极大浪费。所以说，靠政府来配置资源，效率是低下的，当时就说明了这个问题。

第二个例子，1956 年的夏天，上海天气很热，企业为了不影响生产，需要购进一些降温设备。那时候还没有空调，企业就想买几台鼓风机。但企业没有自主权，必须打报告层层审批，当时需要七个部门审批、盖章。最后章盖完了，夏天已经过去了。所以说，我们原来的计划经济其实就是审批经济，是过于集中的体制。

这两个例子都是很深刻的反面案例，当时我在一机部工作，曾亲身经历并感受过这种体制的弊端。后来，经过调研，我写了一个调研报告，叫《企业要有一定的自主权》，反映计划经济体制的弊病，讲它造成了资源的浪费，造成了官僚主义，使得企业职工没有积极性。后来《人民日报》发表了这篇文章，在社会上引起了很大的反响。

当时，我正好跟汪道涵同志一起出差到沈阳，他当时是一机部的副部长。早上我们散步，他说，小高，《人民日报》发表了你的文章。他是用赞赏的口气来说的。但当时别人不这么看，很多人认为这是大逆不道，企业嘛，就应该政府叫它干什么，它就干什么，企业有了自主权，就变南斯拉夫、变修正主义了，别人很难理解。所以反"右派"的时候，有人给我贴大字报，说我是修正主义，我差一点被打成"右派"。可能当时单位的"右派"名额已经满了，要是不满的话，肯定就是我了。

匈牙利领导人说："连我们的牛都认识你们中国人了"

不仅国内的例子证明由政府来配置资源是效率低下、是不成功的，国外的例子也说明了这一点。

匈牙利、南斯拉夫是搞改革比较早的国家。当时匈牙利搞改革，大家都很重视，所以中央派人去考察，后来地方、企业、研究机关也都派人去。匈牙利是个小国家，当时看这么多人来，他们就说，你们派这么多人来考察是好事。但因为当时大家都去考察，却没有一个统一的组织，经常会出现重复性提问的问题，他们就开玩笑说，连我们的牛都认识你们中国人了，因为你们问的问题都是一样的。

1986年，因为国家要搞明后两年的改革思想，让我带一个18人的代表团去匈牙利考察。当时我是国家体改委副主任，随行的还有马凯（现任国务院副总理）、杜鹰（现任国家发改委副主任）、李剑阁

（原任国务院发展研究中心副主任）、刘泽鹏（原任中央组织部副部长）等人。马凯后来写信跟我说："记得 1986 年我随您作为团长的中国经济体制改革考察团队到匈牙利、南斯拉夫进行了为期四十多天的考察，这是一次探索改革之旅、解放思想之旅。大家夜以继日地看、问，热烈深入地讨论，至今历历在目。"当时除我以外，其他都是年轻人，大家都是坐公共汽车去考察。在考察中发现的重大问题和启示，通过驻匈使领馆用密电传回，送给有关领导人。

当时我国人员去国外考察存在一个很大的问题，就是重复性考察。各单位考察回来、向本单位汇报完情况后，就把考察材料往抽屉里一塞，再也不去管它。当时我作为国家体改委副主任，就决定要改变这种状况，不能再这样重复考察下去。考察的结果应该大家来共享，而不是各自为战。所以，我们那次去匈牙利考察就搞得很细，我们跟匈牙利的国家领导人、部长、企业家、研究单位都做了深入的交谈。考察的结果后来写成一本书，叫《艰难的探索》。以后谁再去考察，可以在已有的资料基础上进行，这样可以提高考察水平，避免重复，不然人家也很烦，对我们来讲更是资源的极大浪费。

在匈牙利考察期间，我问匈牙利主管改革的一位副总理：你们为什么要取消指令性计划？因为在这之前，国家体改委委员廖季立先去了匈牙利，他回来后就传达了一个信息，说匈牙利取消了指令性计划。这个信息一放出来，就受到猛烈的批判，有人说，你净是胡说八道，怎么能取消指令性计划呢？取消了指令性计划就取消了计划经济，取消了计划经济，就取消了社会主义，当时就是这么上纲上线批判的。所以，当时改革的环境很不好。我就问这位副总理取消指令性计划的原因，他说，我们匈牙利过去是根据平衡表来编制计划的，计划编制好后，执行的结果有的完成 500%，有的只完成 10%，但最后谁也没有责任，既然资源不能有效地配置，我们就取消了。他们没有意识形态的障碍，觉得不行就取消了。但我们国家当时不一样，我们一说到这种问题就上纲上线到姓"资"姓"社"的问题，就认为既然是社会主义，就不能取消计划经济，取消经济计划就是取消社会主义。所以，那次考察的认识确实是很深刻的，我们回来后整理了考察报告，向国务院领导汇报，领导也很重视，后来报上也发表了匈牙利、南斯拉夫改革对我们国家的启示。

后来我又去了捷克斯洛伐克。捷克和斯洛伐克现在是两个国家，当时还是一个国家。捷克斯洛伐克的工业化搞得比较早，工业产品是世界上比较有名的。原来它有一个名牌叫拔佳牌皮鞋，但后来因为搞计划经济，名牌没有了。为什么呢？因为计划部门按照捷克斯洛伐克的 1600 万人口来编制计划，一人 2 双，这样生产 3200 万双皮鞋的计划就编制出来了。把这个计划发到皮鞋厂，皮鞋厂就开始生产。最后生产的结果，老百姓要的它没有，它生产的大家基本上不需要。因为皮鞋是个性化很强的用品，男人跟女人的需求不一样，大人跟小孩的需求不一样，有钱人跟没钱人的需求不一样，怎么能千篇一律地生产皮鞋呢？最后导致产品的大量积压。所以，从外国的例子来讲，靠政府配置资源也是不成功的，他们取消指令性计划也就成了顺理成章之事。

我们是社会主义国家，到底什么叫社会主义？当时一说社会主义，首先想到的就是计划经济，一说市场就认为是资本主义。但后来的实践经验证明，我们国家只搞计划经济是不行的，不搞点市场调节是不行的。比如广东人爱吃鱼，但是自从搞了计划经济，没有鱼吃了，为什么？因为计划经济价格是国家管的，把价格管死了，养鱼的人没有了积极性，鱼当然少了，所以大家吃不着鱼了。后来，广东把养鱼的价格放开了，一放开以后，养鱼的人有积极性了，鱼又多了，又因为竞争，价格回落了，价值规律开始发挥作用了。这个例子也说明，我们不搞市场调节是不行的。

十二届三中全会建议把"商品经济"写进《决定》

改革开放以来，党中央对改革作出过四次重要决定：第一次是1984年，十二届三中全会作出了《中共中央关于经济体制改革的决定》；第二次是1993年，十四届三中全会作出了《中共中央关于建立社会主义市场经济体制若干问题的决定》；第三次是2003年，十六届三中全会作出了《中共中央关于完善社会主义市场经济体制若干问题的决定》；第四次是最近，也就是2013年，十八届三中全会作出了《中共中央关于全面深化改革若干重大问题的决定》。此外还有一些专题性的改革决定，如农村改革、企业改革、科技改革、教育改革等。这四次中央改革的决定，对我国的改革和发展，对改变我国的面貌、提升我国的国力都起到了关键性的作用。前三次改革决定的起草工作，我有幸都参加了，第四次没有参加，但给中央提了一些改革的意见。

1982年9月，党的十二大报告中首次提出了"计划经济为主，市场调节为辅"的方针。当时为什么要提出这个方针呢？因为计划经济作为我们国家的制度，必须要坚持，但是不搞一点市场调节也不行，所以要计划经济和市场调节相结合，一个是制度，一个是手段方法，要两者结合起来。

到了1984年十二届三中全会，中央作出了关于经济体制改革的决定。这是党的历史上第一个关于经济体制改革的文件。这个《决定》阐明了加快以城市为重点的整个经济体制改革的必要性、紧迫性，规定了改革的性质、任务和各项基本方针，在理论上和政策上有很多重大的突破。之前不是说没有改革，20世纪50年代的时候就搞过改革，但因为我们计划经济体制的特点是集中过多，集中过多了以后，就出现"一统就死，一死就叫，一叫就放，一放就乱，一乱又统，统了又乱，乱了又放"这样的恶性循环，所以一直没有找到改革的目标和方向，只是在你管、我管上做文章。到了1984年，十二届三中全会终于提出了经济体制改革的决定。这个决定的创新点，是提出了"商品经济"的概念。原来我国一直是计划经济，现在提出了计划经济跟商品经济不是对立的，社会主义也可以搞商品经济。

当时我参加了这个《决定》的起草工作。那时我已经到国家体改委工作，是调研组组长兼经济体制改革研究所所长。我在会上说，根据我的调查，哪个地方搞了商品经济，哪个地方的经济就比较有活力，哪个地方的老百姓也就比较富裕，所以我赞成把"商品经济"写进《决定》。但是，我们起草小组也有人不赞成把商品经济写进去，主要担心什么呢？害怕社会主义跟资本主义混同起来，怕变成资本主义。因为他们认为，社会主义和商品经济是互相对立、互相排斥的。后来又经过讨论，他们有所让步，说只能写商品生产、商品交换。我说，有了商品生产、商品交换，就必然有商品经济，所以没有什么风险。过去有一句话，只有社会主义才能救中国，我说现在应当加上一句，只有商品经济才能富中国。

当时中央是这样考虑的，我们国家搞了几十年的计划经济，可是社会主义的优越性一直发挥不出来，反而暴露了很多弊端。所以中央领导认为，必须要改革，否则没有出路。老百姓也希望改革，搞了几十年社会主义，结果还是这个样子，老百姓也希望改变贫穷落后的状况。所以，上世纪80年代改革的动力比较足，阻力也很小，所以改革推进得还算比较顺利。

虽然这样，关于"商品经济"是否写入《决定》还是统一不了思想。鉴于这种情况，1984年9月初，我以中国经济体制改革研究会和中国经济体制改革研究所的名义，找了一些经济学家在西苑宾馆开了一个会，当时请了一些思想比较解放的经济学家，如蒋一苇、董辅初等。在会上我首先提出，应明确提出"社会主义商品经济"的概念，这是当时改革要求在理论上的一个关键性突破，经济体制改革不从理论上突破是不行的。后来大家讨论的结果也一致认为，必须要提出"商品经济"，因为"商品经济"是个必然的途径，和资本主义制度并无必然联系，不是资本主义的特有范畴；"商品经济"是社会主义经济发展的必经阶段，和计划经济不是对立的。

另外，我们还讨论认为，十二大报告中"计划经济为主，市场调节为辅"的提法存在问题，因为它前后不对称。计划经济是社会主义的制度，是必须要坚持的，市场调解是方法和手段，是作为辅助作用的。应该是，要么是计划经济与市场经济相结合，要么是计划与市场相结合，要么是计划调节与市场调节相结合，"计划经济为主，市场调节为辅"的提法不对称。后来，经过反复征求意见，十二届三中全会《决定》中，不再提"计划经济为主，市场调节为辅"，而是改成了"有计划的商品经济"这种提法。

关于"劳动力市场"和"劳动就业市场"的争论

1993 年 11 月，十四届三中全会通过了《中共中央关于建立社会主义市场经济体制若干问题的决定》。这个《决定》在我们国家历史上非常重要，我也有幸参加了这个决定的起草工作。

1992 年，十四大提出了我国改革的目标是建立社会主义市场经济体制。过去没有目标，十四大首次提出了改革的目标。但是怎样实现这个目标，当时并不明确。十四届三中全会的《决定》里提出了到底怎样建立社会主义市场经济体制，答案是要建立五根柱子：第一，要建立适应市场经济要求的现代企业制度；第二，要建立全国统一开放的市场体系；第三，要建立以间接调控为主的宏观调控体系；第四，要建立以按劳分配为主体，效率优先，兼顾公平的收入分配制度；第五，要建立多层次的社会保障制度，建立相应的法律法规体系。在第二条"要建立全国统一开放的市场体系"中，就提出来资本市场、商品市场、技术市场、房地产市场、劳动力市场等概念。但在提出"劳动力市场"时，又有争论。

我参加文件起草小组后说，培育和发展市场体系，把资本市场提出来了，把技术市场、商品市场、土地市场都提出来了，而其中恰恰最重要和最活跃的一个要素——劳动力市场却没有提出来，这是不应该的。所以我建议，一定要把"劳动力市场"写进去。

当时的阻力很大，有人说，劳动力是国家的主人翁，主人翁怎么能进入市场呢？我说，劳动者、劳动力、劳动力市场，这三者有联系，也有区别，劳动力进入了市场，不是劳动者进入了市场，而是劳动者的能力进入市场。过去计划经济时代，人家说搞导弹的和搞茶叶蛋的是一样的收入，所以不公平。人本来天资是有差异的，后天努力也是有差异的，所以分配的时候应当根据劳动能力来分配，不能一刀切，不能搞平均主义，搞导弹的不能跟卖茶叶蛋的一样的待遇。怎样才能够区分开呢？没有劳动力市场的评价，就体现不出这种差别来，单纯靠政府定价是不行的。

为了说明我们国家"工人阶级是主人翁"的观念根深蒂固，我还举了一个例子。新加坡资政李光耀先生对我们中国的司机不"感冒"。因为他觉得我们国家的司机态度不好，心态不平衡，司机老以为自己是工人阶级，是主人翁，而坐车的是仆人，觉得主人怎么能给仆人服务呢？针对他们提出的把"劳动力市场"写进《决定》就不能体现工人阶级的主人翁地位的意见，我解释说，工人阶级是一个整体概念，主人翁也是一个整体概念，个别的工人不能替代整体，不能等同于整体，个别的概念和整体概念应该相区别，我们不能误解。劳动力进入市场，是劳动能力进入市场，不是劳动者进入市场，跟过去贩卖黑奴是不一样的。工人进入市场不能说贬低了工人，而是更加尊重工人。工人进入市场有了市场评价后，可以自由选择，有了选择权，能更进一步体现工人阶级的主人翁地位。为了使我的建议得到高层的支持，我还分别征求薄一波同志和李岚清同志的意见，他们的反应都很积极，都作了表示赞同的指示。

后来，中央专门开常委会讨论《中共中央关于建立社会主义市场经济体制若干问题的决定》。参加常委会讨论的除了常委外，还有个别政治局委员和起草小组组长。起草小组里，有若干分组，我是市场体系分组的负责人。当时我们小组是三个人，除了我，还有郑新立（原来是中央政策研究室副主任，现在是中国国际经济交流中心常务副理事长）和张卓元（原来是中国社会科学院经济所的所长，现在是学部委员），我是组长，所以我列席了常委讨论。常委讨论时，因为《决定》的原稿上是"劳动就业市场"，我心血来潮，就举手发了个言，建议把"劳动力市场"写进《决定》。

关于为什么要把"劳动力市场"提出来，我一口气讲了五个理由：第一，劳动力的价值只能通过交换体现出来，劳动力进入市场是劳动的能力进入市场，而不是劳动者本身进入市场，劳动的能力有大小，贡献有大小，所以反映它的价值也是有大小的；第二，确立劳动力市场是市场经济体制的内在要求，我们要建立统一开放的市场体系，就必须使劳动力要素进入市场。如果劳动力这个最活跃的要素不能进入市场，那么统一开放的市场体系很难建立起来；第三，我们现在就业压力那么大，不放开劳动力市场，就业压力解决不了；第四，我们现实生活中已经有了劳动力市场；第五，提出劳动力市场不会影响工人阶级的主人翁地位。当时常委没有讨论，总书记就问了一句，你提出"劳动力市场"，社会上能不能接受？

第二天，我找了温家宝同志，因为他是主持文件起草工作的。我有点内疚，说我昨天不该发言，但是如果我不讲的话，"劳动力市场"就出不来，所以在那种情况下我才突然要求发言的。温家宝同志说，我赞成你的观点，但是能不能上中央文件，我也没有把握。我说，那我们共同努力。之所以这么说，是因为当时难度确实很大，提反对意见的人中有的职位是很高的。后来温家宝同志为此做了很多工作，他曾向江泽民总书记单独汇报，说现在对"劳动就业市场"有不同意见，也讲到我的意见。后来，总书记要求看我的资料，温家宝同志就要了我的材料呈给总书记，总书记又批给各常委，最后各常委没有意见，"劳动力市场"才被吸收进《决定》里。

所以，"劳动力市场"在改革文件当中能够逐步被接受，也是听取了各方面意见的结果。领导也是希望大家能够多提意见，最后作出决策，所以每个文件的制定都是大家群策群力的结果。

"改革无止境，完善无止境"

2003年10月，中共十六届三中全会通过了《中共中央关于完善社会主义市场经济体制若干问题的决定》。这个决定，对于怎样完善社会主义市场经济体制，有着非常重要的作用。这个《决定》的起草我也参加了。

十四大确定了社会主义市场经济体制改革的目标以来，以公有制为主体、多种所有制经济共同发展的基本经济制度已经确立，全方位、宽领域、多层次的对外开放格局基本形成，并日益发挥出市场机制的巨大作用。对外开放则因为加入世贸组织而取得了跨越式的进步，许多在内部难以突破的体制机制障碍因为对外开放的倒逼机制而被迅速克服，极大地促进了社会主义生产力的提高。到2003年，我国的经济发展已经取得巨大的成绩，人民的生活水平有了很大提高，人均GDP达到1090美元，首次突破了1000美元大关。当时就有人认为，我们已经初步建立了社会主义市场经济体制，改革搞得差不多了。十六届三中全会重申了"深化经济体制改革的重要性和紧迫性"，对十六大提出的 2020 年的目标"建成完善的社会主义市场经济体制和更具活力、更加开放的经济体系"，是否需要重申有不同意见。

在 2003 年 4 月 23 日温家宝同志主持的起草小组全体会议上，我说，"改革无止境，完善也是无止境的，不能说到某个时间点就能建成完善的社会主义市场经济体制"。因为，第一，从理论上讲，生产力和生产关系二者的矛盾是不可能停止的，是长期的；再者，经济基础和上层建筑之间的矛盾也是长期的，矛盾的长期性决定了改革的长期性。第二，从实践上来讲，发达国家搞市场经济搞了那么多年，照样出问题。出了问题就解决问题，暴露了矛盾就解决矛盾，这样社会才能进步。所以，不管从理论还是实践上来讲，改革是无止境的，完善也是无止境的。

当时我提出这个问题是比较大胆的，对"2020 年建成社会主义市场经济体制"提出了质疑。后来，《决定》没有将"到 2020 年要建成完善的社会主义市场经济体制"写进去，现在，这种发展的观点已经形成共识，十八届三中全会的《决定》中就说"实践发展永无止境，解放思想永无止境，改革开放永无止境"。

市场基础性作用的演进

2003 年 4 月 23 日我提的另一个问题，是关于如何正确理解市场基础性作用与国家宏观调控的问题。1993 年十四届三中全会的《决定》里讲了："建立社会主义市场经济体制，就是要使市场在国家宏观调控下对资源配置起基础性作用。"后来，随着时间的发展和实践的检验，我认为这个表述不确切，问题就出在"国家宏观调控下"

这个地方。

首先，要发挥市场的作用，要使市场在资源配置中起基础性作用，怎么能把市场配置资源于"国家宏观调控"这个前提之下呢？这样的表述，说明要使市场发挥作用必须先经过国家的宏观调控，国家宏观调控变成市场调节的前提条件了。第二，配置资源的主体是市场，而不是政府，所以"国家宏观调控下"不能作为前提条件存在。第三，政府发挥宏观调控作用是在市场基础上发挥政府的作用，不能先是发挥政府作用，然后再是发挥市场作用。第四，宏观调控主要是运用经济手段、法律手段和必要的行政手段，而不是主要用行政手段。第五，谁代表国家宏观调控，国务院理所当然代表国家，但到了地方省里、市里也想代表国家掌握宏观调控权，大家都宏观调控，这样非乱不可。

所以，在 2003 年 4 月起草小组开会的时候，我就提出，"国家宏观调控"这个表述不科学，应当改一下。我说，马克思主义要与时俱进，不能说党和国家的政策就不要与时俱进了，根据实践发展，党的文件也是要与时俱进的。

我提出的如何正确理解"在国家宏观调控下使市场在资源配置中起基础性作用"的意见，被温家宝同志听进去了。在他的努力下，十六届三中全会《决定》不再用原来的表述了，而是改成"更大程度地发挥市场在资源配置中的基础性作用"。

在十八大的报告中，关于市场经济的表述则改为"更大程度更广范围发挥市场在资源配置中的基础性作用"，加了"更大范围"，这是我们的认识逐步深化的表现。到了十八届三中全会，有了更大的突破，提出"使市场在资源配置中起决定性作用"。

发展混合所有制经济是一种趋势

在 2003 年 4 月 23 日的起草小组会议上，我还提出了发展混合经济，促进各种所有制经济互相促进、共同发展的几个理论问题。十五大报告中指出："公有制为主体、多种所有制经济共同发展，是我国社会主义初级阶段的一项基本经济制度。"并说："公有制的主体地位主要体现在：公有资产在社会总资产中占优势；国有经济控制国民经济命脉，对经济发展起主导作用"，"公有资产占优势，要有量的优势，更要注重质的提高"。我说现在情况有了变化，似乎应该重新认识。

第一，公有制资产在社会总资产中的优势发生了变化。随着国民收入分配格局的变化，居民财富越来越多，民间资本越来越多。到2000年底，非公有制经济资产已经占全社会总资产的65%，个人的金融资产总和超过了国有资产。而且随着国有经济战略布局的调整，公有制经济将进一步收缩；国家实行公共财政，对国有企业的投入将逐步减少；对外开放的扩大，引进外资将进一步发展。因此，公有资产在社会总资产中将会继续发生变化。当时我国非公经济在工业生产领域的比重约占70%，就业人员超过8000万，超过国企在岗职工3000万人，非公经济出口占56.5%，进口占58%。这些方面非公经济已成为主力军而不是生力军。

二是不能用传统的思维方式对待公有制经济和非公有制经济。传统的思维方式是公有制经济发展公有制经济，非公有制经济发展非公有制经济，在两股道上运行甚至把两者对立起来。现在要使两股道变成一股道，两根绳拧成一股绳，你中有我，我中有你，统一于社会主义现代化建设中，使之更好地促进生产力的发展。一是通过发展股份制发展混合经济，有的可通过上市变成社会公众公司，实行资本社会化。二是通过建立现代企业制度和财产组织形式，使多种所有制经济相互促进、共同发展。

市场决定资源配置是市场经济的一般规律

"使市场在资源配置中起决定性作用"，是十八届三中全会《决定》的最大亮点。《决定》提出："市场决定资源配置是市场经济的一般规律，健全社会主义市场经济体制必须遵循这条规律。"回答了社会主义市场经济的正确定位。什么叫社会主义市场经济？一直没有很好取得共识，一种理解是，社会主义市场经济就是在社会主义条件下的市场经济，必须遵循市场经济的一般规律；另一种理解是，社会主义市场经济就是社会主义的市场经济，可以不遵循市场经济的一般规律。所谓"中国模式"就是政府主导配置资源。我在21年前提出，"社会主义市场经济就是在坚持社会主义条件下的市场经济，市场经济是一般，社会主义条件是特殊。"

国内外的经验证明，违背市场经济的一般规律，违背反映社会化大生产的规律，违背市场配置资源，就会受到惩罚，资源就会错配，社会生产力的发展就会受阻。因此处理好一般与特殊的关系非常重要。因为市场经济的一般规律是经过长期实践形成的普遍规律，是人类社会的文明成果，是长期积累的共同财富，不是资本主义独享，我们必须结合中国实际大胆吸取和借鉴。正如《决定》所说，"一切从实际出发，总结国内成功做法，借鉴国外有益经验，勇于推进理论和实践创新"。我们党历来重视和借鉴国外的有益经验。1984年《中共中央关于经济体制改革的决定》中指出，我们必须吸收和借鉴当今世界各国包括资本主义发达国家在内的一切反映现代社会化生产规律的先进经营管理方式和方法，一切有利于经济发展的方式我们都可以借鉴。我们党的文件里也多次强调要学习反映社会化大生产规律的管理经验，比如现代企业制度、股份制等。现代企业制度是西方企业长期积累起来的经验，它要求产权清晰、权责明确，否则企业的经营活动没办法进行。中国要实现现代化，现代企业制度是必不可少的。还有股份制，原来一直争论它到底是姓"资"还是姓"社"的问题，直到党的十五大报告中明确提出来，股份制既不姓资又不姓社，是资产的一种组织形式，资本主义可以用，社会主义也可以用。习近平总书记最近在省部级主要领导干部学习贯彻十八届三中全会精神全面深化改革研讨班上发表重要讲话，强调完善和发展中国特色社会主义制度，推进国家治理体系和治理能力现代化时指出，中华民族是一个兼容并蓄、海纳百川的民族，在漫长历史进程中，不断学习他人的好东西，把他人的好东西化成我们自己的东西，这才形成我们的民族特色。

有效的市场取决于有效的政府

市场决定资源配置，不是不要发挥政府的作用。有效的市场取决于有为的政府，有为的政府重在促进有效的市场。

政府的职能主要是保持宏观经济的稳定，加强和优化公共服务，保障市场公平竞争，加强市场监管，维护市场秩序，弥补市场失灵，促进共同富裕。

我于 2005 年 6 月 8 日在《人民日报》发表的《政府转型：事关改革发展全局的重点》一文中提出："加快政府职能转变，积极推进政府从全能政府、管制型政府向有限政府、服务型政府、法治政府转变，是树立和落实科学发展观、完善社会主义市场经济体制、构建社会主义和谐社会的必然要求。" 2005 年 10 月 7 日在《人民日报》发表的《关于建设服务型政府的思考》一文中提出，"解决一个矛盾，搞好两个服务，创新三个理念"。所谓"解决一个矛盾"，就是人民群众全面快速增长的公共需求同公共产品的严重不足之间的矛盾。这是社会主义社会的主要矛盾在改革发展进入新阶段的突出反映。为什么现在住房问题、医疗问题、教育问题等各方面的问题都逐渐暴露出来，就是因为公共需求不断增大，但是这方面的供给却没有跟上。政府必须扩大和强化公共服务职能，把主要精力和财力集中到发展社会事业和扩大公共产品的供给上来，切实解决民生问题。

所谓"搞好两个服务"，第一是政府应为市场主体创造公平竞争的环境和提供服务，要看政府在为市场竞争创造公平环境方面做得怎么样。第二是为老百姓的生存发展创造环境提供服务。我们改革也好，发展也好，经济结构调整也好，都是为了一个共同的目的，就是不断提高人民群众的生活质量水平，不断满足人民群众的物质和文化需要，走向共同富裕的道路。

所谓"创新三个理念"，第一个是，坚持老百姓才是创造财富的主体的理念，政府是创造环境的主体。过去计划经济时代把两个主体的作用颠倒了，政府成了创造财富的主体，政府把纳税人的钱都集中在自己手里，然后通过财政分配分到各行各业，连卖菜的、卖肉的都是国营的。世界上没有一个国家证明这种经济体制是成功的。第二个是，坚持"非禁即入"的理念。凡是法律不禁止的，老百姓、企业都可以进入。这个理念用现在的话来说，叫"负面清单"，除了法律禁止的东西，老百姓都可以干，这样就有了一个创新的环境和空间。过去老百姓、企业办事都必须要政府批准，甚至连汽车改个零件政府都要管，没有创新空间。为什么创新能力不足？就是因为政府管得太多了，创新的想法往往被不懂创新的管审批的人一手掐死。第三个是，坚持依法行政的理念。首先，确立政府只能做法律（法规）规定的事情的理念，减少乃至消除政府行为的随意性。依法行政是规范政府行为的前提和约束条件，防止个别部门以"法"扩权或越权谋取集团利益。其次，明确政府的公共职能，解决转型中的政府"越位"、"缺位"、"错位"问题，大力减少直接干预微观经济活动的行为，强化公共产品供给和服务。三是完善政府行为的监督机制，政府公共权力的行使要透明，形成政府公开的制度性框架，发挥审计、监督部门、媒体和人民群众的监督作用。

六、改革人物思忆

邓小平与社会主义市场经济

（2014 年 11 月 30 日）

改革开放三十多年来，我国社会主义市场经济从无到有，不断发展完善，改变了我国贫穷落后的面貌，使我们迎来了实现中华民族伟大复兴的光明前景。在这个伟大历史进程中，邓小平同志发挥了至关重要的作用。邓小平同志以过人的智慧、非凡的远见和卓越的领导能力打破僵化思想和体制的坚冰，促使社会主义市场经济萌芽和发展起来，为国家繁荣富强、人民幸福安康作出了不可磨灭的贡献。

邓小平经济思想的最初锤炼

早在革命战争年代，邓小平同志发展经济的思想就在实践中取得过优异成果。1943 年 7 月，正值抗日战争最艰难的时期，邓小平同志在《太行区的经济建设》一文中指出："对敌占区贸易不能采取政府统制一切的办法，而是管理的办法。对内尤不能垄断，而应采取贸易自由的办法。对于商人的投机行为，则利用公营商店及合作社的力量，加以压抑。实行这种办法的结果，大大加强了对敌斗争的力量，增加了税收，繁荣了市场，保障了人民的需要。太行、太岳物价之低，在很长一个时候，为他区所不及。"

新中国成立后，社会主义建设经过最初的探索取得了一定成就，但接踵而至的反右斗争扩大化、大跃进、"文化大革命"打断了前进的正确方向，市场经济的因素被当作资本主义的固有成分严厉禁绝。在这种背景下，1962 年 7 月，邓小平同志在接见出席中国共青团三届七中全会全体同志时指出："生产关系究竟以什么形式为最好，恐怕要采取这样一种态度，就是哪种形式在哪个地方能够比较容易比较快地恢复和发展农业生产，就采取哪种形式；群众愿意采取哪种形式，就应该采取哪种形式，不合法的使它合法起来……在生产关系上不能完全采取一种固定不变的形式，看用哪种形式能够调动群众的积极性就采用哪种形式。"在当时复杂严峻的政治环境下，邓小平同志不计个人得失，坚持有利于生产力发展、有利于国家民族的经济思想，体现了一位伟人的风骨。

1973 年，邓小平同志复出整顿经济，采取了包括下放经济管理权限、发展地方和社队企业、打破平均主义实行按劳分配等一系列措施，使经济有所好转。虽然这些措施随着他再次离开政治舞台而中断，但邓小平同志对中国经济发展方向的认识和把握更加明确和坚定。

邓小平与社会主义市场经济的探索

"文化大革命"结束后，邓小平同志肯定和支持实践是检验真理的唯一标准大讨论，为开拓中国特色社会主义道路奠定了坚实的思想基础，也为社会主义市场经济的探索作了思想准备。

1978 年底，具有重大历史意义的党的十一届三中全会召开，全会公报指出："实现四个现代化，要求大幅度地提高生产力，也就必然要求多方面地改变同生产力发展不适应的生产关系和上层建筑，改变一切不适应的管理方式、活动方式和思想方式。"经济体制改革由此成为党和国家的中心议题，我国改革开放的伟大进程由此开启。

1979 年 11 月，邓小平同志在会见外宾时谈道："我们有些经济制度，特别是企业的管理、企业的组织这些方面，受苏联影响比较大。这些方面资本主义国家先进的经营方法、管理方法、发展科学的方法，我们社会主义应该继承。""说市场经济只存在于资本主义社会，只有资本主义的市场经济，这肯定是不正确的。社会主义为什么不可以搞市场经济，这个不能说是资本主义。我们是计划经济为主，也结合市场经济，但这是社会主义的市场经济。""社会主义的市场经济"，这个创造性的概念正是出自邓小平同志。邓小平同志在理论和实践上的高瞻远瞩，为推动国家经济复苏和改革开放创造了有利条件。

以农村改革为例。1980 年 5 月，邓小平同志肯定了小岗经验，并明确提出"使农村的商品经济大大发展起来"。随后中央出台文件，认可了包产到户。1982 年到 1985 年，中央连续出台了四个一号文件，最终确立了家庭承包经营为基础、统分结合的双层经营体制，取代了"三级所有、队为基础"的人民公社制度。农村生产关系发生了天翻地覆的变化，极大地解放了农村生产力。

农村、农业改革成果极大地改善了人民生活，为经济体制改革在城市拓展奠定了基础。农业连年增产，农产品需要有畅通的市场和销售渠道，农业对生产资料的需求也日渐旺盛。当时，城市的改革虽然也有了一定进展，但总体上仍然沿袭计划经济体制，存在严重弊病。改变城市工商业的运行体制牵涉整个经济体制的变革，迫切需要关于经济体制改革更完整、更系统的理论指导。

邓小平同志在党的十二大开幕词中鲜明指出："把马克思主义的普遍真理同我国的具体实际结合起来，走自己的道路，建设有中国特色的社会主义"。党的十二大报告明确提出了有系统地进行经济体制改革的任务，并且指出这是坚持社会主义道路、实现社会主义现代化的重要保证。虽然十二大报告的提法仍然是以计划经济为主，市场只是作为补充，但这是第一次在党的文件中提到"市场"，为下一步突破奠定了基础。

1984 年以后，随着国民经济形势的进一步好转，改革的重点逐步由农村转向城市。改革形势的发展酝酿着一次战略性突破。1984 年十二届三中全会前夕，邓小平同志在谈到全会的中心议题时说，最理想的方案是通过一个改革文件。十一届三中全会在政治上、经济上都起了很多的作用，这次三中全会能否搞一个改革文件？这个文件将对全党起巨大的作用。经过多方共同努力，十二届三中全会通过了《中共中央关于经济体制改革的决定》。《决定》的一个重大成果是突破了长期以来的禁锢，要求尊重价值规律，并创造性地提出了"社会主义商品经济"、"有计划的商品经济"概念，回答了长期困扰社会主义改革的理论问题，使经济体制改革向社会主义市场经济的方向迈出了至关重要的一步。

在与十二届三中全会同时召开的中共中央顾问委员会第三次全体会议上，邓小平同志高度评价了《中共中央关于经济体制改革的决定》。他说："我的印象是写出了一个政治经济学的初稿，是马克思主义基本原理和中国社会主义实践相结合的政治经济学"，"这次经济体制改革的文件好，就是解释了什么是社会主义，有些是我们老祖宗没有说过的话，有些新话"。1985 年 10 月，邓小平同志在回答外国媒体提问时进一步指出："社会主义和市场经济之间不存在根本矛盾。"此后几年，企业管理体制、贸易体制、金融体制、粮食购销体制、对外开放体制等都进行了全方位改革。

1987 年党的十三大报告郑重提出，必须以公有制为主体，大力发展有计划的商品经济，商品经济的充分发展是社会经济发展不可逾越的阶段，是实现生产社会化、现代化的必不可少的基本条件。

邓小平与社会主义市场经济体制的建立

1992 年，面对错综复杂的国际国内环境和改革开放的严峻形势，邓小平同志以 88 岁高龄南下视察武汉、深圳、珠海、上海，发表了著名的南方谈话，以其伟大政治家的高瞻远瞩和非凡胆略，坚定地肯定了党的十一届三中全会制定的基本路线，有力地回击了对改革开放和发展社会主义市场经济的纠缠和质疑。

邓小平同志在南方谈话中语重心长地说："计划多一点还是市场多一点，不是社会主义与资本主义的本质区别。计划经济不等于社会主义，资本主义也有计划；市场经济不等于资本主义，社会主义也有市场。计划和市场都是经济手段。社会主义的本质，是解放生产力，发展生产力，消灭剥削，消除两极分化，最终达到共同富裕。"一方面，他强调政策方向绝对不能变，"城乡改革的基本政策，一定要长期保持稳定。当然，随着实践的发展，该完善的完善，该修补的修补，但总的要坚定不移。即使没有新的主意也可以，就是不要变，不要使人们感到政策变了。有了这一条，中国就大有希望"。另一方面，他要求必须加快市场化改革的步伐，不能因为政治风波而犹豫不前："改革开放迈不开步子，不敢闯，说来说去就是怕资本主义的东西多了，走了资本主义道路。要害是姓'资'还是姓'社'的问题。判断的标准，应该主要看是否有利于发展社会主义社会的生产力，是否有利于增强社会主义国家的综合国力，是否有利于提高人民的生活水平。"

在社会主义市场经济经过十几年的摸索成长即将瓜熟蒂落却又因种种原因面临极大风险、大多数人思想迷茫、国内外局势错综复杂的关键时刻，邓小平同志的南方谈话力挽狂澜，指明了改革的方向，为党的十四大的召开作了思想准备。1992 年 10 月党的十四大明确提出我国经济体制改革的目标是建立社会主义市场经济体制。这既是对此前十几年经济体制改革的总结和肯定，又是对此后几十年改革方向的明确，使市场化的改革方向完全落实在党的文件中。之后，党的十四届三中全会通过了《中共中央关于建立社会主义市场经济体制若干问题的决定》，进一步确定了社会主义市场经济体制改革的主要内容。

邓小平同志关于建设中国特色社会主义的一系列论述，特别是1992年春天视察南方重要谈话的真知灼见，为我们发展社会主义市场经济指明了前进方向、奠定了理论基础。

邓小平关于社会主义市场经济的理论精髓和现实意义

纵观邓小平同志关于经济建设的论述与实践，回顾我国社会主义市场经济的建立和发展历程，可以体会到，邓小平同志关于社会主义市场经济的理论精髓就是在社会主义条件下尊重并发挥市场经济的一般规律。

在社会主义条件下，尊重并发挥市场经济一般规律的具体表现，第一是尊重市场主体的主体地位。合格的市场主体是市场经济存在的基石，也是创造财富的源泉，尊重市场主体的主体地位是激发市场主体活力和创造力的前提。改革开放以来，农村家庭联产承包责任制、国有企业改革等尊重和恢复市场主体地位的改革无不有力促进了经济发展。第二是尊重市场主体的平等地位。只有市场主体处于平等地位，各类要素资源才能按照效率最大化原则在不同市场主体间流动，创造最大的社会财富。三十多年来，非公有制经济地位的不断提高及其发挥的重要作用，就是这方面的典型例证。第三是尊重并发挥市场价值规律。价值规律是驱动市场经济优胜劣汰、促使市场主体不断创新以求得竞争优势，进而推动整个经济不断发展的重要规律。1978

年 12 月，邓小平同志在亲拟的十一届三中全会讲话提纲中写道：企业"自主权与国家计划的矛盾，主要从价值法则供求关系（产品质量）来调节"。第四是使市场经济有法治的保障。法治是市场经济的基石，它不仅保障市场主体的产权，而且使各类市场主体对纷繁复杂的市场交易有稳定的预期，同时规范政府的行为，促使市场经济健康有序发展。在我国社会主义市场经济探索和发展过程中，邓小平同志在不同场合多次提出法制的重要性。比如，1978 年 12 月，邓小平同志在中央工作会议闭幕会上指出，"为了保障人民民主，必须加强法制。必须使民主制度化、法律化，使这种制度和法律不因领导人的改变而改变，不因领导人的看法和注意力的改变而改变"。

当前，改革已进入深水区。如何全面深化改革？党的十八届三中全会制定的《中共中央关于全面深化改革若干重大问题的决定》指出："经济体制改革是全面深化改革的重点，核心问题是处理好政府和市场的关系，使市场在资源配置中起决定性作用和更好发挥政府作用。"邓小平同志关于社会主义市场经济的理论精髓在《决定》中得到了充分体现：在市场主体方面，《决定》要求推动国有企业完善现代企业制度、积极发展混合所有制经济；在尊重市场主体的平等地位方面，《决定》提出"国家保护各种所有制经济产权和合法利益，保证各种所有制经济依法平等使用生产要素、公开公平公正参与市场竞争、同等受到法律保护"；在尊重并发挥价值规律方面，《决定》要求进一步破除各种形式的行政垄断，"加快形成企业自主经营、公平竞争，消费者自由选择、自主消费，商品和要素自由流动、平等交换的现代市场体系，着力清除市场壁垒，提高资源配置效率和公平性"；在法治建设方面，《决定》不仅将法治视为建设社会主义民主政治的重要保障，还提出建设法治政府和服务型政府，并将推进法治中国建设作为全面深化改革的重要内容之一。

　　邓小平同志的经济思想锤炼于战火纷飞的革命战争年代，在社会主义建设的实践探索中不断磨砺，在改革开放的大潮中成功继承和发展了马克思列宁主义、毛泽东思想的精髓，经过实践的不断检验和修正，形成了极具时代特色、中国特色的社会主义市场经济理论，指导中国走上了社会主义市场经济的康庄大道。

胡耀邦与中国改革

(2015 年 3 月 16 日)*

　　胡耀邦同志是党和国家的卓越领导人，为民族的解放、国家的建设和改革开放事业都作出过巨大的贡献。在胡耀邦同志诞辰 100 周年之际，回顾胡耀邦同志光辉的一生，他在我国改革开放的准备和启动阶段，为国家和人民所立下的功绩尤其值得我们纪念，他是推动我国改革开放事业的重要奠基者，是引领中国人民走向文明富强的开拓者。

一、真理标准大讨论为改革提供了理论保障

　　"文革"结束后的前两年，国家虽然进行了初步的拨乱反正，恢复经济工作正常秩序并清理了一些历史遗留问题，但是"以阶级斗争为纲"仍然占据整个国家的指导思想位置。1977 年 2 月，《人民日报》、《解放日报》、《红旗》杂志联合发表社论《学好文件抓住纲》，明确向全国提出"两个凡是"："凡是毛主席作出的决策，我们都坚决地拥护；凡是毛主席的指示，我们都始终不渝地遵循。"在这样的思想占主导地位的情况下，改革根本无从谈起，从"大跃进"开始到党的十一届三中全会以前，我国的经济体制也有过几次变动和改

---

　　* 这是高尚全同志在胡耀邦经济思想座谈会上的发言。

革，但是变来变去都没有从根本上解决问题，最根本的原因就是僵化的思想限制死了改革和变动的框架。"左"的思想的束缚，使经济体制改革难以寻求新的突破。

1978年5月10日，中央党校《理论动态》刊载了经时任中央党校副校长胡耀邦同志审定的《实践是检验真理的唯一标准》一文，5月11日《光明日报》以时政评论的名义发表此文，并由新华社于当天转发，《人民日报》等各大报纸进行了转载。这篇文章矛头直指"两个凡是"，号召人们彻底摆脱"左"的错误思想，用实践去验证、追求真理。这篇文章在党内外引起强烈反响，犹如一声春雷，打破了长久的压抑和沉闷，使全党、全国人民精神大振。这篇石破天惊的宏文也引起了思想保守者的激烈反弹，并导致了支持和反对两种意见的尖锐对立。持反对意见的人指责这篇文章在理论上是错误的，在政治上很坏，是要砍倒毛泽东思想的红旗。一些中央主管思想理论工作的领导则召开会议，点名批评胡耀邦，下达禁令并要求"下不为例"。

《实践是检验真理的唯一标准》这篇文章和胡耀邦同志虽然受到了质疑和批判，但是实践是检验真理的唯一标准本身的科学性、正确性得到了更多有识之士和领导同志的支持。5月30日，小平同志在与胡乔木同志的谈话中表态，连实践是检验真理的唯一标准都成了问题，简直是莫名其妙。在6月2日召开的全军政治工作会议上他又指出："有的人还认为谁要是坚持实事求是，从实际出发，理论和实践相结合，谁就是犯了弥天大罪。"小平同志的讲话和表态给真理标准大讨论注入一剂强心针。与此同时，理论界通过各种文章、研讨会等形式逐步形成了支持实践是检验真理的唯一标准的意见的汇集。从1978年8月开始，一些省、区、市党委和大军区党委主要负责人积极参与讨论，他们发表讲话，支持实践是检验真理的唯一标准的观点，批评"两个凡是"。新华社和《人民日报》连续报道了他们的讲话，产生了很大的影响。

经过真理标准大讨论的铺垫，全国上下逐渐统一了思想，改革开放获得了最重要的思想准备。1978 年 12 月 18 日至 22 日，中共中央十一届三中全会在北京召开。全会坚决抛弃了"两个凡是"，重新确立了解放思想、实事求是的马克思主义思想路线；全会否定了"以阶级斗争为纲"，决定把党和国家的工作重心转移到经济建设上来。由胡耀邦同志肇始的真理标准大讨论功不可没。

二、平反冤假错案为改革提供了组织保障

从"反右"开始一直到"文化大革命"，我国经济发展长期陷于停滞的一个直接原因，是频繁的政治运动整倒了大批专家学者、干部骨干等本来可以为现代化建设作出贡献的各类人才。到"文化大革命"结束时，被立案审查的干部占国家干部总数的 17%，中央副部级和地方副省级以上的高级干部被立案审查的有 75%，受到株连伤害的人数高达 1 亿。当时不仅经济陷于崩溃的边缘，而且能够重新组织推动经济社会发展的人才也大量缺乏。大量的冤假错案不仅成为沉重的历史包袱，而且成为经济建设的最大障碍。必须从政治上和精神上使广大干部群众解放出来，国家才有可能进入新的发展阶段。

但是"抓纲治国"和"两个凡是"的路线和思想的大背景下，当时的中央领导同志在是否立即大规模平反冤假错案问题上仍存疑虑，主要是顾虑会影响毛主席的形象。1976 年 12 月 5 日，中共中央发出通知，凡纯属反对"四人帮"的人和案件应给予彻底平反；凡不是纯属于反对"四人帮"，而有反对毛主席、反对党中央、反对"文化大革命"或者其他反革命罪行的人绝不允许翻案。这就难以使平反冤假错案起到影响全国的作用，完全不能符合广大干部群众的期待，严重影响新局面的开拓。在党的十一大之后，要求全面平反冤假

错案的呼声日渐强烈。

1977 年 10 月 7 日，《人民日报》用一个版面全文刊登了胡耀邦同志组织的文章《把四人帮颠倒的干部路线是非纠正过来》，开启了平反冤假错案的进程。11 月 27 日《人民日报》刊登了胡耀邦同志组织的第二篇文章《毛主席的干部政策必须认真落实》。这两篇文章都经过胡耀邦同志的逐字修改，在全国引起极大反响，各省机关报纷纷转载。许多干部群众都希望胡耀邦同志能够主持冤假错案平反工作。

1977 年底，胡耀邦同志在十一大上当选为十一届中央委员之后出任中共中央组织部部长，随即就从中组部自身入手，全力推动平反冤假错案工作。他要求把中组部办成"党员之家"、"干部之家"，启用了大批被"靠边站"的中组部老干部，组成工作班子，落实干部政策，接待老同志、分配安置中央国家机关数千名干部的工作，等等，迅速理顺了平反冤假错案的工作队伍和工作机制。在平反冤假错案过程中，胡耀邦同志先后提出了落实干部政策的"原则是实事求是，方法是群众路线"，"首长负责，亲自动手，全党办案"，"全错全平，部分错部分平，不错不平"等系列指导原则，并通过胡耀邦同志到中组部后创办的《组工通讯》，以及《人民日报》的社论等刊发了关于落实党的政策的一系列文章。

从 1978 年 2 月下旬至 4 月下旬，中组部分三批分别召开了中央各委、办和各省市自治区组织部长会议，研究分析疑难案例。各次会议共研究和分析 180 多件疑难案例，至 1978 年 7 月，胡耀邦同志领导中组部分配安置中央、国家机关干部 5344 名，占中央和国家机关原有待分配干部的 87.2%。胡耀邦同志在平反冤假错案过程中，顶住了各种"左"的思想的障碍，1978 年 9 月 20 日，他在中央办公厅全国信访工作会议上强调落实干部政策的根据是事实，阐明了"两个不管"的实事求是的方针。即：凡是不实之词，凡是不正确的结论和处理，不管是什么时候、什么情况下搞的，不管是哪一级组织、什么人定的和批准的，都要改正过来。胡耀邦同志提出的这个方针得到了广大人民群众的坚决拥护，为全面平反冤假错案扫清了思想障碍。

根据网上查阅的公开资料，到 1985 年，全国规模的平反冤假错案的工作基本结束时，经中共中央批准平反的影响较大的冤假错案有 30 多件，全国共平反纠正了约 300 多万名干部的冤假错案，47 万多名共产党员恢复了党籍，数以千万计的无故受株连的干部和群众得到了解脱。由胡耀邦同志主持的平反冤假错案工作，使无数的党员干部恢复了名誉，重新走上了工作岗位。这些经过洗礼的党员干部都对过去几十年的混乱有切肤之痛，对解放思想、实事求是有最为深切的期盼，成为推动改革开放最主要的力量。胡耀邦同志主持的平反冤假错案工作为中国的改革事业提供了最可靠的组织保障。

三、领导起草《中共中央关于经济体制改革的决定》

十一届三中全会之后，随着改革开放的启动，中国的经济发展出现了前所未有的活力，经济体制也逐步向管制更加宽松、更加适应生产力方向发展。尤其是农村改革的突破，极大地促进了农业生产，农业生产取得了在计划经济体制下从未有过的连年增产，1984 年粮食更是增产 4070 亿斤。但粮食增产以后所需要的市场、销售渠道等与城市尚存的原来那套体制格格不入，农业生产所需要的生产资料也难以获得，对城市当中经济体制的改革迫在眉睫。1982 年 9 月举行的党的十二大，明确提出了有系统地进行经济体制改革的任务，并且指出这是坚持社会主义道路、实现社会主义现代化的重要保证。

1984 年以后，随着国民经济形势的进一步好转，经济工作的中心逐步由调整转向改革，改革的重点也逐步由农村转向城市。党中央和国务院在当时针对改革的进程做出了一系列重要决策和指示，以城市为重点的整个经济体制改革步伐进一步加快，改革范围进一步扩大，整个改革形势酝酿着一次战略性的突破。

1982年9月，胡耀邦同志在中共十二届一中全会上当选为中央政治局常务委员、中央委员会总书记。十二届三中全会前夕，小平同志在谈到十二届三中全会的中心议题时说，最理想的方案是通过一个改革文件。十一届三中全会在政治上、经济上都起了很多的作用，这次三中全会能否搞一个改革文件？这个文件将对全党起巨大的作用。就搞这个文件，别的就不搞了。主持起草这个改革的文件自然而然地落在了时任总书记的胡耀邦同志身上。

1984年2月，从特区视察回京的邓小平同胡耀邦等人谈话时指出，我们建立经济特区，实行开放政策，有个指导思想要明确，就是不是收，而是放。3月13日，胡耀邦邀集薄一波、余秋里、姚依林等召开座谈会时提出，要解决一批经济理论和实践中的问题，对一批过了时的经济术语要检查一下，有哪些问题妨碍了经济指导思想。例如生产和消费、价值规律、市场、物价等问题。

1984年5月中央成立了中央经济体制改革文件起草领导小组，组织了一些同志对文件的起草进行研究和酝酿。《决定》起草工作期间，胡耀邦同志多次亲自参加文件起草工作座谈会，就《决定》起草的内容和方向提出诸多重要的建议和意见。譬如他指出：要写得"高"一些，原则一些，要搞出个"历史性的文件"。他还提出可分为八个问题来写，包括改革的必要性，建立一个有活力的社会主义新体制，国企改革，价格改革，等等。起草小组花了一个多月拿出提纲，交到北戴河会议。

1984年6月9日，在由万里、胡启立、田纪云等同志共同参加的文件起草工作会议上胡耀邦同志更是对文件起草工作提出了一些具体的意见："改革……是我党拨乱反正以来确定了的方针，要坚定不移地走下去。改革要贯彻在四化的全过程中，全党必须把四化和改革紧密地联系起来。""我们的国家是在经济不发达的情况下取得胜利的。现在要较快地富裕起来，力量还很单薄，完全靠国家包起来一切事业是不可能的。国家、集体、个人要一起上，允许集体、个人搞开矿、办能源、办交通。"

7月中下旬，起草小组成员被通知到北戴河进行讨论。胡耀邦在听取汇报时，认为提纲还是没有脱离原来的调子，很不满意，他强调，这是个历史性文件，一定要写好，提出要写进发展多种经济成分。他提议调整起草小组班子。部分同志回原单位，另从中央部门调林涧青、郑必坚、林子力等人参加起草小组，小组负责人是林涧青（时任中共中央书记处研究室副主任）、袁木。这个调整进一步强化了起草小组对有关市场改革问题的认识。之后，起草小组重新讨论整个文件的框架，提出了新提纲。

8月5日，胡耀邦接见起草小组全体人员，表示基本同意新提纲，逐条讲了些意见，并要求20日前拿出新的稿子，于9月上旬交给在北京组织的高级干部大讨论。8月7日，起草小组成员立即按照新提纲，重新分工起草第四稿。郑必坚、王愈明和谢明干负责写前三条。8月15日，新稿完成。

8月30日，胡耀邦到玉泉山同起草小组座谈。他再次要求在总结前几年改革经验的基础上有所突破、有所前进。在谈到邓小平讲"贫穷不是社会主义"时，他说："什么是社会主义？社会主义就是要消灭贫穷，要让全体人民都过上好日子嘛。不能把贫穷当做社会主义。"在讲到中央高度集权的计划体制的弊病时，他引用了列宁的话"完整的、无所不包的、真正的计划＝'官僚主义的空想'"，并说："什么'无所不包'！能包得起来吗？包起来的结果就是经济没有活力，市场商品匮乏，人民生活困难。"还说："什么是计划？计划就是打算、预计嘛，不可能算得那么准确。计划就是计划，不是法令。"在讲到发展个体经济时，他说："有人反对发展个体经济，怕导致资本主义。怕什么？它们不过是太平洋上面几个小孤岛而已，掀不起什么风浪！"根据胡耀邦的意见，起草小组又立即分题、起草、综合、互相修改，集体"过"稿子，于9月5日形成了第五稿。

9月3日，胡耀邦会见中组部召开的全国企业领导班子建设座谈会全体代表。胡耀邦指出：必须明确一个总的指导思想，即各个部门、各条战线都必须紧紧围绕四个现代化进行自己的工作。在企业发展方面，胡耀邦强调：要重视智力劳动创造的价值，发挥技术人员的作用，要充分发挥知识分子的作用，厂矿企业的领导班子同党政班子不一样，特别是企业行政班子，要懂专业，要懂生产的全过程，会搞经营管理。打不开局面的，要坚决调整。在城市经济改革方面，胡耀邦说：三四十万个企业，特别是骨干企业，是当前国家财政收入的主要来源。把企业内部活力调动起来，创造更高的劳动生产率，是最重要的问题。要做到这一点，有很多因素，但关键是领导班子。列宁说："要研究人，要寻找能干的干部。现在关键就在这里；没有这一点，一切命令和决议只不过是些肮脏的废纸而已。"怎样研究人，怎样寻找能干的干部，把工作建立在一套制度上，保证符合"四化"要求的干部源源不断地、成千成万地提拔到领导岗位上来。胡耀邦还说：现在是80年代，中国的革命大大地向前进了，情况不同了，局面不同了，即使是过去成功的经验，有的现在也不适用了，不适应现在的新情况、新形势。所以，各方面都要进行改革。改革就是在这样的历史背景下提出来的。一切部门都要考虑怎样使自己的思想适应新的形势，端正业务指导思想，研究新情况，总结新经验，解决新问题。出现了新问题，不要大惊小怪。要扎扎实实地调查研究，不断探索，坚持实事求是，一切从实际出发。从丰富的实践中，把一些根本性的东西提到理论的高度，说明我们是怎样发展马克思主义的。这次讲话，比较系统地阐述了胡耀邦对经济体制改革的理念。这个讲话关于经济体制改革的部分对经济体制改革稿子起草小组成员做了传达。

9月8日，胡耀邦主持召开中央书记处会议，讨论第五稿，同意把9月5日写出的经济体制改革稿子提交中央委员、中纪委委员、中顾委委员讨论，并由各省区市委常委召集大企业负责人、理论工作者讨论修改。胡耀邦在会上指出，计划、价格、领导三条写得还不够，要加以充实。会后，起草小组立即对这三条作了进一步的阐述。

在《决定》征求意见过程中，马洪和我都分别提出：应当把"社会主义经济是有计划的商品经济"这一提法写进全会的决议中。

9月10日，时任国务院总理的赵紫阳给中央常委写信，提出了关于经济体制改革的三点意见，指出中国式的计划经济，应当是自觉依据并运用价值规律的计划经济，"计划第一、价值规律第二"这一表述并不确切，今后不宜继续沿用；对价格改革问题，指出理顺经济的主要标志是建立合理的价格体系，将来的趋势很可能是国家定价的范围逐步缩小，放开的比重逐步扩大，国家规定的价格通过调整逐步向市场价格靠拢；国家领导经济的职能问题，近期改革的主要内容是政企分开。除了邓小平、李先念、陈云等老同志批示表示同意外，胡耀邦同志也明确表示赞同信中所提出的几点，并建议提交中央全会讨论。

9月19日，胡耀邦又召开起草小组会议，提出了一些具体修改意见。根据胡耀邦的意见和中央、地方大讨论的修改意见，起草小组从21日到24日又分题修改稿子。到25日，印出第六稿。此后几天，起草小组继续推敲文字、提法，并形成了第七稿，报送中央政治局几位常委审阅。

10 月 1 日，在新中国成立 35 周年庆典上，邓小平明确指出："当前的主要任务，是要对妨碍我们前进的现行经济体制，进行有系统的改革。同时，要对全国现有的企业，进行有计划的技术改造。"邓小平的讲话给予正在起草文件的小组成员以极大鼓舞。10 月 8 日，中共中央政治局扩大会议在怀仁堂举行。会议由胡耀邦主持，他传达了邓小平对《决定》第七稿的电话赞成意见，陈云等老同志都发表谈话表示了意见和基本同意的立场。最后，会议原则批准了这个稿子，但建议继续进行修改。会后，起草小组根据各方面的意见，修改出第八稿。邓小平、陈云等中央领导人对送审的第八稿，都批示同意。

10 月 12 日，参加党的十二届三中全会的代表在北京报到。13 日到 19 日，是大会前的预备会议，包括阅读第八稿，及分组讨论胡耀邦两次到会听取意见并讲话。10 月 20 日，在经过了六天预备会议后，十二届三中全会召开，胡耀邦主持会议。大会对《决定》（草案）进行了认真的讨论，全会最后一致通过了这个《决定》。在我从事经济工作 60 周年画册里还保留着胡耀邦同志在 1984 年 10 月 20 日与十二届三中全会文件起草小组成员谈话的照片和 1984 年 10 月 24 日胡耀邦同志在十二届三中全会结束后与《中共中央关于经济体制改革的决定》起草小组的合影。①

《决定》的产生，历时近五个月，八易其稿。《决定》对当时的改革探索指明了原则方向，进一步确定了改革性质、目标、任务和基本蓝图。《决定》突破了长期以来的禁锢，要求尊重价值规律，并创造性地提出了"社会主义商品经济"、"有计划的商品经济"概念，

---

① 参见贺枏仁：《胡耀邦与经济体制改革决定的形成》，《湘潮月刊》2014 年第 5 期。

回答了长期困扰社会主义改革前进的理论问题，为全面经济体制改革、大力发展社会主义商品经济提供了理论和政策依据，为我国的改革指明方向。这份《决定》是胡耀邦同志在邓小平、陈云等老同志的指导下，在结合改革开放五年多的生动实践基础上，凝聚了全党集体智慧的结晶。胡耀邦同志对中国改革的贡献有目共睹、功不可没。

学习光远同志的改革创新精神*

(2013 年 10 月 19 日)

光远同志是我非常尊敬的学者，我到他家里求教过，一次是他住在史家胡同的老房子时，搬新家后我又去过一次，那是 2009 年 1 月，我出版了献给改革开放 30 年丛书共四册，请他指教。那时他坐在轮椅上，我们做了很深的交流。

最近一次是今年中秋节，我到北京医院去看他，但这一次他已经没有知觉，尽管在他耳边大声说："高尚全来看您了"，但他毫无反应。我们一同参加过多次会议，一起到马来西亚出席国际会议。2013 年 9 月 26 日他走后，我感到很悲痛，国家失去了一位有远见、有担当的学者，我失去了一位可亲可敬的良师益友。

光远同志的一生是值得我们学习的一生。

我们要学习他解放思想的精神。大家知道，粉碎"四人帮"后，虽然结束了"文革"，但要冲破旧的思想禁区、要突破"两个凡是"仍然很不容易。光远同志就是在这种十分逼仄的环境当中，在小平同志和耀邦同志的领导下，打响了思想解放的第一枪。在"四人帮"认为按劳分配产生资产阶级的谬论背景下，他主导的关于贯彻执行按

---

* 这是高尚全同志在于光远同志追思会上的讲话。

劳分配原则的研讨会和《人民日报》系列评论受到了小平同志的高度赞扬，引起了社会的极大震动。此后不久，《光明日报》就刊登了《实践是检验真理的唯一标准》，《人民日报》刊登了《贯彻执行按劳分配的社会主义原则》，掀起了全国范围的思想解放运动。在十一届三中全会前夕，他参与起草了小平同志著名的讲话《解放思想，实事求是，团结一致向前看》，为推动解放思想、确立改革方向做了重大的贡献。光远同志解放思想的精神永远铭刻在中国改革开放事业的光辉成就当中。

我们要学习他敢于创新的精神。光远同志解放思想的精神使他能够在工作当中敢于创新，他在诸多经济学方面进行了开拓性研究，除了倡议推动社会主义按劳分配的讨论研究之外，他还推动了关于社会主义生产目的研讨，同时，他也是中国社会主义市场经济体制的早期倡导人之一。在计划经济影响很大，人人耻于谈钱的 80 年代初，并不在乎金钱的他提出要"向钱看"并主张要以此来推动生产。他认为："向前看"是坚持方向，"向钱看"是重视生产。这些都是在当时的社会环境下其他人想不到、不敢想的议题。1992 年，他完成了《社会主义市场经济主体论（札记）》，这是十四大确立社会主义市场经济以前，唯一一本关于社会主义市场经济的书。此外，他还率先对消费经济学、教育经济学、环境经济学、旅游经济学等经济学的新领域进行研究，并组织和培养了大量经济学后人，惠及长远。

我们要学习他讲求科学的精神。光远同志一向主张要有科学精神，并大力批驳伪科学。在担任国家科委副主任期间，他专门成立"人体特异功能调查组"，对一些特异功能等伪科学进行揭露，他还著述了《评所谓人体特异功能》这样一本书，对那些弄虚作假的伪科学进行质疑。在面对压力时，他将坚持科学精神、维护科学尊严作为自身的信条，毫不妥协。正因为他的这种科学精神、科学态度，所以他很早就预见了法轮功的危害，事实也证明了他的判断。他捍卫真理、宁折不弯的科学精神值得我们缅怀学习。

我们要学习他博学多才、博闻广记的精神。光远同志是清华大学物理系出身，他的一篇关于相对论的论文还受到爱因斯坦的指导，但心系国家、民族的前途和命运的他跨越了自然科学和社会科学的界限成为一名卓越的革命者和经济学家。丰富的知识和广博的阅历使他能够以旁人难以企及的角度和高度来思考问题，比如早在 50 年代，他倡导和推动我国自然辩证法研究工作时，就开始从社会角度来对作为科学研究对象的科学进行总体的考察。在从事理论研究和科学工作过程中，他十分重视自然科学与社会科学交叉领域新学科的研究。他的著述涵盖经济、政治、社会以及自然科学等各个方面，其中的一些著作，比如 1988 年，他出版的《中国社会主义初级阶段的经济》，对我国的经济社会发展都产生了深远的影响，被誉为影响中国经济建设的十本经济著作之一。

我们还要学习他乐观主义的精神。光远同志有极其乐观的天性和好玩的性格，他一生乐观，即便生病了，也是乐呵呵的。他曾对他人说他给自己写悼词，就写大玩家于光远已经走了，他走了，我们还是要玩的。他出版了《吃喝玩：生活与经济》，《我的四种消费品理论》还未正式出版。他从理论上说明如何扩大消费、促进消费。

光远同志的一生是解放思想的一生，是敢于创新的一生，是讲求科学的一生，是博学多才的一生。光远同志永垂不朽！

附：改革访谈录

建立高层次机构统筹改革*

（2013 年 11 月 8 日）

一份"经得起历史检验"的文件

新京报：你曾参与起草十六届三中全会的《决定》，当时是如何确定《决定》的主要内容为"完善社会主义市场经济体制"的？

高尚全：十四届三中全会后，经过 10 年的改革发展，我国初步建立起社会主义市场经济体制，但也暴露出许多必须改进的问题。2003 年我国人均 GDP 达到 1090 美元，据国际经验，这个阶段既可能进入"黄金发展时期"，也会陷入矛盾凸显时期。为此，中央要求，集中一批见解深刻、了解国情、熟悉经济的人，起草一份"经得起历史检验的"文件，破解这一历史命题。

新京报：这个约 1.2 万字、共 12 个部分的《决定》中，起草时最费工夫的是哪部分？

高尚全：最费心力的是大纲的确定，这关系到《决定》的总体思路、基本框架和重点要点。

2003 年 4 月 18 日，"非典"肆虐最严重时，《决定》起草小组组长温家宝同志就起草组的工作任务以及文件的基本框架等作了重要讲

　＊　这是《新京报》记者范春旭对高尚全同志的专访稿。

话。他要求五一前理出一个大纲，写明几个问题，五月份完善提纲。当天下午，起草组召开了第一次会议，开始讨论《决定》的框架。

5月中旬，在起草小组确定《决定》框架的会议上，温家宝说，用二十多天拿出大纲很不容易，而且有新思路。他认为，完善社会主义市场经济体制的文件要把5到10年内能办的事情、必须要推进的改革写清楚，讲一条能做一条。

新京报：你为何在起草时提出"改革无止境，完善无止境"？

高尚全：因为从理论上讲，经济基础与上层建筑的矛盾是长期存在的，老矛盾解决了，新矛盾又会产生，因此要不断改革解决矛盾。从实践来说，一些发达市场经济国家也不断出现问题，至今都不完善，只有通过改革才能解决问题。十八大报告，就不再提到2020年要建成完善的社会主义市场经济体制的目标。2012年12月习近平同志在广东也提到改革开放永无止境。2013年8月中央政治局会议提出，实践发展永无止境，解放思想永无止境，改革开放也永无止境。这都印证了我当时的判断是比较正确的。

社会主义市场经济的表述需要完善

新京报：《决定》起草时，你基于什么理由提出要完善社会主义市场经济体制的内涵？

高尚全：什么是社会主义市场经济体制？十四届三中全会表述是，市场在国家宏观调控下对资源配置起基础性作用。我提出，这样的表述并不完善，有几个问题需要研究。

一是国家宏观调控作为对资源配置的前提条件，还是宏观调控是市场经济的重要内容？二是资源在市场配置的基础上发挥政府的作用，还是资源在政府作用下发挥市场的作用？三是资源配置的主体是政府还是市场？是政府主导还是市场主导？四是宏观调控的含义是什么？五是在宏观调控过程当中，谁代表国家？

要正确理解宏观调控，应通过宏观调控来深化改革，不是一调控就不要改革了；宏观调控是一项经常性的任务，不能把它作为一种突击运动；宏观调控不能搞一刀切，该紧的地方紧，该松的地方松。

还要从源头上来改善政府宏观调控的水平。

新京报：如何理解"从源头上"改善宏观调控？

高尚全：源头上就是我们原来讲的对市场经济的含义，应当与时俱进。社会主义市场经济就是在社会主义条件下的市场经济，要遵循市场经济的一般规律。完善市场经济，就是要建立现代市场经济体制。

十六届三中全会采纳了我的意见，最终出台的《决定》提出，"更大程度地发挥市场在资源配置中的基础性作用"，而不再提"在国家宏观调控下对资源配置起基础性作用"。十八大进一步明确提出"更大程度更广范围发挥市场在资源配置中的基础性作用"。

新京报：你在《决定》起草时提出重新理解"以公有制为主体"的内涵，具体应当如何把握？

高尚全：十五大指出"公有制的主体地位主要体现在：公有资产在社会总资产中占优势；国有经济控制国民经济命脉，对经济发展起主导作用"，"公有资产占优势，要有量的优势，更要注重质的提高"。但随着国民收入分配格局的变化，居民财富和民间资本越来越多，到2000年底，非公有经济资产已经占全社会总资产的65%，个人资产已超过国有资产。非公经济已成为主力军而不是生力军。

因此，不能再用传统思维方式对待公有制和非公有制经济。二者在两股道上运行。要使两股道变成一股道，可以通过实行股份制，或建立现代企业制度和财产组织形式，使多种所有制经济相互促进。

针对新情况，一是原来基本经济制度提法不变，对公有制主体地位内涵的理解，从数量型转向功能型，从功能上、质量上解释公有制的主体地位和作用。二是完善、发展基本经济制度的内涵，把原来的公有制为主体，完善为公有制为主导。

新京报：你认为十六届三中全会在中国改革史上是一个怎么样的地位？

高尚全：根据当时的经济社会发展态势，完善社会主义市场经济体制成为将来社会主义市场经济体制发展改革最中心的任务，十六届三中全会通过的《决定》明确了未来的发展方向，将建立社会主义市场经济体制和完善社会主义市场经济体制两个改革阶段联系在一起，保持了改革的一脉相承，使改革更加具有系统性、连贯性。

GDP 导向阻碍政府转型

新京报：回首参与的改革历程，你最大的感触是什么？

高尚全：感触最深的，是改革一定要解放思想！一穷二白不可怕，缺乏经验不可怕，既得利益也不可怕，只要能够解放思想，就一定能探索出各种行之有效的政策措施。

新京报：你对十八届三中全会的决定有哪些建议？

高尚全：全面深化改革。这意味着不仅涉及经济体制改革，而且在《决定》中对政治体制、文化体制、社会体制和生态文明体制五位一体的改革都作出部署。

新京报：全面深化改革的突破口是什么？

高尚全：突破口在于转变政府职能。如何使政府既不越位又不缺位，既避免公权力过度介入造成思想文化领域僵化，又推动政府为整个社会发展创造良好的生产生活环境，是改革取得突破的关键和核心内容。

新京报：你认为政府始终没有彻底转型的阻力在哪儿？

高尚全：其一是以 GDP 为导向的政绩考核体系，由市场自由地来配置资源见效比较慢，受干扰因素多，政府通过创造良好的条件来吸引市场资源的聚集通常需要有一个较长的过程，因此各地为了在短期内取得更高的 GDP，都比较偏向于使用能够立竿见影的行政权力手段。

其二是公民权利过于孱弱、权力过分集中导致对权力约束不到位，人大对政府的决策缺乏强有力的监督制约，司法对权力对权利的侵害缺乏有效保障。导致市场主体在遭遇权力干涉时没有反制能力。要改变这种状况，必须落实五位一体的改革，将政治体制改革纳入议事日程。

官员财产公示可作为政治体制改革突破口

新京报：该如何应对改革进入深水区这一新形势？

高尚全：为加强改革统筹协调，深入研究深化改革的顶层设计，提出改革总体方案、路线图和时间表，首先要建立统筹改革的高层次权威性协调机制和工作机构。这个机构要能够突破既得利益格局的羁绊。我建议成立由总书记任组长，国务院总理任副组长的中央全面深化改革领导小组，由中央和国务院相关负责人组成。

其次，还要加强改革立法，把改革纳入制度化、法治化轨道。重大改革应先立法后改革，以法律手段使改革从经验型改革过渡到理性、规范有序的阶段。

再次，要建立改革进程的评估机制。

最后，要开门搞改革，让各项改革涉及的利益相关者了解改革、理解改革，让多数人在不断分享改革成果的同时，参与改革，支持改革。要进一步发挥各类智库的作用。在互联网时代，还要利用好现代信息工具。

新京报：人们对政治体制改革呼声越来越高，但政治体制改革缺乏经验，你有何建议？

高尚全：过去搞经济体制改革也缺乏经验，但不断摸索、大胆借鉴和试点，最终找到了适合自己发展的道路，政治体制改革虽然更为敏感，但改革方法相通，不能因其敏感，连试点都不敢搞，政治体制改革影响面广，更需大胆试错，不断推进。

对一些国际上普遍采纳、行之有效的措施，应审时度势地采纳吸收，如官员财产公示制度，可作为当下防治腐败的政治体制改革突破口。

改革为了人民改革依靠人民

新京报：你如何定义改革？

高尚全：改革就是社会主义的自我完善，改革不适应生产力发展的体制和机制，改革就要解放思想。改革为了人民，改革依靠人民，改革的成果为人民分享。

新京报：在你看来，这35年中国最重要的改革是什么？

高尚全：市场化的改革，改变了计划经济体制，改变了不适应生产力发展的体制。

新京报：未来十年，中国最重要的改革是什么？

高尚全：坚持社会主义市场经济体制改革方向，毫不动摇地坚持这一方向。

新京报：作为改革者，如果要你送给现在的改革者一句话，你会说什么？

高尚全：要攻坚克难，勇往直前。

解放思想无止境[*]

（2013 年 11 月 8 日）

凤凰财经：中共十八届三中全会即将召开，你有什么建议？

高尚全：改革开放以来，党中央对改革作出过三次重要决定：第一次是 1984 年，十二届三中全会作出了《中共中央关于经济体制改革的决定》；第二次是 1993 年，十四届三中全会作出了《中共中央关于建立社会主义市场经济体制若干问题的决定》；第三次是 2003 年，十六届三中全会作出了《中共中央关于完善社会主义市场经济体制若干问题的决定》。我参与了这三次改革决定的起草工作。过去三十多年来，平均每十年中央作出一个改革的决定。从 2003 年到现在，又是一个十年，所以今年 5 月份，我给中央提建议，建议这次三中全会决定的主题名称叫《中共中央关于全面深化改革的决定》。中央主要领导同志作了批示。

十八大提出来全面深化改革，但是没有展开，三中全会要展开这个事。全面深化改革，涉及的不仅是经济体制改革，而且包括政治体制、文化体制、社会体制和生态文明体制五位一体的改革。希望三中全会把五位一体的改革作出总体部署，明确路线图和突破口。比如政

---

[*] 这是凤凰财经对高尚全同志的专访稿。

治体制改革，能否把建立官员财产公示制度作为突破口推出，为了减少阻力，在操作上可实行三个"率先"，一是新当选或新任命的官员率先公示；二是新任官员中领导干部率先公示；三是财产中不动产率先公示。

凤凰财经：国务院前阵批复同意建立由发改委牵头的经济体制改革工作部际联席会议制度，负责协调解决经济体制改革进程中的重大问题，研究论证重大改革方案等。这是不是在一定程度上恢复了当年的体改委？

高尚全：我认为这个机构是阶段性的，不能说恢复了体改委。发改委跟体改委不同，发改委有部门利益，体改委没有部门利益。而且体改委的全部精力都用在搞改革，发改委到底有多少精力搞改革？而且过去有几届是总理兼任体改委主任，所以有权威性和协调能力较强的特点。

没有一个权威性的改革协调机构是不行的，建议中央成立一个改革领导小组。既然改革是决定当代中国命运的关键一招，国家命脉的大事，为什么不能有一个领导小组？考虑到中央已经有很多领导小组，设立一个新的领导小组比较难，所以建议在中央财经领导小组基础上搞一套人马、两块牌子，成立"中央全面深化改革领导小组"，由总书记当组长，总理当副组长。这也是我七月份给中央提的建议。

凤凰财经：你认为在经济体制改革方面的着力点是什么？

高尚全：过去计划经济的理念是什么？政府是创造财富的主体，老百姓、企业都是被动的，都围绕政府转。政府把纳税人的钱集中在政府手里，政府再去各行各业投入，手表厂，自行车厂，缝纫机厂，连卖菜的都是国营的。现在我们搞社会主义市场经济，倒过来，理念应是：政府是创造环境的主体，企业和老百姓是创造财富的主体。所以我说浙江为什么有今天？浙江的国有经济的比重在全国来说是低的，但是浙江发展很快，老百姓很富裕，社会很稳定。这就是市场经济的本质。

凤凰财经：改革开放已经 35 年了，你认为最大的变化是什么？

高尚全：我认为最大的变化是五个转向：第一是从以阶级斗争为纲，转向以经济建设为中心；第二是从计划经济转向市场经济；第三是从封闭转向全面开放；第四是从人治转向法治；第五是从贫穷落后转向小康。这个转变过程是长期的，不能说一下子就转变完了。把这五大转向不断完善，并通过制度化、法制化不断巩固，那就长治久安了。

凤凰财经：您如何理解法治中国？

高尚全：党的十五大把依法治国，建立社会主义法治国家作为党领导人民治理国家的基本方略。邓小平同志在总结历史教训的基础上强调指出："为了保障人民民主，必须加强法制。必须使民主制度化、法律化，使这种制度和法律不因领导人的改变而改变，不因领导人的看法和注意力的改变而改变。"社会主义市场经济就是法治经济。

凤凰财经：如何杜绝"文革"那样的政治混乱？

高尚全：建设社会主义法治中国可以从根本上杜绝"文革"那样的错误。有人说，现在要搞阶级斗争。他讲了三条理由。第一，1956 年的时候，私人企业主只有 16 万户，现在发展到 497 万户。这个群体算什么？算资产阶级、剥削阶级。第二，剥削阶级有诉求了，政治上要跟共产党分庭抗礼，经济上要进入垄断行业。第三，公有制主体边缘化。所以根据这三条，阶级斗争就在我们身边，要搞阶级斗争。我是不赞成这种看法的，所以写了一篇文章题目叫《千万不要再折腾了》。

我曾同一位中央主要领导同志交谈过。我说千万不能再搞阶级斗争了，如果要搞，结果是"两个大逃亡，一个大破坏"。第一，人员的大逃亡，就是私人企业主他感觉不安全，他移民了。第二，资本大逃亡。第三，生产力的大破坏。这个对中国共产党有什么好处？没有好处！对国家有什么好处？没有好处！对老百姓有什么好处？没有好处！这位领导同志就说，这不符合党的方针政策，不能再折腾了。

这个是 2005 年讲的，现在严重了，而且不光是私营企业主，还有技术精英，跑到国外的资本越来越多。所以这个事要引起高层注意，保护公民的财产一定要落到实处。

凤凰财经：为什么现在还要进一步解放思想？

高尚全：我体会 35 年改革开放的过程也就是解放思想的过程。每次改革开放的重大突破都是以解放思想为主导。习近平同志最近说："中国改革已进入攻坚期和深水区，需要解决的问题格外艰巨，都是难啃的硬骨头。"所以我希望这次三中全会进一步解放思想，把全面深化改革加以切实推进。要搞社会主义市场经济，确实格外艰巨，过去连资本市场都不敢说，劳动力市场更不敢说。1993 年我参与起草《中共中央关于建立社会主义市场经济体制若干问题的决定》。起草小组下设若干分组，我负责市场体系这部分，当时一起参加的有郑新立、张卓元同志。在这个《决定》中，第一次把"资本市场"写上去了，这不容易，因为解放以后不能提"资本"两个字，一提资本就是资本主义，就是资本家，所以相当长的时间内我们只能叫"资金"，不能提资本。我们觉得资本是一个生产要素，必须要写上。这个阻力不大，但是写"劳动力市场"时阻力就大了。

阻力在什么地方呢？劳动力进入市场了，工人阶级进入市场了，工人阶级的主人翁地位怎么体现？想不通了。后来中央政治局常委专门开会讨论，我有幸列席了会议，我当时心血来潮发了言，一口气讲了五条理由：

第一，劳动力的价值只能通过交换才能体现出来。劳动力进入市场是劳动的能力进入市场，而不是劳动者本身进入市场、把劳动者去作交换。劳动的能力有大小，贡献有大小，因此反映他的价值也是有大小的。

第二，确立劳动力市场是市场经济体制的内在要求。我们要建立统一开放的市场体系，就必须使要素进入市场，如果劳动力这个最活跃的要素不能进入市场，那么统一开放的市场体系就很难建立起来。

第三，我们现在就业压力那么大，不开放劳动力市场，就业压力解决不了。

第四，我们现实生活当中已经有了劳动力市场。

第五，我们提出"劳动力市场"不会影响工人阶级的主人翁地位。李光耀曾经说，中国的司机为什么服务态度欠佳，是因为他们总在想，我是领导阶级，我为什么要给你开车呢？心态不平衡。劳动者有择业的自由，有交换和保留自身劳动力的权利，这正表明劳动者是自身劳动的主人。

我当时想，如果我不站出来说话，"劳动力市场"就出不来了，只能提"劳动就业市场"，所以我冒了个险。起草小组组长用他的智慧和勇气支持了我的建议，最终写进了《决定》。

凤凰财经：还有一个很强大的思想束缚是关于国有经济的，至今仍有很多人把社会主义和国有经济画等号，你怎么看？

高尚全：这个问题要解放思想，要解决好国有经济的定位。

按原来计划经济的理念，公有制就是社会主义，国有经济的定位是中国共产党的执政基础，是社会主义的经济基础。在这个定位下，国有经济只能进，不能退，因为基础是只能加强的，不能削弱的，退了，削弱了，就是不搞社会主义了。

2003年，我在参加《中共中央关于完善社会主义市场经济体制若干问题的决定》起草小组的会议时发言说，国有经济对社会主义中国非常重要，但要正确地定位。按这个基础论，有四种现象不好解释。第一，苏联垮台的时候，国有经济一统天下，没有私营经济，强大的国有经济为什么没有成为苏联共产党的执政基础，这个怎么解释？第二，第二次世界大战以后，一些发达资本主义国家的国有经济的比重都比较高，大概30%—35%，但是那个时候没有人说他们是搞社会主义。第三，我前面讲的浙江的现象。浙江因为过去是沿海，国家投入少，因此国有经济比重低，但浙江经济发展快，老百姓很富裕，社会很稳定，这是为什么？第四，越南的国有经济比重比我们低得多，但是没有人说越南不是搞社会主义。党的十六届三中全会提出："完善国有资本有进有退、合理流动的机制，进一步推动国有资本更多地投向关系国家安全和国民经济命脉的重要行业和关键领域"，我认为这个定位是非常正确的。这是全面深化改革要取得共识的一个重大问题。

所以国有经济不能定位为共产党的执政基础。共产党的执政基础是什么？我认为是"三个民"。第一是民心，得民心者得天下。第二是民生，为了得民心，你必须把民生搞上去。第三是民意，老百姓要有参与权、知情权、监督权，要有尊严，要分享改革发展的成果。有了这"三个民"，执政的基础就巩固了。如果没有这"三个民"，哪怕是100%的国有经济，我看也保不住。

未来关键是限权、分权、放权[*]

（2013 年 11 月 11 日）

行政体制改革是突破点

经济观察报：你曾先后参加过六个中央决策文件的起草，长期关注体制改革，你认为现在面临的状况和过去最大的不同是什么？

高尚全：现在当然不一样了，因为发展阶段不一样，改革的进展也不一样。现在改革面临着深水区，要啃硬骨头，所以难度就大。上个世纪 80 年代时，改革进展比较顺利，为什么呢？动力比较足，从上到下都是。从老百姓的角度来说，他们长期处于比较贫困的状态，困难时，过年过节才三两油，半斤肉，半斤花生，迫切需要改善生活。从领导的角度来说，会思考为什么搞社会主义搞了那么长时间，社会主义优越性都没有发挥出来？所以，就想到出路在改革。

另外，那时利益集团没有现在这么厉害，比较少。那时，大家在改革中都是受益的，推进时阻力就比较小。现在就不一样了，既得利益群体很大。

经济观察报：那你觉得现在增强动力的突破点在哪儿呢？

高尚全：我认为关键是下决心深化行政体制改革。通过行政体制

＊ 这是《经济观察报》记者林密对高尚全同志的专访稿。

革谁就下台"，并提出了著名的"三个有利于"。在计划与市场的激烈博弈中，小平同志强调"计划多一点还是市场多一点，不是社会主义与资本主义的本质区别。计划经济不等于社会主义，资本主义也有计划；市场经济不等于资本主义，社会主义也有市场。计划和市场都是经济手段"。

第三，中国改革开放是在党的领导下，主要通过中央的重大决策、决定自上而下推动的。同时，通过改革开放的试验，自下而上推开。改革的目标是在改革过程中逐步明确的。

第四，改革开放中意识形态领域的争论很突出，老是围绕姓"资"姓"社"、姓"公"姓"私"争论。标准往往停留在本本上，停留在老祖宗说没说过。比如搞股份制，有人说这是资本主义的，后来就去找经典著作上有没有。幸好，马克思对股份制有过论述，这才有勇气去推行。

反过来看，假如马克思没讲过，怎么办？我们对老祖宗太苛刻了，哪能要求他预言100多年以后的事？中国经受过农村困难时期，不准农民养猪养鸡，不准有自留地，不准有农贸市场，更不准养牛，也不许农民买手推车，因为牛和手推车是生产资料。因为本本上说，生产资料公有制就是社会主义，不管社会主义为了什么。时至今日，还有个别国家为了坚持社会主义不让个人养牛，这听起来觉得很可笑，但我们过去也经历过。35年的改革开放，经验、教训都很深刻，我们必须认真总结。

一位改革老人的改革建言之路[*]

（2013 年 11 月 21 日）

十八届三中全会《中共中央关于全面深化改革若干重大问题的决定》，在新的历史起点上作出全面深化改革的战略部署，在理论上有一系列重大创新，在改革举措上有一系列重大部署，势必将是中国改革开放史上的又一个里程碑。

这次文件的起草，广泛吸纳党内外各方面意见。自 4 月 20 日，中央发出《关于对党的十八届三中全会研究全面深化改革问题征求意见的通知》后，不到一个月的时间里，118 份意见和建议从全国各地汇集到北京。这其中，一位 80 多岁的老人高尚全被舆论认为是"在经济学家当中，对这次三中全会居功至伟"。

从 1982 年调入国家经济体制改革委员会工作以来，高尚全的半生就与中国的"改革"结下了缘分。30 多年来，他的所思所想从未离开过改革，屡屡放言"改革"。高尚全戏称自己是另类的 80 后，他至今还与很多年轻的 80 后一样朝九晚五，每天都到中国经济体制改革研究会的小楼里上班，关注中国的改革进程，研究改革未来的道路。

---

* 这是财新《中国改革》记者杜珂对高尚全同志的专访稿。

2013 年 5 月和 7 月，他分别向中央提交了两份建议，一份建议是十八届三中全会决定的名称为"中共中央关于全面深化改革的决定"，建议成立中央全面深化改革领导小组。一份建议是关于十八届三中全会全面深化改革的具体内容。先后参加过六个中央文件起草的高尚全，既深谙时代的改革诉求，又熟知改革突破之"抓手"，更有着为了改革而积极建言的胆识和底气。"社会主义商品经济"、"劳动力市场"、"自由"和"人权"等这些在当时极有突破意义的提法，在他的力主下被纳入文件。聆听他细数这些突破性提法被纳入文件的艰难过程，就不难理解改革之路漫漫之修远。

财新《中国改革》：《中共中央关于全面深化改革若干重大问题的决定》其中的一个亮点就是成立"中央全面深化改革领导小组"。您曾经接受媒体采访的时候提到，您在三中全会之前给中央提的一个建议就是成立"中央全面深化改革领导小组"。我们记得，2005 年的时候，您就设立改革协调机构提过不同的建议。这次为何和以往不同？

高尚全：要有一个机构来负责改革的总体设计和统筹协调，我在 2005 年的时候就提过。当时，国务院开常务会议，请了九位专家学者，我是其中之一，我们提了六条意见，最后一条意见就是要有一个机构，建立一个协调机制。我主要是提了三条意见，第一是恢复体改委，第二是中央成立一个改革的协调小组，第三是要加强目前发改委改革的职能。

新时期改革的重要特点就是推进全面深化改革，这就必须加强顶层设计，更加注重改革的系统性、整体性和协调性，要推进包含经济、政治、文化、社会、生态文明改革五位一体的改革。这样的话，就必须在中央层面成立一个改革的协调小组。光是恢复一个体改委或者是加强发改委改革的职能，还只是局限在经济层面，包括不了这么全。

因为过去中央三个关于改革的决定我都参加了，我对十八届三中全会寄予厚望，所以我于四月份就思考要向中央建言如何全面深化改革。一个建议就是成立中央全面深化改革领导小组，下设办公室，负责全面深化改革的协调督查、评估落实。其重要性不亚于中央财经领导小组，因为它涉及的面更广泛、内容更深刻，要求系统性、整体性和协调性更强。考虑到中央新的财经领导小组刚刚成立，为了不增加新机构，建议可采取两块牌子、一套人马，充实人员的办法。

财新《中国改革》：这次决定提出"市场在资源配置中起决定性作用"，被有的学者称为"出乎意料"。您怎么看这个提法？您参加过十二届三中全会、十四届三中全会和十六届三中全会文件的起草工作，这三个三中全会都是关于经济体制改革的决定。有关市场在资源配置中作用的提法是如何一步步变化的？

高尚全：市场化的改革目标和方向，是根据邓小平同志的"南方谈话"的精神，在1992年的党的十四大报告中提出来的。十四大报告指出："我国经济体制改革的目标是建立社会主义市场经济体制"，"要建立的社会主义市场经济体制，就是要使市场在社会主义国家宏观调控下对资源配置起基础性作用"。到了十四届三中全会，去掉"社会主义"四个词，表述为"市场在国家宏观调控下对资源配置起基础性作用"。到了十六届三中全会，修改为"更大程度地发挥市场在资源配置中的基础性作用"，而不再提"市场在国家宏观调控下对资源配置起基础性作用"。

2003年4月，我参加十六届三中全会《中共中央关于完善社会主义市场经济体制若干问题的决定》起草。最初，草案还是用"市场在国家宏观调控下对资源配置起基础性作用"的表述，我感觉到这种表述不大科学。我当时提了五条理由：一是把宏观调控作为资源配置的前提条件，而不是市场经济的重要内容；二是资源配置主体是市场，而不是政府；三是市场配置资源的基础上，才能更好发挥政府的作用；四是宏观调控主要运用经济手段，而不是主要运用行政手段；五是中央才有宏观调控权，而不是各级政府都有宏观调控权。起草小组组长温家宝赞成我的建议，将原来的表述修改为"更大程度地发挥市场在资源配置中的基础性作用"。这个表述最后经过了中央的同意。

财新《中国改革》：回看改革开放 35 年的历史，从十一届三中全会以来，每次全会和三中全会都有一次突破性的提法。您先后参加过六个中央文件起草，就您的亲身经历来说，当时那些极富突破性的提法是如何被写入文件的？

高尚全：我们党历史上第一个关于改革的决定，是 1984 年 10 月党的十二届三中全会通过的《中共中央关于经济体制改革的决定》。《决定》中一个重大的突破就是明确提出"商品经济"这个概念，很不容易。改变了原来十二大提出的"计划经济为主、市场调节为辅"的提法。在起草过程中，我提出，什么时候我们比较注意发展商品经济了，什么时候经济就比较繁荣。哪个地方重视商品生产了，那个地方经济就比较有活力。这是我经过多次调查得出的结论。所以，当时我建议，在"只有社会主义可以救中国"这句话之外，还要加上一句"只有发展商品经济才能富中国"。但是，我的意见提出来以后，起草小组就有人不赞成把商品经济写入《决定》，主要担心是什么呢？害怕社会主义跟资本主义混同起来，怕变成资本主义。我认为，这种担心是没有必要的，为什么呢？第一，社会主义商品经济是在生产资料公有制为主体的条件下发展的，和资本主义是有区别的；第二，商品经济和计划经济并不是对立的，商品经济越发达，生产的社会化程度越高，就越需要在宏观上加以指导。但是当时在起草小组通不过，所以我没有办法了。

后来我建议用中国经济体制改革研究会和中国经济体制改革研究所的名义于1984年9月初在北京西苑饭店开了个理论研讨会，请了20位学者专家参加会议。在会上，我首先提出：应明确提出社会主义商品经济的概念，这是当前改革要求在理论上的一个关键性突破。大家一讨论，思想都比较解放，意见很一致，认为"商品经济是个必然的途径和资本主义制度并无必然联系，不是资本主义的特有范畴"，"商品经济是社会主义经济发展的一个必经阶段"，"商品经济同计划经济不是对立的"。另外，我们也讨论了另一个问题，就是过去十二大提出"计划经济为主，市场调节为辅"提法问题。为什么提出要以计划经济为主呢？因为计划经济是社会主义的制度，是必须要坚持的，市场调节只能作为辅助作用。一个是社会制度，一个是手段和方法，这两个概念是不对称的。要么计划经济与市场经济，要么计划调节与市场调节，要么计划与市场。我们把讨论的结果给中央写了报告，时任总理阅后批示给起草小组。并说"马洪同志也有这个意见"。中央经过反复征求各方面的意见，最终在十二届三中全会把"有计划的商品经济"写到决定上去。

在起草这个十四届三中全会《决定》过程中我负责市场体系这部分，当时一起参加的有郑新立、张卓元同志，我们三个人是一个小组。在这个《决定》中，第一次把"资本市场"写上去了，这不容易，因为解放以后不能提"资本"两个字，怕"资本"和"资本主义"相联系了，所以相当长的时间内我们只能叫"资金"，"资金利用"、"资金周转"，不能提资本。其实，资本是生产要素，不是与资本主义相联系，我们社会主义同样要利用资本这个要素。

关于提"劳动就业市场"还是提"劳动力市场"也有不同意见。我坚持要理直气壮地提出劳动力市场，但有人说：劳动力怎么进入市场呢？劳动力进入市场就影响工人阶级的主人翁地位，所以不赞成劳动力市场的提法。后来在列席参加常委会时，我当时心血来潮发了言，我说：必须明确提出"劳动力市场"。我一口气讲了五条理由。当时的起草小组组长温家宝同志说，我赞成你的意见，但能不能上中央文件我也没有把握。家宝同志为了把"劳动力市场"写到《决定》上去做了很大努力。起草小组要讨论，他说，不要讨论了，这是中央决策的问题。他怕一讨论就七嘴八舌又报不上去了。后来他把我关于劳动力市场的材料报送给总书记，江泽民同志又批转给各中央常委，各常委表示没有意见。这才把劳动力市场写进十四届三中全会《中共中央关于建立社会主义市场经济体制若干问题的决定》。

起草十五大报告时，我负责所有制改革部分。十五大在所有制理论上有创新，创新点是什么呢？第一，提出了公有制为主体，多种所有制共同发展是社会主义初级阶段的一项基本经济制度。过去讲是方针，但十五大报告作为基本经济制度，而且跟初级阶段相联系，就是一个长期不能随意改变的制度。第二，公有制的实现形式，应该而且可能多样化。第三，非公有制经济是社会主义市场经济体制的重要组成部分。过去讲是有益的补充。第四，国有经济的主导作用主要体现在控制力上。第五，提出国有经济的比重减少一些，不会影响社会主义性质。在讨论十五大报告时，内地的一些代表提出："我们的国有经济比重比沿海的高得多，为什么经济发展不如沿海快？为什么人民生活水平提高不如沿海快？"过去认为，搞社会主义，国有经济比重越高越好。第六，各类企业都应平等竞争，一视同仁。

另外，十五大也提出关于政治体制改革的内容。这部分由另外两位同志负责起草。我提出："这一部分怎么没有把'自由'和'人权'写进去？"他们说："没地方了。"后来起草小组开大会的时候我发了言，我说："我建议要把'自由'和'人权'写到十五大报告中去。"为什么？我当时讲了三条理由：第一，我们每个人都想一想，问一下自己，你要不要自由？要不要人权？我相信如果不说假话的话都要，都要人权，都要自由。说假话是另外一回事。第二，《宪法》上讲到有这样那样的自由，为什么十五大就不说呢？第三，民主、自由、人权是人类文明的成果，不是资本主义特有的，我们不要回避它。中共要继续执政，要老百姓继续跟着共产党走，就必须把这个旗帜举得高高的。这个建议得到了主持起草小组工作的温家宝同志的赞同。所以在十五大报告中写上了"保证人民依法享有广泛的权利和自由，尊重和保障人权"。

财新《中国改革》：习近平总书记在《决定》说明中提出，"要有新突破，就必须进一步解放思想"。"一些思想观念障碍往往不是来自体制外而是来自体制内。"怎么理解这些话？

高尚全：35年改革开放的过程也就是解放思想的过程。每次改革开放的重大突破都是以解放思想为先导。只有解放思想，才能实现体制创新和理论创新。

比如，"商品经济"概念的提出，就是解放思想的结果。我记得当时首先提出商品经济理论的是广东一位叫卓炯的经济学家。1979年在无锡召开的社会主义经济价值规律讨论会上，也有人提出商品经济的意见，还有国务院财委改革小组也提出类似的意见。这些见解没有被中央采纳，没有进入到中央的决策。当时1983年在清除"精神污染"的背景下，在党报上对"减少指令性计划、增加指导性计划"的看法，开展了有组织的批判，强调指令性计划是计划经济的标志，还把商品经济、指导性计划作为精神污染来清除。1984年开始讨论十二届三中全会究竟开什么内容时，邓小平同志说最理想的是要搞一个改革的文件，十一届三中全会无论在政治上、经济上都起了很好的作用，这次三中全会能不能搞一个改革文件，这个文件将对全党起到巨大的鼓舞作用。他说就搞这个文件，别的不搞了。根据小平同志的意见，中央成立了文件起草领导小组。起草小组在第五稿的时候把草稿发到中央各个部门、各个省市自治区征求意见。当时国家体改委提出，在讲到改革要建立新的模式的时候，应当明确提出我们的经济是社会主义商品经济，是建立在公有制基础上的有计划的商品经济。1984 年 9 月 10 日，时任国务院总理给中央常委写信，提出了关于经济体制改革的三点意见，指明了社会主义经济是公有制为基础的商品经济，计划要通过价值规律来实现。邓小平、陈云同志在他的信上画了圈表示同意。9 月 11 日，中央召集了在京中央委员、候补委员、中央顾问委员会委员、中纪委委员、中央各部门的主要负责同志、各省市区、各大军区同志，以及 26 个大企业的负责同志共约 1500 人，认真讨论了征求意见稿，把原稿第四部分"改革计划体制、自觉运用价值规律"的标题改为"自觉运用价值规律，发展社会主义商品经济"。再比如，十七大报告提出，决策权、执行权、监督权这三者既要相互协调又要相互制衡。过去，有人认为这是资本主义的东西，现在理直气壮写到中央文件上了，这是思想解放的结果。

回看改革开放 30 多年的历程，围绕姓"资"姓"社"、姓"公"姓"私"意识形态领域的争论很突出。我们要先问一下姓"资"姓"社"，标准是停留在本本上，停留在老祖宗说过没有。例如搞股份制，有人说这是资本主义的，后来就去找经典著作上有没有。幸好，马克思对股份制有过论述，所以就有了勇气去推行。反过来看，假如老祖宗没有讲过，怎么办？我们对老祖宗的要求太苛刻了，哪能要求他预言一百多年以后的事情。我们曾经历过农村困难时期，不准农民养猪养鸡，不准有自留地，不准有农贸市场，更不准养牛，也不许农民买手推车，因为牛和手推车是生产资料。因为本本上说，生产资料公有制就是社会主义，不管社会主义为了什么。现在，还有个别国家，为了坚持社会主义时至今日还不能养牛，为什么？因为牛是生产资料，社会主义必须实行生产资料公有制。这些现在听起来觉得很可笑，但我们过去也经历过。35年的改革开放，经验教训都很深刻，我们必须认真总结。

财新《中国改革》：下一步，改革如何落实落地，大家很期待。您有什么建议？

高尚全：习近平总书记最近强调："实现党的十八大确定的奋斗目标和中国梦，必须紧紧依靠人民，充分调动最广大人民的积极性、主动性、创造性。"这个理念应落实到改革发展的全过程。看看越南的改革，也许对我们有所启示。越南的改革起步晚，但步子大。80年代我任国家体改委副主任时曾多次向越南领导人介绍我国改革的情况。如今他们的做法值得我们注意。越共在召开第十次代表大会时，提前两个月就把十大报告发给全民讨论。今年越南要修改宪法，以民主的现代化的文明社会作为核心理念，开门征求全党、全国人民的意见，目前共收集2600万条意见和建议，大大激发了人们的改革激情。

我在参加起草十五大报告时，曾提过中央文件起草方式的改革建议。时至今日，我仍认为有改革的必要，有两个问题值得重视：

一是，如何进一步发挥智库的作用。我国已建立了不少智库，它们将在改革发展中起到越来越重要的参谋作用。为此，建议中央选择四五个智库，限期交出全面深化改革的方案。这样可以调动智库的积极性，各智库之间开展竞争，提高智库的学术水平；起草小组和智库两条腿走路，可以丰富中央文件的内容。

二是，如何进一步激发广大党员、干部参与改革的积极性。在互联网时代，利用好现代信息工具，又坚持保密的情况下，建议设立一个专门的电子邮箱或者网站，广大党员、干部可以通过这个电子邮箱或网站为改革献计献策，使中央文件起草的过程也是广大干部群众参与的过程，也是形成共识的过程。

一切皆因改革而生 [*]

（2014 年 4 月）

2014 年初，首次由中共中央总书记牵头的全面深化改革领导小组亮相。

"现在是改革的深水区，但改革的系统性、整体性、协调性不强。成立类似国家体改委的机构还不行，一定要成立全面深化改革领导小组。"

高尚全，这位长期从事中国经济体制改革实践与研究的"老体改委"接受《财经国家周刊》记者采访时说，1984 年十二届三中全会、1993 年十四届三中全会、2003 年十六届三中全会通过的三个中共中央关于经济体制改革的决定，对推动中国改革起到了关键性作用。这三个文件的出台几乎都是相隔十年，现在距离上一个文件的出台已经有十年了，改革也面临着新的情况和任务，应当做出全面深化改革的决定。

一切皆因改革而生。

1982 年，在原国务院体制改革办公室基础上，成立了国家经济体制改革委员会（下称"体改委"）。除个别时期外，体改委主任均

---

    * 这是新华社《财经国家周刊》记者庞清辉专访高尚全同志的报道稿。

由时任总理兼任。

体改委存在的 20 年里，是中国改革大放异彩的黄金时期。体改委担负着"改革中枢"的重任，被视为中国改革的顶层设计机构。它集调查研究、参谋指挥于一身，有"小国务院"的称号。

1998 年国务院机构改革，体改委被降格为国务院经济体制改革办公室（简称"体改办"）。2003 年，体改委（办）这个曾在中南海办公的机构被撤销。同年，国家发展和改革委员会（简称"发改委）成立。

体改委成立时中国还是铁板一块的计划经济，撤销时，市场经济在中国已势不可挡、深入人心。从承认价值规律到承认商品经济；从以计划为主、市场为辅到有计划的商品经济，最后定位于社会主义市场经济；从推进国企改革到确立股份制，体改委对那段时期的经济体制改革起到不可估量的作用。

那时，体改委聚集了一批海外和本土的专家，为中国经济体制改革探索出路。高尚全是在 1982 年 4 月从国家机械工业委员会调入体改委。1985 年到 1993 年任职体改委副主任的他，见证了体改委各个节点的辉煌和苦涩。

如今，已经 85 岁高龄的高尚全仍保持着旺盛的工作状态，每天到中国经济体制改革研究会的办公室工作，桌子上一个台式电脑，一个笔记本电脑，阅读材料，撰写文章，到全国各地参加会议，继续为改革鼓与呼。

一切皆因改革而生

《财经国家周刊》：体改委是在什么背景下成立的？

高尚全：当时农村改革已进入第四个年头，但城市经济体制改革还未全面启动，还是原来那套计划经济体制模式。政企不分，条块分割，单纯依靠行政手段和指令性计划来进行资源配置，分配中的平均主义很严重。

举一个典型的例子，沈阳有两个厂，一个是变压器厂，旁边一个是冶炼厂，变压器厂归机械工业部管，冶炼厂归冶金部管。变压器厂需要的铜由机械部从云南等地大批量运来，而冶炼厂生产的铜由冶金部分配到全国各地。一墙之隔的两个企业不能横向联系，造成了大量物质和时间上的浪费。体改委成立时，当时的国务院领导说，体制改革归根结底主要是两个问题，一是计划与市场的关系，二是条条与块块的关系。

《财经国家周刊》：体改委成立后，有哪些重要节点对当时的经济体制改革发挥了重要作用？

高尚全：有 4 个会议值得一提。

第一个是 1984 年 4 月在常州市召开的城市经济体制改革座谈会。原来常州每个煤油灯罩统一定价为 6 分，因价格太低，生产厂家没有积极性，灯罩紧缺，于是这"小小的灯罩"也成了计划供应品。后来，他们将灯罩价格放开，由 6 分涨到了 2 角，起初担心消费者反感，但结果相反。这次会议，加快了城市经济体制改革试点的步伐。

第二个重要会议在西苑饭店。在上世纪 80 年代初，人们害怕社会主义和资本主义混同起来，会变成资本主义，因此商品经济形成共识经历了艰难的磨合过程。1984 年 8 月，体改委邀请了近 20 人在西苑饭店开研讨会，会上大家意见很一致，认为"商品经济和资本主义无必然联系"。

第三个是巴山轮会议。1985 年 9 月 2 日，巴山轮从重庆启航，沿长江向东。船上汇集了众多的西方经济学家，这是中国第一次引进西方经济学，是从计划经济向市场经济转型的思想启蒙，为 1987 年十三大提出"国家调节市场，市场引导企业"的方针作了理论准备。

那时，国内即使是主张商品经济的人也提不出一套完整的理论。第一次听西方学者讲怎样运用财政政策、货币政策对经济进行宏观调控，中国学者和官员都很兴奋。讨论工资问题时，西方学者讲劳动力价格、劳动力市场，很多中国学者和官员都是头一次听说。"七五"计划就吸收了巴山轮会议的成果。

第四个会议是在泰国举办的四国五方会谈。1986 年，世行驻北京首任代表林重庚向中央建议可以借鉴韩国经验，中央指派体改委与韩国接触。但当时中国和韩国尚未建交，过不去，进不来。我就建议去第三国会谈。1987 年 6 月 4 日，我率考察团赴曼谷参加计划与市场国际研讨会。泰国、韩国、印度的重要官员和世界银行副行长都参加了研讨，各国介绍自己的改革和发展情况，特别是韩国运用政策性计划和市场的做法和经验引起我的重视。

三个重要文件

《财经国家周刊》：1984 年十二届三中全会通过的《中共中央关于经济体制改革的决定》，是我们党历史上第一个关于改革的决定，体改委为《决定》的出台做了哪些探索？

高尚全：我有幸参加了这个《决定》的起草。1984 年 10 月召开的中共十二届三中全会上，中央领导有意推出一个关于改革的文件，使之成为继 1978 年十一届三中全会决议之后新的高度。

《决定》中一个重大的突破就是明确提出社会主义经济"是公有制基础上的有计划的商品经济"。第一次提出"商品经济"概念，这是解放思想的结果。这个稿子起草过程中，党中央和国务院主要领导先后八次和起草小组进行了座谈，共同修改这个决定。在起草过程中，我也提出，改革就是要为迅速发展社会主义商品经济扫清道路。

但是，我的意见提出后，有人不赞成把商品经济写入《决定》，害怕社会主义跟资本主义混同起来。能不能把"商品经济"写进决议，始终是争论的焦点。

为了争取外援，我建议用中国经济体制改革研究会和中国经济体制改革研究所的名义，在北京西苑饭店召开了那个理论研讨会。会上大家一致认为，商品经济不是资本主义特有的范畴，同计划经济也不是对立的，是社会经济发展的一个必经阶段。我们把会上的意见以理论探讨成果的形式上报。当时的中央决策层说：中国还是要搞商品经济，不妨写篇文章送给"老同志"们看看。

马洪同志组织起草《关于社会主义有计划商品经济的再思考》，写好后，分送几位党内老人，没有反对意见，只有一位提出，最好不要从全民所有制内部找商品经济存在的原因，还是从两种所有制的关系、两种公有制的存在来说社会主义存在商品经济原因为好。最终在十二届三中全会把"有计划的商品经济"写到决定上去，这是中国改革历史上一个重大的突破口。

《财经国家周刊》：第二个中央关于经济体制改革的决定，是1993年十四届三中全会通过的《中共中央关于建立社会主义市场经济体制若干问题的决定》。在这次经济体制改革重要文件起草上，你提了哪些建议？

高尚全：我当时负责起草这个《决定》的市场体系部分。这个《决定》，第一次把资本市场写进去了，这不容易，因为新中国成立后不能提"资本"两个字，怕"资本"和"资本主义"相联系，所以相当长的时间内我们只能叫"资金"。其实，资本是生产要素，不是与资本主义相联系，我们社会主义同样要利用资本这个要素。

关于"劳动就业市场"还是"劳动力市场"也有不同意见。我坚持要理直气壮地提出劳动力市场，但有人说：劳动力怎么进入市场呢？劳动力进入市场就影响工人阶级的主人翁地位。

为了使建议得到高层支持，我曾分别征求薄老和李岚清副总理的意见，他们的反应很积极。后来中央政治局常委专门开会讨论《决定》，我心血来潮发了言：必须明确提出"劳动力市场"，我一口气讲了五条理由。

会议没有继续讨论，江泽民总书记只说了一句：提出劳动力市场，社会上能不能接受？第二天我找了主持起草工作的温家宝同志，有点内疚地说：昨天我不应该发言，当时有点冲动，但我不发言，"劳动力市场"的概念就出不来。后来，家宝同志为了把"劳动力市场"写到《决定》上去做了很大努力。他把关于劳动力市场的材料报送给总书记，江泽民同志又批转给各中央常委，各常委表示没有意见。所以把劳动力市场才写进十四届三中全会《决定》。

《财经国家周刊》：2003 年十六届三中全会《中共中央关于完善社会主义市场经济体制若干问题的决定》出台时，体改委已经被撤销，这个《决定》在经济体制上有哪些改革？

高尚全：当时有人认为，我们已经初步建立了社会主义市场经济体制，改革搞得差不多了。但实际上，改革任务仍然十分繁重。

在文件起草过程中，我曾两次发表意见，第一次讨论文件大纲时，我提出，改革是无止境的，完善也是无止境的。

第二次是在全体会议上，我提出了完善社会主义市场经济体制的几个理论问题，一是完善、发展基本经济制度的内涵，把原来的公有制为主体完善为公有制为主导。

二是对 1993 年十四届三中全会《决定》"建立社会主义市场经济体制，就是要使市场在国家宏观调控下对资源配置起基础性作用"提出了建设性的修改意见：第一，原来的表述，要使市场发挥作用，必须先经过国家的宏观调控，国家宏观调控变成市场发挥作用的前提条件了。第二，资源配置的主体是市场，而不是政府。第三，政府在市场的基础上才能更好发挥作用。第四，宏观调控主要运用经济手段、法律手段，而不是主要用行政手段。第五，谁代表国家进行宏观调控？国务院当然代表国家，但地方政府也想掌握宏观调控权。这五条意见被采纳，所以十六届三中全会《决定》不再用原来的表述，而是改成"更大程度地发挥市场在资源配置中的基础性作用"。

三是提出发展混合所有制经济，促进各种所有制经济互相促进、共同发展。传统的思维方式是公有制经济和非公有制经济在两股道上运行，甚至把两者对立起来。现在要通过股份制发展混合所有制经济，通过建立现代企业制度，使两股道变成一股道，拧成一股劲，统一于社会主义现代化建设中，使之更好地促进生产力的发展。

"发改委"与"发展委"

《财经国家周刊》：你认为，2003 年撤销体改委的原因是什么？

高尚全：有很多原因。首先有种误解，认为改革搞得差不多，不需要改革了。第二，在改革过程中难免触及相关部门的利益，受到一些利益部门、既得利益者的反对。改革是要得罪人的，但不改革不行，这是一个历史的责任，一定要搞改革，一定要有勇气。改革者一定要有这个自豪。

以前主要进行的是经济体制改革，但一些核心问题都没有解决，比如政府和市场的关系，政府干预多的问题一直没有解决。在这种情况下，经济虽然在发展，但过去长期积累的矛盾会显现出来，而且还会出现新的矛盾和不稳定因素，正如发展不能替代改革一样，改革终究是发展的动力。

《财经国家周刊》：当时国家发展和改革委员会取名时，最早叫发展委，你建议要加上改革两个字。当时的情形是什么样的？

高尚全：国务院体改办撤销后，把改革的职能并入新成立的国家发展和改革委员会，新成立的机构简称什么？经请示国务院办公厅简称"发展委"。我当时提了三条意见。第一，发展和改革明明是两个方面，不要改革了，不合适；第二，当时有人说改革已经搞得差不多了，体改委、体改办等机构可以不要了，人员也不要了，这时候取名"发展委"会加深误解；第三，有人说"发改委"叫着不顺口，"发展委"叫着顺口，这就更不是理由了，时间长了都会顺口。

这三点意见当时任国家发展和改革委员会主任的马凯同志听进去了，后来请示国务院，取名国家发展和改革委员会，结果比我想象的好很多。当时有人怕麻烦，没敢提。意见提出来后，我也想过领导会怎么考虑，但我觉得这个意见是对的，如果是"发展委"保持到现在，没有了改革，是要负历史责任的。

"中国现在的改革难度，不比 30 年前小"*

(2014 年 6 月 19 日)

改革，依然是 85 岁的高尚全教授的兴奋点。一讲起这个，在他平和的面容下，就会有掩饰不住的光彩。

2012 年，在高尚全从事经济工作 60 周年时，前国务院体改委主任陈锦华曾对他有一个评价，叫"有胆有识的改革者"。

他担任过八年的国家体改委副主任参与了中国最重要三个经济体制改革《决定》的起草，并努力使其有更多的突破。而在第四个《决定》——即十八届三中全会《中共中央关于全面深化改革的若干重大问题的决定》出台前，他又给中央提两次建议，均指向改革的核心议题。在每一次改革的重大关口，他都没有缺席。

如今，他每天去中国经济体制改革研究会的办公室上班，写文章和研讨会上的发言依旧犀利，对当下的改革也有一套系统的思考。

"推进改革，如果单纯从物质层面推进，必然事倍功半"

中国新闻周刊：中国现在的改革，给人的感觉是头绪很多，但效果上总不能让人眼前一亮。你觉得这是为什么？

---

* 这是《中国新闻周刊》记者韩永对高尚全同志的专访稿。

高尚全：中国的改革，全体社会成员均或多或少受益的增量改革进程已经基本结束。下一步改革的重点，是要调整目前已经成型的利益格局，并通过对市场经济的完善和对公权力的约束，形成新的利益分配机制。

这样的存量调整，必然会触动一部分群体的利益。而这些能够在过去的体制下获得利益的群体，往往掌握了很多的社会资源，有些甚至就是主导、执行改革措施的公权力持有者和政府部门本身。改革的难度可想而知。

并且，在这种情况下，既得利益者还有可能与保守的思想合流。既得利益者利用落后的思想来维护其利益的政治正当性，保守的思想则利用既得利益者的权势，来弥补自身在逻辑上的缺陷和理论上的虚弱。

这种结合的威胁在于，在屁股决定脑袋的情况下，这些既得利益者会在落实各项改革措施的过程中采取消极态度，从而使这些改革在各种阳奉阴违中无法得到真正的落实。

中国新闻周刊：有人说，中国现在的改革环境，似乎比30年前还要复杂。

高尚全：当前的经济社会条件，当然比改革刚刚起步的上世纪80年代要好很多，改革的目标和方向也已经确定，就是不断完善社会主义市场经济体制。十八届三中全会《决议》明确指出："全面深化改革的总目标是完善和发展中国特色社会主义制度，推进国家治理体系和治理能力现代化"。但就改革本身而言，当前的改革难度一点都不比上世纪80年代、90年代初的改革难度低。因为彼时的改革，主要是思想上的障碍，只要能够在思想上取得一定的共识，改革就能够获得立竿见影的效果，为全体社会成员带来收益，进而印证改革思路的正确性，进一步取得改革的共识。当时既得利益格局还没有形成。

当下的改革，除了仍然存在思想阻力外，既得利益因素已经成为阻挠改革前进的最大障碍。

中国新闻周刊：那有没有解决的路径？

高尚全：在这种情况下推进改革，如果单纯从物质层面推进，必然事倍功半。只有从思想转型方面首先突破，才能使改革获得更大的助力。这既是历史的经验，也是现实的选择。如果思想被既得利益所绑架，那改革就必然顾左右而言他。

不少学者谈及改革时，将既得利益者与既得利益格局混同，认定其为改革的阻力。实际上，既得利益者并不一定就是改革的阻力。譬如毛泽东是富农家庭出身，周恩来出身富商家庭，朱德曾经是旧军阀。思想的转型促使他们从既得利益者变成了革命家。

一些事实已经表明，当下许多社会精英乃至体制内的一些官员，已经认识到现有的发展模式不可持续，并且愿意牺牲自己的利益来推动改革的前进。这些人将会是改革的有力推动者。

习近平总书记就十八届三中全会《决定》向全会说明时指出：突破利益固化的藩篱，解放思想是首要的。一些思想观念的障碍，往往不是来自体制外，而是来自体制内。

思想转型的必要性还在于，改革进入深水区后，改革的对象已经从能够直接影响社会财富生产的生产力与生产关系之间的问题，推进到了经济基础与上层建筑之间的关系。这更间接但影响更深远。一方面，这个层次的改革与意识形态问题更容易混同，思想解放的难度与敏感度更高；另一方面，改革已经不能通过立竿见影地创造社会财富证明自身的正确性，只能通过清晰的逻辑、卓越的远见以及总结历史的规律来探寻要走的改革路线，并通过实践的积累来验证。我认为建设"思想中国"和"法治中国"是完善和发展中国特色社会主义制度、推进国家治理体系和治理能力现代化的重要条件和途径。

思想转型有赖于一个宽松的舆论环境。因为言论是思想的载体，言论没有自由的空间，思想就难以实现真正的转型。

"破除行政垄断，没有一点勇气和胆量是搞不成的"

中国新闻周刊：除了观念与既得利益，改革的另一个难题是政府与市场之间的关系。这个问题，伴随着中国的历次重大改革。改革能否取得成效，就看政府给市场放权的效果。这一届政府又提出了简政放权。这个"权"为什么这么难"放"？

高尚全：从30多年改革的历程看，中国发展方式转型的主要挑战，不是经济与社会本身，而是政府转型。而这个转型的核心，就是如何处理好政府与市场的关系。

目前，我国经济运行中存在的价格关系扭曲、结构调整不到位、资源消耗成本过高等问题，都与行政性垄断范围过宽、程度过深，从而导致市场机制作用发挥不充分有直接的关系。

十八届三中全会，提出要全面深化改革。而全面深化改革的重点是经济体制改革，核心的问题还是要处理好政府与市场的关系。中国的政府部门总是希望手里权大一点，钱多一点，这样它好指挥，所以阻力还是在这里。

要减少行政对市场的过度干预，破除行政垄断，没有一点勇气和胆量是搞不成的。因为推动法治、约束公权，往往会招来"左"的势力的攻击，被扣上反党反社会主义的帽子。

中国新闻周刊：你觉得，当前的改革如果抓几个重点的话，哪几个领域比较重要？

高尚全：现在的重点还是经济领域的改革。中央提出来由市场决定资源配置，这不是口号，要落实，怎么落实？

譬如财政。我查了一下，2013 年中国的政府基金达到了 5.2 亿元，这不是个小数目。怎么分配这个钱？有一个实例很能说明问题。广东省在十二五期间要拿出 100 亿元扶持战略性新兴产业。按传统的体制是由财政厅来分，怎么分？就是撒胡椒面，关系好的，嗓门大的，就给的多一些。这是政府配置资源，不是市场配置。

我向当时的广东省委主要领导同志建议，将财政补贴变为股权投资，引入专业化基金管理公司，政府拿出启动基金，吸引社会资本，以达到"四两拨千斤"的效果。广东省采纳了我的建议，财政先拿出 5 亿元成立一个中科白云产业创投基金，吸引了 20 亿元社会资本。这个 25 亿元，不是有去无回、撒胡椒面撒掉了，而是要投到最有效率的项目上去。

这些项目见效以后，寻求上市，政府就可以把资金撤回来，再去投入新的领域，这样就实现良性循环了。

在市场决定资源配置的情况下，如何更好地发挥政府的作用呢？总的说，政府应从创造财富的主体，转化为创造环境的主体。

3 月 26 日，《人民日报》理论版发了我一篇文章，讲的是市场配置资源。我讲了什么叫社会主义市场经济。社会主义市场经济，市场经济是一般，社会主义是特殊。首先一般要掌握好、借鉴好，在借鉴时必须结合中国的实际，这样才能处理好一般和特殊的关系。

市场配置资源是市场经济的一般规律，是人类经过长期实践总结得出的规律，是人类文明的结晶，不是资本主义独有的，更不能好处都给资本主义。民以食为天，这是个一般规律，就像饿了就要吃饭，至于你吃什么饭，外国人吃面包，武汉人吃热干面，北京人爱吃炸酱面，各国各地都有自己的特色，但特色不能否定一般，就是不管你吃什么，饿了一定要吃饭，这是不以人的意志为转移的一般规律。

以法治开拓改革新历程 *

（2014 年 10 月 20 日）

1984 年 10 月 20 日的《中共中央关于经济体制改革的决定》以智慧的表达方式，在经济体制改革当中锲入了足够分量的市场因素，为社会主义市场经济体制的改革目标的最终确立，埋下了重要的伏笔。

2014 年 10 月 20 日是《中共中央关于经济体制改革的决定》（下称《决定》）颁布 30 周年纪念日。当年，《决定》顺应时代潮流，明确指出：改革计划体制，首先要突破把计划经济同商品经济对立起来的传统观念。它提出一个重要论断：社会主义经济"是在公有制基础上的有计划的商品经济"。这在当时是一个重大的理论飞跃，为当时的市场化改革获取了合法性，也为八年后"建立社会主义市场经济体制"的改革目标的最终确立埋下了重要伏笔。

中国经济体制改革研究会名誉会长、著名经济学家高尚全参加了《决定》的起草工作，也参与了随后一些中央全会报告的起草工作，亲历了"市场经济"的提法在中央文件是怎么艰难地破茧而出，也见证了社会主义市场经济是如何一步步成长起来。

---

* 这是财新记者对高尚全同志的专访稿。

回看《决定》，在当时计划经济思想仍然根深蒂固的历史情境中，它还不可能直接提出"市场经济"的改革目标，而且策略地承认"就总体说，我国实行的是计划经济，即有计划的商品经济，而不是那种完全由市场调节的市场经济"；计划与商品经济的关系，也引发了持续的争论。但是，它在中国经济体制改革史上的里程碑意义是不可忽视的，它以富有智慧的表达方式，在当时的经济体制改革中纳入了尽可能多的市场因素。

今日，我们纪念《决定》有着怎样的时代意义？《决定》留下了哪些宝贵的精神财富？带着这样的疑问，财新记者拜访了高尚全先生。高老年过八旬，但仍密切关注着中国改革进程，在关键时刻常常挺身而出，积极建言献策，表现出"虽千万人吾往矣"的风骨。透过他娓娓的讲述中，不难明白，应对时代挑战，不断打破旧的教条，是《决定》为后人留下的最为宝贵的精神财富。

财新记者： 10月20日是《中共中央关于经济体制改革的决定》颁布30周年纪念日。对于这个决定，邓小平当年有很高的评价。他说"是写出了一个政治经济学的初稿，是马克思主义基本原理和中国社会主义实践相结合的政治经济学"。邓小平还说："这次经济体制改革的文件好，就是解释了什么是社会主义，有些是我们老祖宗没有说过的话，有些新话。我看讲清楚了。过去我们不可能写出这样的文件，没有前几年的实践不可能写出这样的文件。写出来，也很不容易通过，会被看作'异端'。我们用自己的实践回答了新情况下出现的一些新问题。"你当年参与了《决定》的起草工作。在你看来，邓小平所说的"新话"最主要的有哪些？

高尚全： 30年前的《中共中央关于经济体制改革的决定》，是我国第一个关键性、综合性的改革设计。邓小平所说的"新话"最主要的体现在提出了"社会主义商品经济"，提出了市场的概念，提出了实行政企职责分开，正确发挥政府机构管理经济的职能等十大内容，突破了理论上的长期困扰，使全党全国人民拨云见日，中国的社会主义经济建设犹如明珠一颗，尘尽光生。

要知道，上个世纪 70 年代末至 80 年代初的改革虽然一度打破了极左的禁锢，并开始了对社会主义现代化建设的积极探索，但是，对社会主义建设到底应当怎么进行，应当确立一个怎么样的经济体制，并没有完整明确的目标和蓝图，在很长的一段时间内，都是在实践当中通过不断的摸索、试错。目标的不明确，使得"左"的思想屡屡兴风作浪，干扰改革探索的步伐。《决定》深刻总结了新中国成立以来"左"倾错误造成的教训和"文革"结束后的社会主义建设的成败经验，摒弃教条，运用马克思主义的基本原理，结合中国的实际情况准确归纳了改革的性质和改革的任务，就是要在坚持社会主义制度的前提下，改革生产关系和上层建筑中对生产力发展不相适应的一系列相互联系的环节和方面，改革那些束缚生产力发展的具体管理制度。

财新记者：这些"新"为什么会被看作"异端"？从后来的实践看，是不是"异端"？

高尚全：以"商品经济"这个提法来说，当时是有很大争议的。当年，根据小平同志的意见，中央成立了文件起草领导小组。从 1984 年 5 月开始，组织了一些同志对文件的起草展开研究和酝酿。我参加了《决定》的起草工作。

在起草过程中，我提出，改革就是要为迅速发展社会主义商品经济扫清道路。从我们改革试点的实践经验来看，什么时候我们比较注意发展商品经济了，什么时候经济就比较繁荣。哪个地方重视商品生产了，那个地方经济就比较有活力。这是我经过多次调查得出的结论。包括广东，就是因为先搞了商品经济，才有了活力，老百姓的日子就比较好过。所以，可以这样总结，在"只有社会主义可以救中国"这句话之外，还要加上一句"只有发展商品经济才能富中国"。但是，我的意见提出来以后，起草小组就有人不赞成把商品经济写入《决定》。主要担心是什么呢？害怕社会主义跟资本主义混同起来，怕变成资本主义。我认为，这种担心是没有必要的，为什么呢？第一，社会主义商品经济是在生产资料公有制为主体的条件下发展的，和资本主义是有区别的；第二，商品经济和计划经济并不是对立的，商品经济越发达，生产的社会化程度越高，就越需要在宏观上加以指导。

我多次建议在《决定》草稿中写上"商品经济"的概念并阐明上述理由，但是，反对的同志认为，最多只能写上"商品生产"和"商品交换"。尽管反对的声音不小，持反对意见的同志的级别也比我高，但我坚持认为，既然有商品生产和商品交换，就必然有商品经济，所以写上是不会错的。在"商品经济"概念多次被否定的情况下，我建议以中国体改研究会和中国体改所的名义召开一次理论研讨会。1984年9月初，在北京西苑饭店召开了关于社会主义商品经济的理论研讨会。有近20位专家学者参加了会议。在会上，我首先提出，应明确提出社会主义商品经济的概念，这是当前改革要求在理论上的一个关键性突破。经过大家的讨论，会议很快就取得共识，提出了一些突破性观点："商品经济是个必然的途径，和资本主义制度并无必然联系，不是资本主义的特有范畴"，"商品经济是社会主义经济发展的一个必经阶段"，"商品经济同计划经济不是对立的"。9月7日，我向中央提出对经济体制改革几个理论问题的看法，主要观点是：当前的经济体制改革要求在理论上有一个关键性的突破，这就是要明确提出"社会主义商品经济"的概念。现在，明确提出这个问题的条件已经成熟了。

在起草《决定》第五稿后，草稿下发中央各个部门、各个省市自治区征求意见，各个部门和地方都认真展开了讨论，并提出了修改意见。比如，当时国家体改委提出，文件在讲到过去的经济模式时，必须明确它是限制商品经济发展、排斥价值规律的。在讲到改革要建立新的模式的时候，应当明确提出我们的经济是社会主义商品经济，是建立在公有制基础上的有计划的商品经济。

1984 年 7 月，马洪组织社科院工经所的周叔莲和财贸所的张卓元等学者起草了《关于社会主义制度下我国商品经济的再探索》这篇文章。文章初稿完成后，分送中共中央、国务院领导同志和几位老同志看。几位老同志都同意马洪论述的观点。《关于社会主义制度下我国商品经济的再探索》一文从四个方面论述了为什么要把承认社会主义是商品经济作为搞活经济、推动社会生产力迅速发展的基础和前提。

10 月 2 日，耀邦同志主持文件起草领导小组开会，修改的主要内容如下：

把原稿第四部分"改革计划体制，自觉运用价值规律"的题目，改为"建立自觉运用价值规律的计划体制，发展社会主义商品经济"。明确指出：改革计划体制，首先要突破把计划经济同商品经济对立起来的传统观念。明确认识我们的社会主义计划经济是自觉依据和运用价值规律的计划经济，是公有制基础上的有计划的商品经济。商品经济的充分发展，是实现我国经济现代化和生产社会化不可逾越的阶段。

《决定》在计划经济思想仍然根深蒂固的环境当中，用智慧的表达方式，在经济体制改革当中锲入了足够分量的市场因素，不仅为当时的市场化改革获取了合法性，更为社会主义市场经济体制的改革目标的最终确立，埋下了重要的伏笔。

从后来的实践看，这些当然不是什么"异端邪说"，而是根据城市经济进一步发展的内在要求和农村形势发展，对束缚生产力发展的体制机制做出的战略性突破。从十一届三中全会开始，党中央就明确社会主义现代化建设过程当中需要对自身体制不断进行改革完善，并将此作为党的一个重要的工作重心。

此后，十四大提出了"市场在社会主义国家宏观调控下对资源配置起基础性作用"。十四届三中全会确定了"社会主义市场经济体制，就是要使市场在国家宏观调控下对资源配置起基础性作用"。

十六届三中全会提出了"更大程度地发挥市场在资源配置中的基础性作用"。十八届三中全会确定了"要使市场在资源配置中起决定性作用"。我们对市场经济的认识在不断深化。

财新记者：《中共中央关于经济体制改革的决定》还有一个突破，提出了实行政企职责分开，正确发挥政府机构管理经济的职能，从政企职能分开的角度，提出了转变政府职能这个到目前为止仍然十分重要的改革命题，启动了转变政府职能这一长期的改革进程。在你看来，《决定》关于政府职能转变的"新话""新"在何处？

高尚全：在当时的认识水平下，根据当时的实践检验，《决定》归纳了政府机构的主要职责：制订经济和社会发展的战略、计划、方针和政策；制订资源开发、技术改造和智力开发的方案；协调地区、部门、企业之间的发展计划和经济关系；部署重点工程特别是能源、交通和原材料工业的建设；汇集和传布经济信息，掌握和运用经济调节手段；制订并监督执行经济法规；按规定的范围任免干部；管理对外经济技术交流和合作，等等。虽然这些总结在现在看来，政府管制的内容仍然过多，但是，在当时的条件下，能将政府职能从统辖一切事务缩小到《决议》表述的几个范畴，实在是一个了不起的进步。《决定》对政企分离的要求没有官话套话，而是十分明确地提出具体要求：实行政企职责分开以后，要充分发挥城市的中心作用，逐步形成以城市特别是大、中城市为依托的，不同规模的，开放式、网络型的经济区。在推进这种改革的时候，有必要提起各城市的领导同志们注意，城市政府也必须实行政企职责分开，简政放权，不要重复过去那种主要依靠行政手段管理企业的老做法，以免造成新的条块分割。城市政府应该集中力量做好城市的规划、建设和管理，加强各种公用设施的建设，进行环境的综合整治，指导和促进企业的专业化协作、改组联合、技术改造和经营管理现代化，指导和促进物资和商品的合理流通，搞好文教、卫生、社会福利事业和各项服务事业，促进精神文明的建设和创造良好的社会风气，搞好社会治安。《决定》的朴实文风和切实要求，为转变政府职能这一重大历史性的改革命题作了极好的注脚。

此后，转变政府职能一直是中央不断强调的改革任务，一直到十八届三中全会，对政府职能转变的要求，放到了"政府与市场"关系的角度做出了进一步的改革部署："经济体制改革是全面深化改革的重点，核心问题是处理好政府和市场的关系，使市场在资源配置中起决定性作用和更好发挥政府作用"。也就是说，发挥市场的决定性作用，就必须排除政府对市场的过度干扰，同时又需要政府做好服务工作和保障工作，创造良好的市场环境并提供有效的社会保障。因此，以法律的形式界定政府与市场的边界，并用法律程序、法律规则矫正政府随时可能出现的越位、缺位和错位，就显得至关重要。

财新记者：今年10月20日，十八届四中全会召开。弹指一挥间，从市场经济的战略性突破到今日的法治国家的建设，历史又到了一个关键点。从这30年改革取得的重大成就和有待解决的问题来看，今天又需要做哪些战略性的突破？

高尚全：习近平同志指出，改革开放是当代中国发展进步的活力之源，是党和人民事业大踏步赶上时代的重要法宝。30 年来的改革开放所取得的重大成就，主要体现在它推动我国实现或正在实现的五个方面的重大转变。

第一，改革开放推动了"以阶级斗争为纲"向以经济建设为中心的转变。"解放思想、实事求是"作为改革开放的思想内核，为我国的发展进步提供了不竭的思想理论活力源泉。

第二，改革开放推动了从计划经济向市场经济的转变。从计划经济转向社会主义市场经济，是我们党的伟大创举，为发展中国特色社会主义奠定了经济基础。

第三，改革开放推动中国从闭关锁国转向全方位开放。改革推动了开放，开放也在倒逼改革。一些长期难以突破的顽疾在这个过程中被顺利克服，社会主义市场经济因而得到进一步完善，经济社会迸发出更大活力。

第四，改革开放推动国家从人治走向法治。改革开放推动我国全面走向法治社会，必将进一步增强经济发展的活力。我们应清醒地看到建设社会主义法治国家的任务非常繁重而艰巨，十八届四中全会对此作出了重要决策。

第五，改革开放推动我国人民生活从贫穷落后转向小康。改革开放给人民生活带来巨大改善，全面建成小康社会的奋斗目标将一步步变为现实，极大地调动了人民群众投身中国特色社会主义建设的积极性、创造性，为我国的发展进步带来了无穷的活力。

中国的改革虽然取得了举世瞩目的成就，但是，前期单边突进的改革遗留的问题越来越成为拖累经济社会进一步发展的障碍，而且，经过三十多年的改革发展，随着生存型阶段向发展型阶段的转变，我国需求结构开始发生明显变化，新的需求和旧的体制的矛盾也日益凸显，新老问题同时并存，影响改革的深化。目前仍存在的矛盾有以下几个方面：

一是经济发展方式转型与市场化改革不到位的矛盾。二是社会公共需求转型与公共产品供给短缺的矛盾。三是政府作用的发挥与政府自身建设和改革滞后的矛盾。四是依法治国的理念尚未能完全落实。

解决这些问题，需要充分发挥市场决定资源配置的作用，正确发挥政府的作用，明晰政府与市场的不同职能，加强政府公共服务，以建设法治政府为导向，落实放权、限权、分权。

组　　稿:张振明

责任编辑:刘敬文

图书在版编目(CIP)数据

新时期改革逻辑论/高尚全 著. -北京:人民出版社,2015.11
ISBN 978－7－01－015478－7

Ⅰ.①新…　Ⅱ.①高…　Ⅲ.①体制改革-研究-中国　Ⅳ.①D61

中国版本图书馆 CIP 数据核字(2015)第 264504 号

新时期改革逻辑论
XINSHIQI GAIGE LUOJI LUN

高尚全　著

人民出版社 出版发行
(100706　北京市东城区隆福寺街 99 号)

北京新华印刷有限公司印刷　新华书店经销

2015 年 11 月第 1 版　2015 年 11 月北京第 1 次印刷
开本:710 毫米×1000 毫米 1/16　印张:22.25
字数:272 千字

ISBN 978－7－01－015478－7　定价:58.00 元

邮购地址 100706　北京市东城区隆福寺街 99 号
人民东方图书销售中心　电话 (010)65250042　65289539